s ÉDITIONS
DU **CRAM**

MONTRÉAL

Vivre la retraite avec sérénité

UN TEMPS POUR LA RENCONTRE DE SOI

VALOIS
ROBICHAUD

Vivre la retraite avec sérénité

UN TEMPS POUR LA RENCONTRE DE SOI

Les Éditions du CRAM

1030 Cherrier, bureau 205,
Montréal, Qc. H2L 1H9
514 598-8547
www.editionscram.com

Conception graphique
Alain Cournoyer

Photo de la couverture
© Monkey Business - Fotolia.com

Dépôt légal — 2ᵉ trimestre 2010
Bibliothèque et Archives nationales du Québec
Bibliothèque nationale du Canada
Copyright 2010 © Les Éditions du CRAM

Les Éditions du CRAM reconnaissent l'aide financière
du gouvernement du Canada par l'entremise de son Programme d'aide
au développement de l'industrie de l'édition (PADIÉ) pour ses activités
d'édition, et remercient également le Conseil des Arts du Canada pour son
soutien financier dans le cadre de son programme de subvention globale.
Gouvernement du Québec – Programme de crédit d'impôt
pour l'édition de livres – Gestion SODEC.

Conseil des Arts du Canada   **Canada Council for the Arts**

Société de développement des entreprises culturelles

Québec

Patrimoine canadien   Canadian Heritage

Distribution au Canada : Diffusion Prologue
Distribution en Europe : DG Diffusion (France) ;
Caravelle S.A. (Belgique) ; Servidis (Suisse)

Catalogage avant publication de Bibliothèque et
Archives nationales du Québec et Bibliothèque et Archives Canada

Robichaud, Valois

    Vivre la retraite avec sérénité : un temps pour la rencontre de soi

    (Collection Psychologie)
    Comprend des réf. bibliogr.

    ISBN 978-2-923705-09-5

    1. Retraite - Aspect psychologique. 2. Actualisation de soi chez la personne
d'âge moyen. 3. Retraite - Planification. I. Titre. II. Collection: Collection Psychologie (Éditions du CRAM).

HQ1062.R625 2010   306.3'8019   C2010-940376-2

Imprimé au Canada

Dédicace

À ma sœur Madeleine, quadraplégique,
qui me fit naître à la « différence » ;

À mon père Georges, à ma mère Angélina,
à mes frères et sœurs ;

À Nicolas, Mara et Marguerite, qui demeurent présents à moi,
malgré les chemins imprévisibles de la vie…

Reconnaissance

Ma reconnaissance la plus profonde s'adresse à Madame Josée Colas et à Monsieur Guy Decroix, lecteurs de mon manuscrit. Je leur remets la plume.

« Un ouvrage plein de ressources, d'images de vie, de projections nous plongeant dans le futur enraciné au passé... telles furent les premières pensées...

De ma maison en bois rond située au bord de la rivière des Outaouais, c'est avec une immense tendresse que j'ai pu découvrir toutes les splendeurs de cet ouvrage, dans le silence et le calme de mon petit coin de campagne.

Oui, dans ce beau jardin de fleurs semées qu'est notre vie, ce livre saura guider le lecteur à choisir les meilleures avenues pour vivre dans toute sa plénitude cette continuité que constitue la retraite ! »

Madame Josée Colas,
maîtrise en éducation,
directrice d'école primaire
et mère de famille.

« J'allais découvrir que tu m'offrais la chance de me parler à moi-même, de me soutenir dans mes actes, de me précipiter au sens chimique du terme dans une re-lecture des éléments saillants de ma vie... de m'aider à entrouvrir doucement et positivement la porte de la « retraite » comme un nouveau retraitement de la vie... »

Professeur Guy Decroix,
agrégé des sciences de la vie et de terre
à l'Institut universitaire de formation des maîtres,
Université Paris XII.

J'exprime ma profonde gratitude à tous ceux et à celles qui ont rendu possible cet ouvrage. Je remercie le personnel de l'Université de Moncton (Canada), en son campus de Shippagan, pour l'encouragement et l'assistance reçue. Je veux souligner l'appui et la confiance de mes collègues du secteur des « Arts et des Humanités » et son responsable, le professeur et historien, Nicolas Landry, pour sa confiance en mes projets. Je remercie le doyen des études, Monsieur Edgar Robichaud et la vice-rectrice, Madame Jocelyne Vienneau pour leur présence et implication.

À mes nombreux étudiants et étudiantes, aux amis et connaissances qui participèrent à mes enquêtes, à mes travaux de recherches et à mes enseignements.

« Nous ne naissons pas seuls.
Naître, pour tout, c'est connaître.
Toute naissance est une connaissance. »

PAUL CLAUDEL, 1907

Avant-propos

« La poursuite de son développement devient pour l'homme,
au cours de son avance en âge, une responsabilité personnelle.

Léo Simmons [1]

La retraite attendue pour certains, redoutée par d'autres, véhicule l'image sociale d'un passage à une vie meilleure afin d'être libre et se réaliser selon ses besoins, ses ambitions ou projets laissés en état de veille. Pour d'autres, elle est synonyme d'une mort sociale, d'une rupture avec leur histoire de vie et avec leur présent, marquant ainsi la fin d'un état de vie reconnu et valorisé par la société.

Un peu plus encore, l'idéologie d'une retraite vécue comme une période de repos pour bénéficier de ses économies a littéralement changé de visage. Les aspects humains de ce passage ont longtemps été occultés par des préoccupations financières ou économiques. Sans négliger cette composante, il y a plus, il y a autre. Ayant devant eux quelques décennies de vie active et en bonne santé, ces hommes et ces femmes, pionniers d'un âge nouveau s'ouvrent à l'humanisme, aux idées, et aux technologies pour **concrétiser de nouvelles missions de vie.**

---

1   Léo Simmons, "An anthropologist views old age", *Public Health Reports*, vol. 72, n°4, avril 1957.

Dans cette perspective, l'ouvrage invite les lecteurs à une véritable démarche éducative et réflexive, bref à un travail sur soi, tel un grand projet d'éducation continue par lequel l'auteur, professeur et chercheur, anime ce parcours livresque en se livrant intimement à ses lecteurs. Ce récit historique, anecdotique, tissé par des cas vécus et parsemé de témoignages, convie la personne à une démarche personnelle en vue d'une conscientisation de sa réalité en tant que sujet de son histoire.

> « Qu'est-ce qu'apprendre à être, sinon apprendre à changer,
> à rompre courageusement avec le confort et le conformisme
> où l'on s'était installé comme chez soi, pour devenir enfin soi. »
> Olivier Reboul [2]

Il sera donné de s'interroger sur les questions relatives au sens de sa vie, à la peur de la solitude, de la mort qui, pour certains, demeurent des sujets tabous ou d'incertitude, d'interrogation et parfois d'angoisse.

Au plan des relations humaines, le retour à la maison voit apparaître de nouveaux défis pour le couple. Les conjoints se retrouvent face à un nouveau paradigme affectif et sexuel nécessitant une rencontre et un dialogue renouvelés selon les changements subis ou vécus par chacun des partenaires leur vie durant.

Chez la personne célibataire, l'importance de maintenir un réseau social pour des relations humaines épanouissantes et créatrices demeure une priorité. Chez elle, comme chez les partenaires vivant seuls ou en couple, un nouvel apprentissage s'impose : celui d'apprendre à vivre seul, en se rencontrant en ses ombres et lumières.

----

2   Olivier Reboul, Qu'est-ce qu'apprendre ?, PUF, Paris, 1983.

La crainte de devenir insignifiant aux yeux des autres, de sa famille de ses proches, ramène à la problématique du **sens du parcours humain,** pour une nouvelle fécondité de soi. Un équilibre identitaire est en train de naître chez la personne. Se laissera-t-elle glisser dans un abandon de soi, sans projet, sans idéal, sans espoir[3], n'ayant pu récupérer ses propres valeurs liées à une estime et à une image de soi solides[4]? Ou encore demeurera-t-elle proactive et motivée, repoussant les frontières de la dépendance et des maladies chroniques?

D'autre part, le modèle générationnel change. Les jeunes adultes entrent sur le marché de l'emploi à un âge tardif; certains d'entre eux demeurent plus longtemps à la maison, faute de logement ou de travail. Dans un rapport intergénérationnel sans précédent dans le cours de l'humanité, les parents, en présence de leurs jeunes adultes, s'occupent de leurs parents âgés tout en s'adaptant à leur nouvelle identité grand-parentale.

Une nouvelle vie s'installe en raison de la longévité et de la vitalité qui l'accompagne. Les personnes sont invitées à rentrer chez eux, comme on rentre après un long voyage. Oui, **rentrer chez soi** pour écouter sa mélodie, non pas celle venant de l'extérieur, étrangère à soi-même, mais celle qui de l'intérieur veut s'harmoniser, telle une nouvelle cadence à apprivoiser. C'est entendre son histoire, valider ses ressentis, c'est reconnaître tous ceux que j'ai été au cours de ma vie active. C'est aussi donner plus de place à ceux et à celles

---

3   En raison d'une affliction causée par la dégradation de la santé psychique ou physique?

4   Lire l'ouvrage de Jean Vézina, Philippe Cappeliez et Philippe Landreville, *Psychologie gérontologique,* 2ème édition, Gaëtan Morin éditeur, Montréal, 2007, p.114 à 119.

dont je suis issu. En somme, une véritable révolution ontologique prend naissance en raison du prolongement existentiel de la vie humaine. Le nouveau projet de vie pourrait se traduire ainsi : **apprendre à être.** Ce départ inédit fait appel à la notion même de la liberté qui est comprise selon Henri Claustre[5], comme une création continuée, liée à la découverte permanente de soi dans l'instant, et non plus dans la durée.

Au-delà du passage transitoire qu'est « la retraite », l'auteur convie ses lecteurs à un cheminement pittoresque dans la perspective de restaurer le sens de sa vie comme une avancée dans l'être. Il élabore sur le concept de la retraite comme une transition personnelle vers une prise de conscience élargie aux horizons infinis tant que dure la vie.

---

5   Henri Claustre, professeur à l'Université des sciences sociales de Grenoble, a dirigé la thèse de doctorat de l'auteur, intitulée *La personne retraitée et la problématique de l'éducation permanente aux derniers âges de la vie*, 424 p.

Introduction

« Rien n'est si insupportable à l'homme (sic), que d'être
dans un plein repos sans passion, sans affaire, sans divertissement,
sans application. Il sent alors son néant, son abandon,
son insuffisance, sa dépendance, son impuissance, son vide.
L'homme est ainsi en genèse, il se crée à chaque instant,
s'engendre et par là même devient, à l'égard du devenir
qu'il assume, son père et sa mère. »

PASCAL[6]

La retraite a été longtemps associée à la complétude du cycle étude-travail ; elle est vécue de plus en plus comme une étape dans la croissance de la personne humaine. J'ai voulu écrire sur la retraite d'une façon inhabituelle : non pas comme un événement majeur dans la vie de travail d'une personne, sorte de thématique économique ou sociale à elle seule. **J'ai voulu surtout réfléchir à cet échelon de l'échelle des âges** comme à une halte nécessaire pour en regarder **les enjeux humains.** En effet, le sujet que je suis devenu aujourd'hui créé par les rencontres, les événements, les expériences, le passage des saisons de la vie, c'est lui, c'est elle, c'est moi qui sollicitons **un temps de vérité** avec l'essence même de nos êtres.

Dans un itinéraire sociologique et ontologique, je réfléchis sur les étapes de la vie qui ont été abordées, traversées,

---

6   Cité par Marie-Madeleine Davy, *La Connaissance de soi*, PUF, Paris, 1971, p.27.

quittées, pour faire en sorte qu'au sortir de cette croisière d'un bout à l'autre de ma vie, ayant ainsi interrogé mes expériences, je puisse faire de l'avance en âge une occasion de progresser au plan humain. Henri Claustre[7] ajoute : « Il peut être intéressant de partir des relations nouvelles que le sujet doit découvrir, alors qu'elles sont possibles encore, même si elles doivent être d'une nature différente, et avec lui-même, et avec les autres, et avec le monde. »

L'arrivée des *baby-boomers* à la retraite et la diminution de la population active dans l'économie de marché contribuent à l'émergence d'une nouvelle dynamique sociale, qui sollicite chez un nombre grandissant de jeunes retraités de **nouveaux engagements** pour un développement optimal des aptitudes et autres capacités intellectuelles[8] de la nature humaine.

---

7   Henri Claustre, cité par Valois Robichaud dans *Les aînés, la mission nouvelle de l'éducation*, compte d'auteur, 1991.

8   Selon Gardner, la personne humaine aurait au-delà de huit types d'intelligences à développer. Non seulement ses recherches nous révèlent une gamme plus étendue des intelligences humaines que ce que nous croyions précédemment, mais elles ont aussi généré une définition pratique et rafraîchissante du concept d'intelligence. Au lieu de voir « l'intelligence humaine » en termes de score à un test standardisé, Gardner la définit ainsi :

- la capacité de résoudre les problèmes que chacun rencontre dans la vraie vie ;

- la capacité de générer de nouveaux problèmes et de les résoudre ;

- la capacité de réaliser quelque chose ou d'offrir un service qui en vaut la peine dans la culture de celui qui le fait.

Howard Gardner, *Les Intelligences multiples, pour changer l'école : la prise en compte des différentes formes d'intelligence*, traduit de l'américain par Philippe Evans-Clark, Marie Muracciole et Nathalie Weinwurzel, Retz, Paris, 1996, 236 p.

Colette Portelance, dans *Relation d'aide et amour de soi* (Éditions du Cram [psychologie], Montréal, 2005, page 360), parle pour sa part de trois types d'intelligence appelés à se développer par de nouvelles stimulations, la vie durant. Ce sont l'intelligence spéculative (ou rationnelle), l'intelligence pratique (ou pragmatique), et l'intelligence intuitive (ou esthète).

L'ambition d'entreprendre une seconde carrière afin de réaliser des buts longtemps planifiés semble être de plus en plus une réalité au sein des pays occidentaux. Les femmes, affranchies, libérées des traditions et des préjugés sont désormais disponibles à elles-mêmes, prêtes à s'engager pour un renouvellement humanitaire de la société. À ce chapitre, les personnes de 60 à 69 ans[9] détiennent la palme de la participation associative. Pour d'autres, la retraite ouvre sur une tranche de vie où de nouvelles expériences sont vécues dans l'expression des talents, des motivations, développant ainsi des potentialités longtemps laissées en attente de déploiement.

L'image de l'échelle des âges, selon Michel Philibert[10] nous appelle à vaincre en nous et autour de nous les obstacles et le découragement qui s'opposent à la poursuite de notre progrès.

Il n'y a donc pas de retrait ou de cassure, au sens littéral du mot, tant les réseaux d'intérêts ou d'affinités sont diversifiés. Et Karl Barth[11] d'ajouter **« On ne peut être jeune que si l'on est mû par une réalité qui, en soi, n'a rien à voir avec la jeunesse ou l'âge, mais par laquelle on est appelé à aller plus loin – comme jeune homme sans doute, mais à tout âge aussi… ».** C'est en ce sens que les adultes qui arrivent à la cinquantaine adoptent le slogan suivant : Jeune oui, retraité, non ! Ils profitent de la vie au quotidien, en s'impliquant dans les causes sociales tout en adoptant également des comportements individualistes de plus en plus accentués.

---

9   INSEE (Institut national de la statistique et des études économiques), Paris, 2005, Jean-Michel Charpin, directeur de la publication.

10   Michel Philibert, *L'échelle des âges*, Seuil, Paris, 1968, p. 400.

11   Karl Barth, Dogmatique, 3e vol. tome IV ; tome 16 de la traduction de F. Ryser, Labor et Fides, Genève, 1965. *Ibid.* p.115

D'autre part, on constate aussi que ces adultes, héritiers d'un mode de vie par lequel les progrès sociomédicaux ont donné une toute-puissance sur la vie et la mort, refusent de vieillir et préfèrent **occulter les réalités** de ce passage identitaire au lieu d'en connaître les répercussions.

Le chapitre I de l'ouvrage démystifie donc la conception courante à l'idée que la retraite est un arrêt, une fin en soi. Au contraire, l'on assiste à un nouveau constat : « la retraite n'existe pas ». Elle est une étape de la croissance, un marquage dans le temps de la vie qui se poursuit avec les connaissances accumulées, les compétences acquises et les ressources inexploitées. Elle est aussi, selon les perspectives théoriques de Vézina, Cappeliez et Landreville[12], un événement, un rôle, une période de crise ou un processus. Or, aujourd'hui, la retraite n'a plus le sens mortifère que l'on évoquait au cours des trente dernières années. Elle est une pause nécessaire dans la continuité du développement de la personne. C'est ainsi que Charles Hadji parle de la nature de l'être humain comme quelque chose que je dois conquérir en la réalisant[13].

Nous observons généralement que les sujets ne se retirent pas comme on se retire d'un lieu ou d'une vie animée par les rencontres, les rendez-vous, les voyages, les agendas bien remplis. Il n'en n'est point ainsi. La vie intrapsychique et cognitive motivée par les besoins naissants, les intérêts et la créativité projettent l'homme et la femme vers de **nouvelles trajectoires.**

---

12 Charles Hadji, *Penser et agir l'éducation – de l'intelligence du développement au développement des intelligences*, ESF éditeur, Paris, 1992, p.79.

13 « Je n'ai pas à sortir de moi, à quitter le même pour aller vers l'autre. L'autre est en moi, en tant qu'il n'est pas encore. Que je ne suis pas encore ce que je pourrais être. C'est mon être que je dois conquérir, en le développant. »

Par ailleurs de **nouvelles interrogations** gravitent autour de ce départ de la vie active. C'est un nouveau dialogue avec soi qui est amorcé au sein des chapitres 2 et 3. Comment puis-je entendre ces questionnements ou accueillir mon histoire surgissant de mes souvenirs, de mes expériences, de mon unicité ? Ai-je à revoir ce vécu qui aura jalonné mon chemin de vie et qui m'aura pour ainsi dire créé ? Comment faire la rencontre de qui je suis aujourd'hui avec moins de peur et d'hésitation ? La rencontre se fera au cœur de soi, en de nouveaux paysages qui se laisseront découvrir au rythme des explorations.

La retraite est l'indice que quelque chose se passe, comme l'annonce d'une nouvelle saison de la vie, d'où l'émergence d'une **spiritualité du vieillissement,** au chapitre 5, par une quête du sens, en ces temps de parcours. La personne, selon les époques et les cultures, manifeste ses modes de vie par une pluralité d'expressions.

Enfin la dimension **temporelle,** au chapitre 4 n'est plus attachée uniquement au « faire » ou à la consommation. Elle devient un temps disponible offrant des instants de vie à soi-même et aux autres sur le mode de la présence. Faut-il encore demeurer vigilant avec l'activisme, l'engagement sociétal à outrance, ou le repli sur soi ?

Un autre souci apparaît. Nos enfants, devenus grands auront-ils les ressources financières pour vivre leur vie une fois que nous serons partis ? Dois-je prévoir pour eux ? Quel héritage matériel, culturel ou spirituel souhaiterais-je laisser aux générations à venir ?

Les nouvelles démarches de pensée que j'emprunte me permettent d'avoir accès à d'autres ressources intérieures pour récupérer le sens de ma vie et créer mon univers avec plus de discernement et de liberté. C'est à cela que cet espace de temps disponible me prépare. Si j'entre avec vérité, courage et amour de soi dans ce virage, je prépare alors la venue du grand âge avec les forces inconnues qui m'habitent en façonnant un parcours aux couleurs de ma personnalité.

J'invite les lecteurs à **traverser le ponceau** pour se diriger vers d'autres terres, à la **quête de soi**. Ce chemin peut s'avérer riche en questionnements et en trouvailles de toute sorte, comme il peut aussi engendrer une renaissance à la vie.

En dernier lieu, les chapitres étant entiers en eux-mêmes, le lecteur peut aller d'un chapitre à l'autre sans difficulté selon ses intérêts ou besoins.

La retraite n'existe pas !

« J'ai soixante-quatorze ans et je commence ma carrière »
VICTOR HUGO [1]

---

1   À tout seigneur, tout honneur. Victor Hugo, qui régna de bout en bout sur son siècle, lâcha un jour, après avoir achevé ses œuvres monumentales : « J'ai soixante-quatorze ans et je commence ma carrière. » Aucun humour dans cette profession de foi. L'homme devient en effet sénateur, il soutient Jules Grévy à la présidence de la République, rédige son très polémique *Art d'être grand-père*, et reçoit à dîner les jeunes Mallarmé et Leconte de Lisle, entre deux étreintes avec Juliette. Chateaubriand est du même bois.

Un jour, une éducatrice, grande dame du monde de l'éducation me disait à peu près ceci : « je suis à la retraite, mais je ne suis pas retirée » Quel message voulait-elle me laisser ? Ce que je pouvais comprendre de cette expression et surtout observer de par les engagements de cette octogénaire, c'est qu'elle avait poursuivi autrement une série d'activités intellectuelles et sociales. Elle ne s'était pas retirée de la communauté.

À l'heure où j'écris ce livre, une nouvelle tendance apparaît ici et là en Occident, « repousser le temps de la retraite », ou encore « réinventer, ré-inspirer sa retraite ». Ce courant de pensée naît d'une réalité, saisie avec de plus en plus de conscience. Les adultes du mitan de la vie sont nécessaires au bon fonctionnement de l'économie, à la création de l'emploi, à la richesse globale. Certains y voient également un avantage pour préserver plus longtemps la santé, par l'actualisation de la personne au sein des communautés humaines.

Pourtant, l'expression « retraite » née à la fin du XIXe siècle, selon le Petit Robert, nous dit qu'il s'agit de **l'action de se retirer en arrière, de s'écarter.** Il parle même de **décrochage, de recul, voire de repli.** Il représente aussi celui ou celle qui se **retire de la vie active et mondaine.** Enfin, il s'agit de **l'état d'une personne qui s'est retirée d'une fonction, d'un emploi, et qui a droit à une pension.** En France, on parle par exemple de radiation des cadres.

C'est en Allemagne, en 1889, que l'on entend parler de la retraite, pour la première fois, par le Premier ministre de la Prusse : Otto Von Bismarck. L'âge de la retraite est alors décrété à 70 ans. Un peu plus tard, en 1916, toujours en Allemagne, elle sera abaissée à l'âge de 65 ans. Ce même mouvement apparaît aux États-Unis d'Amérique en 1935. En 1952, au Canada, les premières législations sont votées pour la retraite à 70 ans. Puis toujours dans ce même pays, en 1965, l'âge légal de la retraite est reporté à 65 ans. Pendant ce même temps, l'on voit apparaître en force à travers la planète, les régimes publics des retraites. On peut observer un mouvement de départ à la retraite vers le haut d'abord, puis vers le bas, et à nouveau vers le haut, comme si aujourd'hui, **une nouvelle politique sociale de la retraite** allait dans le sens de retarder le départ des travailleurs pour l'ensemble des pays industrialisés.

Le portrait de nos sociétés modernes se présente comme suit : il y a moins de naissances, donc moins de travailleurs, et la population adulte, plus nombreuse, vit plus longtemps et en meilleure santé. Pourquoi alors se retirer de la vie de travail ? Pour une minorité, c'est d'abord pour une **pause,** pour mieux faire le bilan de ses acquis, afin de se relancer par après. Pour la majorité des travailleurs, pris ici dans son sens le plus large, c'est le retrait d'une vie active pour enfin **être libre.** D'un autre côté, on constate que ces millions d'adultes de 60 ans et plus pourraient apporter de la valeur ajoutée à la société. Ils ont tout : l'expérience, la compétence, la sagesse, la capacité de voir les événements dans leur contexte et de les analyser. Bref, ils peuvent relier les problématiques contemporaines à l'histoire et avoir droit de cité dans les affaires communes. C'est ainsi qu'une étude[2] réalisée par l'Oxford Institute of Aging de l'Université d'Oxford auprès de 21000 personnes réparties dans 21 pays et territoires tend à démontrer les résultats suivants :

---

2   « Les aînés ont un apport économique important » in L'*Acadie Nouvelle* (Quotidien francophone du Nouveau-Brunswick, Canada), 23 mai 2007.

1. Le mythe voulant que les personnes âgées soient des personnes à charge ayant besoin de soins et vidant les ressources vitales des sociétés aux prises avec le phénomène de vieillissement de la population est réfuté ;

2. Le travail bénévole et les soins fournis aux membres de la famille par les sexagénaires et par les septuagénaires constituent les bases sur lesquelles les sociétés s'édifient ;

3. Selon les calculs de la HSBC (Banque), au Canada, la contribution fiscale et le travail bénévole des sexagénaires et des septuagénaires représentent respectivement 2,2 milliards $ et 3,1 milliards $ par année.

À titre d'information, on sait qu'en 1901, l'espérance de vie des hommes était de 53 ans et celle des femmes de 59 ans, dans les pays développés. Actuellement, l'espérance de vie des hommes passe à 77 ans et à 82 ans pour les femmes. L'espérance de vie accentue d'une façon remarquable la courbe démographique. Selon l'enquête menée à Oxford, par la population représentée dans le sondage, partout dans le monde, les personnes vivent à 70 ans ce que les générations précédentes vivaient à 50 ans. L'augmentation de la population dite *à la retraite* au plan économique et social passera à 20 % de la population totale en 2030 au Canada ; en Europe, elle atteindra le 30 % de la population et en Chine, 25 %.

De moins en moins de travailleurs contribueront aux caisses des retraites

En 2030, il y aura de moins en moins de travailleurs qui contribueront aux caisses de retraites par rapport au nombre de personnes âgées qui seront à la retraite. La conscience des gouvernements[3] s'éveille et du même coup elle réalise l'ampleur de la situation : les changements importants modifieront la structure sociale. On voit poindre ici et là les réformes telles que :

1. Les retraites retardées au-delà de 65 ans ; en Allemagne, par exemple, on retarde l'âge de départ ;

2. Aux États-Unis, le gouvernement entend privatiser les régimes de retraite pour faire face à la demande d'investissement à l'endroit de l'État ;

3. D'autres programmes entendent bonifier les citoyens pour les encourager à demeurer sur le marché du travail plus longtemps et ainsi contribuer aux caisses de retraite ;

4. L'Espagne, l'Italie, la Belgique sont en train aussi de réagir à l'endroit des nouvelles problématiques sociales liées à l'âge de la retraite.

Les États auront de nouveaux défis à surmonter, à savoir :

1. s'occuper du seuil de pauvreté des personnes âgées ;

2. réorganiser le travail, favoriser les travailleurs car ce sont eux qui créent la richesse ;

3. intégrer les jeunes à l'emploi ;

4. veiller à des conditions de vie décentes pour les retraités.

Au siècle dernier, la retraite, une politique sociale

Alors qu'au siècle dernier, la création d'une politique sociale avait pour but de restaurer la dignité des travailleurs

---

3   L'OCDE (Organisation de coopération et de développement économiques) organisait à Bruxelles, les 17 et 18 octobre 2005, un forum sur le thème du vieillissement et des politiques sociales, après avoir passé en revue les politiques menées dans 20 pays membres.

qui ne vivaient pas longtemps, en leur procurant un repos bien mérité et une possibilité d'accès à une caisse de retraite, il y a maintenant la masse des *baby-boomers* sur le marché du travail à partir des années 1969-70 ; au dernier quart du siècle dernier, la raison d'être de la retraite s'est vite transformée, pour devenir une « idéologie » du loisir et d'une masse « passivement consommatrice » ayant fait du travail, un lieu d'aliénation, et de malheur. Nous avons semé une pensée néo-libératrice qui donne au travail un statut négatif, voire malsain pour la personne. Dans un ouvrage collectif intitulé *Une vie en plus*[4], les auteurs nous interpellent, « *il faut réinventer le travail, donc changer les conditions de travail, donc réconcilier l'homme et son travail.... »*

Le terme retraite utilisé pour parler de la fin d'une période de travail ne signifie pas l'arrêt de la croissance et du développement humain. Rappelons-le, l'idéologie de la retraite est née d'un besoin de renouveler la main d'œuvre et de favoriser un repos bien mérité aux travailleurs.

Après l'explosion des naissances qui suivit la dernière guerre '39-45', aux alentours des années 1960, les démographes sonnent l'alarme face au redressement de la pyramide des âges : ils dénotent un élargissement au centre de la pyramide, un rétrécissement vers le bas et un allongement vers le haut. Et le reste s'ensuit : la pyramide s'inverse, se tourne à l'envers pour éventuellement prendre la forme du tonneau. C'est dans ce contexte que les sciences humaines créent un nouveau champ d'études : la *gérontologie sociale* qui appréhende le phénomène du vieillissement de la personne. Naissent en cette même période en Europe et aux

---

4   Joël De Rosnay, Jean-Louis Servan-Schreiber, François De Closets, Dominique Simonnet, U*ne vie en plus - La longévité, pour quoi faire?*, Seuil, Paris, 2005, p.200.

États-Unis, parallèlement les études et les recherches sur les âges de la vie, les cycles et les passages de vie dans le parcours humain.

Il a fallu donc voir l'espérance de vie augmenter, et constater chez ces adultes l'expression d'une continuité de vivre, de créer, d'apprendre, en somme de **s'autodévelopper** pour initier un mouvement d'études sur les théories du vieillissement. La retraite, événement social, culturel, personnel ne doit pas freiner la croissance de l'être humain. Anne-Marie Guillemard[5], ajoute :

> « Nos façons de travailler, de répartir les temps sociaux sur le parcours de vie, de couvrir les risques sociaux, de concevoir les identités de chaque âge et les rapports entre les générations, sont profondément transformés par le vieillissement de la population et la longévité accrue. »

La personne jusqu'au dernier jour de sa vie continue à **être**, à **agir**, à **devenir**, utilisant ses sens dans l'environnement géographique, humain et physique là où elle évolue.

La fête sociale qui a eu lieu dans mon village, en Acadie du Nouveau-Brunswick, illustre bien le changement de paradigme lié à l'évolution de la retraite, jadis vécu comme un retrait, une fin, voire une mort sociale.

---

5   Anne-Marie Guillemard, L'âge de l'emploi. Les sociétés à l'épreuve du vieillissement, Armand Colin, Paris, 2003, citée par Diane-Gabrielle Tremblay, professeure à la Téluq-UQÀM, titulaire de la Chaire de recherche du Canada sur les enjeux socio-organisationnels de l'économie du savoir et cotitulaire de la chaire Bell en technologies et organisation du travail / « Vers un nouveau management des âges et des temps sociaux », in Vie et Vieillissement, revue trimestrielle de l'AQG, 2006, volume 5, no 4, p.11 à 13.

Un souper pour un départ à la retraite

Une connaissance de longue date passe au campus universitaire. Il me dit qu'il est revenu dans son village pour le souper d'entrée à la retraite de l'un de ses frères. Il ajoute : nous étions huit retraités autour de la table et l'un de nous, dans sa conférence commente en ces termes : **la retraite, c'est le signe évident de la vieillesse.** Alors, me dit-il, je pris la parole, décidé à leur démontrer que c'est tout à fait le contraire, dans les faits. En effet, moi-même, après la fin de ma première profession, comme travailleur social, j'ai choisi d'ouvrir une agence d'immeubles, et mon épouse s'est spécialisée comme maître riki. Nous sommes tous les deux dans deux nouvelles professions que nous avons choisies et que nous aimons beaucoup. Mon frère dont c'était la fête hier soir, fait trois genres de travail maintenant. Il travaille plus de 80 heures semaine. Un autre de mes frères, homme d'affaires, s'oriente dans la pêche, il s'est acheté un bateau. Il termine en me disant, maintenant, c'est un « temps d'utilité » pour moi, la retraite.

Tout en revenant pour mon repas de midi, à la maison, l'expression « temps d'utilité » revenait à mon esprit. Je me disais, l'être humain souhaite continuer à être utile, à servir, à faire quelque chose de nouveau, de différent, comme si tout l'être humain, selon Charles Hadji[6] était en devenir : passer d'un état à un autre ; commencer à être ce qu'on n'était pas. Et si ce processus s'appelait changement, il signifierait, selon Hadji, la continuité (enchaînement) et la création (la nouveauté). Ce qui est si impressionnant chez ces adultes d'âge moyen, se retirant d'une première profession pour s'orienter dans quelque chose de tout à fait nouveau et représentant des défis, se passe avec le nouvel homme dans l'ancien, comme si celui qui est là aujourd'hui, avec de nouveaux projets avait besoin du premier ayant à son bord toute l'expérience et le vécu pour tenter de se recréer et créer un monde à son image. C'est ainsi que Carl Gustav Jung[7] nous parle du développement comme un processus d'individuation progressive s'opérant à travers les quatre phases du cycle de vie : l'enfance, la jeunesse, la maturité et la vieillesse. C'est particulièrement pendant la deuxième

---

6   Charles Hadji, *op. cit.* p.37.

7   C. G. Jung, *The Stages of Life*, *The Portable Jung*, 1971, p.3-22, cité par Renée Houde, *Les Temps de la vie*, Gaétan Morin éditeur, Montréal, p.285.

moitié de la vie, (maturité et vieillesse) que va s'opérer une plus grande identification avec l'ego (le moi) dans le sens de l'expression des ses potentialités et de ses réalisations. Selon Jung, la vieillesse est alors vue comme une période de grande introversion, semblable à ce soleil de la fin du jour qui, loin de dominer comme le matin de la vie, s'éclaire lui-même ou peut être regardé sans trop d'éblouissement.

Les adultes en ce temps du début du xx1e siècle, arrivant à un tel carrefour de choix d'activités, appelé traditionnellement la « retraite », s'orientent non plus seulement vers un travail rémunéré, comme passe-temps, mais dans des choix libres, liés à l'expression des potentialités latentes et des personnalités assumées.

Il y a chez les uns et chez les autres une multiplicité de manières de vivre. Ce **passage** dans l'échelle des âges est certes caractérisé par un véritable **remaniement identitaire.**

> « Tout le sens de la vie consiste dans cette possibilité de mutation,
> véhicule de l'adaptation évolutive, qui, au niveau humain,
> devient choix et responsabilité ».
>
> Paul Diel [8]

Dominique Thierry[9], nous parle de bouleversements de tous ordres, biologiques, intellectuels, psychiques et sociaux pour lesquels les mécanismes de reconstruction sont peu connus.

---

8   Paul Diel, *Les principes de l'éducation et de la rééducation*, PB Payot Paris 1961, p.92.

9   Dominique Thierry, *L'entrée dans la retraite : nouveau départ ou mort sociale ?*, Liaisons sociales, Paris, 2006.

Que se passe-t-il dans la tête de l'adulte de 50-55 ans lorsqu'il voit venir le premier départ?

L'éducation populaire des masses par l'affluence des revues, périodiques et émissions de télévision sensibilise les personnes sur les **enjeux du vieillissement**. Le vécu des parents, des grands-parents, des amis ou des voisins montrent dans leur réalité les espoirs et les peines de ceux et de celles qui arrivent en fin de vie. Ces images ou stéréotypes ont pour effet d'éveiller les uns et les autres, ou encore de faire naître le réflexe de repousser, de ne pas voir les réalités qui les attendent. J'identifie **quatre grandes périodes** appréhendées par ces futurs « retraités ».

Ces quatre périodes donc débutent au moment ou l'individu **anticipe mentalement** l'arrêt de sa vie professionnelle.

1. **À ce moment**, la personne tente de **se représenter ce que sera sa vie** : les idéaux, les projets à réaliser, la peur du vide, du non-sens, voire même les images de décrépitude physique et mentale souvent attachées au vieillissement.

Un collègue me partage le questionnement du sens de sa vie qui se pose avec acuité aujourd'hui.

« *Je ressens du 'pulsionnel libidinal' comme suspendu, en apesanteur, désinvesti progressivement du professionnel, en attente avec un désir de vivre ma vie, d'aller vers 'des rencontres', des 'événements' après avoir réussi ma vie professionnelle.* »

2. *La seconde période* que j'intitule de phase d'indépendance, est véritablement l'âge d'or, la deuxième adolescence. C'est le moment de vivre ses rêves. Un éducateur s'exprime ainsi :

« *Les voyages : pour aller de la 'rencontre des pierres' à la 'rencontre des hommes'... passer de mes anciennes visites accompagnées du Guide bleu touristique aux rencontres plus aléatoires des hommes au sens anthropologique et spécifique du terme. Est-ce que je ne décris pas ici 'la nouvelle adolescence'... adolescence que je regrette de temps à autre de ne pas avoir vécue dans le domaine sentimental, sensuel, sexuel...* »

La personne réorganise son emploi du temps et son rapport au monde. Elle est confrontée à gérer les rapports avec ses parents vieillissants et dépendants tout en maintenant les rapports avec ses petits-enfants. À travers ces obligations de tous les jours, elle est appelée à se trouver de nouvelles raisons de vivre tout en gérant le quotidien.

3. Vient s'ajouter à cette étape de vie, la *troisième période*, charnière entre les temps où tout allait bien pour elle et le glissement vers une **fragilité** qui se présente sous de multiples visages. Ces fragilités sont ou physiques ou psychiques, invitant la personne à développer de nouvelles stratégies d'adaptation, à poser des choix difficiles. Il n'est pas rare à cette période que le réseau social soit aussi quelque peu fragilisé, d'où l'importance de briser l'isolement.

Un collègue et ami ajoute :

« *J'avais anticipé cette question depuis des années faute de construction familiale et de ses corollaires. Les amis de longue date constituent 'le terreau' rassurant de ma vie que je ne cesse d'entretenir. Un ami qui quitte ma région géographique, mon environnement immédiat est vécu comme une amputation. La vie, pourrait-elle être vécue sans ami ?* »

Le veuvage est au rendez-vous et le deuil comme processus de réaffectation de son monde affectif est chose courante. Une amie à la retraite ajoute : « *Je m'ennuie terriblement
de ma sœur décédée déjà depuis deux ans, je n'arrive pas à l'oublier....* »

4. Enfin, il y a la *quatrième phase*, plus courte chez les
hommes que chez les femmes : ces dernières vivent plus
longtemps avec des pluri pathologies telles que le diabète,
les affections neurologiques dégénératives, les paralysies
partielles ou totales, etc. Cette période est qualifiée de **dé-
pendante** car c'est la période de la vie ou la personne est
confrontée à la réalité de sa finitude, tant au plan biologique,
psychologique que social. Heureusement que les efforts sont
déployés pour le maintien à domicile de nos aînés ayant
des limites et des besoins au plan physiologique et cognitif.

Quoi qu'il en soit, il est important de restaurer la dignité
de la personne dans ces périodes de fragilisation et de
dépendance ; l'autonomie, cette capacité à décider ce qui
semble être le mieux pour soi, demeure l'unique voie pour
l'accomplissement et la réalisation encore possible de la
personne, à ces âges avancés.

Ces quatre *grandes étapes* s'échelonnent entre le moment où
la personne retrouve le temps libéré après un certain âge,
et la préparation à sa propre mort. Je dis certain âge, car
l'âge chronologique de 50, 55 ou de 65 ans n'est plus le seul
facteur déterminant pour un arrêt professionnel ou ouvrier.
Certains retardent volontairement leur départ, ou initient un
retrait progressif, d'autres sont mis littéralement en chômage
retraite, d'autres quitteront pour raison de santé, et enfin
d'autres personnes partiront encore beaucoup plus jeunes, à
l'exemple des sportifs qui accrochent leurs souliers à 35 ans.

Un ami écrit :

« Le choix de la date du 'départ en retraite' est un atout, un privilège pour moi. Ce temps choisi est une nécessité. Une année de métabolisation psychique. Je n'aime pas la précipitation, la fulgurance. 'Donner du temps au temps' c'est une citation de François Mitterrand que je fais mienne. »

Qui sont ces « babyboomers » ?

Si la retraite n'existe pas, en son sens social, il n'en demeure pas moins qu'il y a un passage important de la vie active sociétale, à la vie pour soi, en vue d'une autre vie collective chez cet adulte de la cinquantaine. Je ne peux aussi écrire sur la vie des retraités sans pour autant m'arrêter sur les caractéristiques psychosociologiques de ces adultes, leur rapport à leurs parents ainsi qu'à leurs enfants. Ce que je souhaite donc faire, c'est de situer ces retraités dans la grande Histoire du siècle que nous venons de quitter, tout en se prolongeant dans le XXIe siècle pour envisager l'avenir de nos jeunes. Oui, nous devons, je pense, nous soucier des jeunes d'aujourd'hui et de demain.

Nos jeunes sont aux prises, présentement, avec de graves inquiétudes. Nous nous souviendrons aussi de nos parents et de leur vécu. Ce que nous sommes aujourd'hui est la résultante de multiples conjonctures qui ont une influence sur nos valeurs, nos agirs, nos décisions et qui sait, l'influence générative que nous souhaiterions encore avoir pour une humanité en marche, chez nous, dans les milieux où nous vivons.

Nous sommes les enfants de l'après-guerre

Nous sommes les enfants de l'après-guerre, 39-45 ; en règle générale, nous sommes issus de grandes familles. Nos cultures occidentales émergeant du Siècle des lumières, de Descartes, de l'ère industrielle, du taylorisme, de l'économie de marché, sont imprégnées de la discipline, de la rigidité, venant autant de l'extérieur que de l'intérieur de l'individu. L'Église et l'État dans les années 60 reflètent une image très barricadée dans des styles de *leadership* qui font peu de place à la créativité individuelle.

Nos parents ont connu la grande crise des années 30, la grippe espagnole, la privation matérielle, les deuils successifs des deux guerres mondiales, l'occupation en Europe par les forces étrangères. En somme la précarité monétaire et matérielle ont façonné la vie des gens et un rêve nouveau apparaît, celui de la réussite et de la vie d'aisance, bref le rêve américain de la libre entreprise, de l'effort, du travail, et au bout le succès et l'argent.

La spécificité de certaines populations : les Acadiens issus des premiers arrivants français

Les Acadiens, issus des premiers arrivants français du début du XVIIe siècle ont connu la prospérité, la paix relative, jusqu'au tournant dramatique de leur histoire, la déportation en 1755. Mes lectures sur l'impact psychoaffectif intergénérationnel des traumatismes de l'Histoire, me convainquent que nous portons encore aujourd'hui, les séquelles des brèches dans l'identité de qui nous sommes, liées aux blessures et aux souffrances de la brisure des vies vécues par nos générations passées. Oui, certes, l'étude de notre histoire, nous porte à faire des prises de conscience pour plus de liberté, de compréhension, et de guérisons-transformations intérieures. On peut dire que l'Acadie est debout. Elle écrit. Elle chante. Elle produit des œuvres artistiques, économiques et culturelles sans précédent. Notre identité, c'est aussi et surtout nos trouées, ainsi que tous les **défis de la survivance** pour aboutir à l'expression de qui nous sommes devenus « aujourd'hui ».

Les premières conventions nationales acadiennes affichent un drapeau, un hymne national et une fierté, pour ne pas dire, une identité à conquérir, au milieu d'un monde anglo-saxon, majoritaire et dominant. Aux dires de Madame Antonine Maillet[10] « nous avons à être fiers de qui nous sommes »; d'un peuple sans pays, nous avons créé des regroupements communautaires, villageois et citadins dans les provinces maritimes, ailleurs au Québec, aux États-Unis, en France, et de par le reste du monde, pour nous donner une volonté de nous réunir.

La montée des courants humanistes

Partout en Occident, l'après-guerre va voir se dresser les courants humanistes, et scientifiques, de pair avec les courants et les théories économiques. L'élan financier est au rendez-vous pour reconstruire les pays dévastés; le besoin de la main-d'œuvre est grandissant, l'ouvrage ne manque pas. C'est l'âge d'or des travailleurs, tous métiers confondus. Les gouvernements mettent en avant les programmes sociaux et apparaissent les politiques pour les retraites, l'assurance emploi, etc. Les maladies infantiles sont éradiquées, ou presque. L'espérance de vie connaît un bon fulgurant. En sommes les programmes sociaux, l'hygiène publique, les découvertes médicales, et scientifiques donnent l'illusion de la toute-puissance de la génération des *baby-boomers* qui

---

10 Antonine Maillet, *Pélagie la Charrette*, Leméac, Montréal, 1979. Prix Goncourt 1979.

mettent en pratique l'idéologie de l'effort et du travail pour arriver au succès. D'ailleurs, nos parents nous disaient-ils pas ceci : **si vous ne voulez pas travailler dans les usines à poisson ou sur la tourbière, allez aux études.** Nous étions assurés d'un bon emploi, et lorsque je sortais de l'Université de Moncton en 1969, avec un premier baccalauréat, j'avais une dizaine d'employeurs qui m'attendaient. J'avais l'embarras du choix. De cette toute-puissance, dis-je, entraient aussi dans les couloirs de notre société, les grandes manifestations des années 68 en France, du *peace & love* aux États-Unis, le retrait des *marines* au Vietnam, la révolution tranquille au Québec. En Acadie, allait naître la toute jeune université, résultante de l'amalgame des collèges classiques religieux, et j'en passe.

La sécularisation de nos sociétés occidentales

Au plan spirituel et sociétaire, le concile de l'Église catholique, Vatican II, et le renouvellement pour ne pas dire, la sécularisation de plus en plus évidente de nos institutions politicoculturelles et éducatives occupent leur place. Les laïcs prennent les guidons des collèges classiques. La marche de Neil Armstrong sur la lune, « un petit pas d'homme pour un grand pas de l'humanité » laisse son empreinte. L'heure est aux grands projets dits d'exploration de nos rivières, de nos forêts pour en extirper le maximum de ressources, nous sommes donc, nous les *baby-boomers* à la fois les exploitants de nos ressources, et les plus grands profiteurs bénéficiaires des retombées économiques de celles-ci. Nous sommes les « meilleurs. » Les superpuissances prennent leçon de la barbarie des deux grandes guerres et du nazisme. La guerre froide va connaître un dénouement. Le mur de Berlin est tombé, un nouveau pape polonais,

Jean-Paul II arrive comme chef de l'Église catholique romaine, l'Union soviétique va connaître une mutation et le communisme disparaît progressivement. Bref, nous sommes « superpuissants », « superperformants » et « superriches » en comparaison des populations des pays en voie de développement. Les grands obstacles pour l'humanisation de la vie, partout sur la planète tombent. Une ère nouvelle de conscience va apparaître, selon André Malraux. Voilà l'héritage laissé dans l'imaginaire collectif de nos enfants. Un collègue à l'Université me dit récemment, **« nos jeunes ne veulent pas moins que ce que les parents ont réussi. »** Or, dit-il, nous ne sommes plus dans le même contexte socio-historique et économique. Nous nous devons d'éduquer nos jeunes aux valeurs de l'effort, du travail bien fait, garant du bonheur et de la réalisation de soi.

L'argent, un pouvoir jusque-là inconnu

Chez chacun de nous, l'argent et l'acquisition de biens vont devenir le prochain pouvoir, comme s'il faut en avoir et de plus en plus, pour en quelque sorte guérir d'une insécurité liée au manque de notre jeunesse. Sans doute un relent d'envie de ce que la société américaine « super puissante » et« argentée » fait connaître par les mass média. D'une maison que nous connaissons, et d'une manière modeste de vivre, nous entrons progressivement dans l'accumulation des avoirs : maisons, voitures, camions, remorques, chalets, bateaux, roulottes d'été, etc.

Les voyages, le travail en surtemps, les heures supplémentaires procurent une liberté d'achat et de loisirs. Une nouvelle idéologie ludique vient remplacer le travail, et ça c'est un précédent dans l'histoire de l'humanité. Pour maintenir un tel style de vie, les statistiques démontrent jusqu'à quel point les nouveaux ménages s'endettent pour être au niveau acceptable, car ces modes de vie ont comme prescrit des normes de société, voire de marginalisation, entre les fortunés, les riches, les aisés, les gens moyens, les pauvres, les nouvelles classes socio-économiques détruisant les traditions d'une ancienne solidarité communautaire.

Les gains faramineux des superloto, qui sont ni plus ni moins que les « bingo » déguisés du peuple, laissent miroiter les vies de rêves des télé-réalités ou des *soaps* américains semant parfois l'envie, la jalousie, un mal-être personnel et social au sein des petites communautés.

En même temps arrivent les courants individualistes, le culte du corps, le culte de l'immortalité, notamment le monde de l'esthétique et de la chirurgie à la carte.

Nés dans la vague de l'optimisme et de l'abondance

Nous sommes nés dans la vague de l'optimisme, de l'élan procréatif. Notre pouvoir d'achat modélise l'image du monde occidental de l'après-guerre. Nous avons aussi ressenti très tôt le besoin de manifester et de nous rebeller. Nous avons commencé à la maison. Je me rappelle que certains de mes frères objectaient déjà en 1956 de devoir obligatoirement aller à la messe le dimanche, sous peine du péché mortel. Nous sommes demeurés d'éternels adolescents, les premiers contestataires de l'autorité parentale. Mike Males de la Californie[11], nous dit que nous sommes la génération joyeuse et prospère de la révolution économique de l'après-guerre. Nous sommes allés plus loin, nous avons demandé la légalisation de l'avortement, nous avons déserté l'Église, en raison de ses positions

11 Mike Males, *Boomergeddon Daily News* (England), Saturday, April 1,2006, p.17.

draconiennes sur les contraceptifs et la chasteté avant le mariage et récemment, la course aux prêtres homosexuels.

Il y a plus, les adultes nés des années d'après-guerre ont initié un repositionnement au niveau des valeurs morales et sexuelles. Je pense que c'est en réaction à la fois à l'emprise patriarcale dominant encore nos sociétés, nos institutions et aux souffrances vécues dans des dynamiques familiales et institutionnels.

Ces jeunes d'aujourd'hui, donc, c'est-à-dire nos enfants, issus de familles en plus grande aisance sociale, souvent laissés à eux-mêmes, sans discipline ou cadres de références, règle générale, connaissent à l'école un autre phénomène : les grossesses de plus en plus en nombre chez les adolescentes, le *racket*, nouvelle violence scolaire, l'intimidation par le téléphone cellulaire et sur l'actualité d'aujourd'hui, le phénomène de la « tape brutale au visage » répandu en Angleterre et gagnant la France ; les problèmes de santé mentale, tels l'anorexie, la boulimie, ces désordres alimentaires, naissent en nombre croissant, à partir des années 80. Certes, ces problématiques peuvent laisser penser au pire ; d'autre part, nous observons que l'éducation à la responsabilité, à l'ordre social, à l'engagement personnel, est une résultante très positive issue des petites familles des *baby-boomers*.

Nous avons récemment pu observer, en France, la violence sociale des banlieues ; quelle lecture doit-on faire de ces événements ? Toute violence naît d'un désarroi, d'un mal-être, d'un désir de changer les choses, d'une place générationnelle incertaine, d'une quête d'identité plus ou moins assurée, d'une reconnaissance. Est-elle une parole qui appartient seulement aux fils et aux filles d'immigrants ? À propos de se 'faire remarquer' ne pourrait-on pas dire que faute de 'marquage symbolique' les jeunes seraient en quête de 'marque' dans le registre vestimentaire et d'inscriptions matérielles sur le corps (scarifications diverses-seconde peau)... ?

D'ici 2015, le tiers de la population occidentale sera retirée

Revenant à un phénomène démographique, l'on observe que d'ici 2015, la génération des *papy-boom*[12] et des retraités représenteront le tiers de la population, ce qui va, à mon sens, représenter un enjeu sociétal et culturel sans précédent. Souhaitons-nous les reconnaître comme un groupe social à part entière, indispensable, pour le « mieux vivre ensemble de la société », invitant ainsi les générations à se rencontrer.

Une étude[13] sur « l'avenir de la retraite » dans le monde, stipule qu'en 2050, les plus de 60 ans et les moins de 15 ans réunis formeront plus de la moitié de la population mondiale. 72 % des personnes interviewées s'opposent à l'idée d'un âge obligatoire pour la retraite. Nous pouvons certainement dire que la société aura besoin de mains et de cerveaux pour faire tourner l'économie, même avec le phénomène de la mondialisation des marchés. L'étude indique également qu'un même pourcentage (72 %) souhaitent conserver une activité professionnelle, qu'elle soit en alternance ou à temps partiel. Quelque 25 % des répondants évoquent une raison financière, et 21 % souhaitent maintenir une activité physique.

---

12 Expression empruntée pour parler des jeunes sur-diplômés.
13 Martine Picouët, « L'âge obligatoire du départ en retraite, une idée qui déplaît », in *Le Monde*, dimanche 30 avril / mardi 2 mai 2006, p. 21.

Si j'avance l'idée que la retraite n'existe pas, c'est certainement dans la perspective d'un développement continu de la personne humaine dans les sphères socioculturelles, politiques et économiques de nos nations.

La théorie de la continuité

Il nous est donné de faire un lien ici avec la théorie de la continuité d'Atchley[14]. Cette théorie révèle entre autres que la personne humaine a tendance à poursuivre une activité qui aura été signifiante pour elle dans ses années antérieures, le succès du vieillissement étant conditionné par les expériences de vie passée. À titre d'exemple, si j'ai aimé les livres, le monde des arts, de l'éducation, de la musique, de la pêche, il y a une grande chance que ces activités se poursuivent à des rythmes et à des intensités différentes.

Il n'en demeure pas moins que l'adulte entre progressivement dans le processus du vieillissement, c'est incontournable.

La retraite, un temps pour retraiter sa vie

Un jour dans une conférence, j'avais entendu le Professeur chercheur Nicolas Zay, fondateur de la gérontologie sociale à l'Université Laval, nous dire que la retraite avait perdu son sens initial, qu'elle était devenue un temps pour « retraiter » sa vie et non plus un arrêt brutal d'activités ou tout simplement un temps de repos comme cela avait été pour nos parents et nos grands-parents au milieu du siècle dernier. À cette époque, il n'était pas rare de constater que lorsque les gens arrêtaient de travailler, c'était très souvent

---

14 R. C. Atchley, « A continuity theory of normal aging », *The Gerontologist*, The Gerontological Society of America, New York, 1989, Vol. 29, n° 2, p. 183-190.

en raison de maladies ou d'épuisement. On constatait aussi chez ces travailleurs que leur espérance de vie était de courte durée. Dans les régions rurales, acadiennes, les travailleurs comme mon père, né en 1919, n'ont pas connu de programmes tels les régimes d'épargne-retraite, l'assurance chômage et autres. Avec le temps, entre 1945 et après, la retraite est passée de temps d'arrêt en raison d'incapacité à continuer à travailler, à un temps de se retirer, à 65 ans, au Canada, en raison d'un programme instauré par le gouvernement fédéral après les années 1945, appelé « pension de la vieillesse ».

> La retraite, n'est plus seulement un temps
> Pour le repos dûment mérité
> C'est aussi et surtout un temps et un processus
> Pour « retraiter sa vie »

Donc, 65 ans était vu comme un temps pour s'arrêter, se reposer, et goûter un peu plus à la vie, si par hasard, les hommes avaient pu placer quelques économies de côté. Là encore, dans les milieux ouvriers que j'ai connus en Acadie, rendus à cet âge, les travailleurs fragilisés par un dur labeur avaient une espérance de vie raccourcie. Et si par malheur l'époux partait avant, ce qui est le lot encore de bien des épouses d'ouvriers, la pauvreté s'installait par la perte du pouvoir d'achat, la difficulté à maintenir la maison. Si la veuve demeurait dans une région éloignée où les enfants ne pouvaient participer à une prise en charge, l'issue était souvent l'entrée en institution de long séjour. La retraite était ainsi marquée par le renoncement, la restriction, le manque.

Il en était autrement pour les travailleurs du bâtiment, d'industries, de bureau, d'usines et de l'enseignement qui avaient contribué à des programmes de retraite. Ces travailleurs et travailleuses et les autres professionnels avaient assez d'économies et une meilleure santé pour pouvoir jouir de la vie et explorer le monde du loisir-voyage avec plus de liberté. Cette réalité socio-économique des nouveaux retraités se présentait autant en Amérique du Nord qu'en Europe.

Nous reviendrons sur le sens de la retraite, à la lumière des recherches que nous avons effectuées récemment.

La retraite vue par la société

À ce moment-ci de la réflexion sur le sens de la retraite, je prête la parole à une auteure, Charlotte Herfray[15].

Selon elle, toute société traite la vieillesse (et la mort) d'une façon conforme à ses modèles de fonctionnement, ses systèmes de valeurs, ses exigences économiques. Il est juste de dire que dans une région où la pêche est la principale activité gagne-pain des familles, la retraite, la vieillesse, la façon de vivre ses temps-loisirs, actuellement, aura une toute autre expression que si j'ai vécu ailleurs : à Toronto, à Lyon, ou en Tunisie, dans une ville ou un village. Gouvernés par des règles différentes et des mœurs où le travail et les rencontres humaines trouvent leurs expression à l'intérieur de grands édifices à bureaux, dans la coque serrée d'un navire de pêche, ou un champ d'oliviers ou une mine de phosphate, là aussi la vieillesse comme processus et résultat sera différentielle. Les facteurs externes tels que la pollution, le *smog*, les transports en commun, la densité de population, l'air pur et la mer ont une répercussion sur l'expression de la vie des gens en raison des rythmes, des activités physiques et psychiques investies au quotidien.

---

15 Charlotte Herfray, maître de conférences à l'Université Louis Pasteur (Strasbourg), *La vieillesse, une interprétation psychanalytique*, Desclée de Brouwer, Paris, 1988.

Le besoin d'affirmation de soi

D'autre part, les recherches démor
d'affirmation de soi est ébranlé au momen⌊ ⌋
revient à son chez-elle, après avoir quitté son lieu ⌊ ⌋
Comment ne pas être affecté de cette modification bruta⌊ ⌋
de statut et de rôle. Du jour au lendemain, la participation
effective et directe aux activités économiques et au travail
« productif » est suspendue. Le travail, est reconnu comme
utile et important ; il est investi d'une certaine **reconnaissance sociale.** On entend souvent l'expression, « qu'est-ce
que tu fais ce temps-ci » ? Le terme « faire » renvoie à une
occupation, à une activité utilitaire, et il est difficile pour
l'adulte de se défaire de ce cliché social. Demander à
quelqu'un, « qu'est-ce que tu vis » ou encore « quel est ton
passe-temps » ? est vu comme péjoratif encore aujourd'hui,
comme si la valeur de la personne était liée au « faire », à
« l'activité physique », vérifiable, observable. Combien
d'adultes aiment juste être là, en présence d'eux-mêmes, en
observant la nature, en lisant un livre, en faisant une marche
dans la nature, sans vivre la culpabilité de ne pas « être
utile » ; il y a là tout un travail de désapprentissage pour arriver à s'approprier sa vie. Un collègue à la retraite me disait,
« j'ai peur de ne plus avoir d'importance pour les autres ». Où retrouver les nouvelles images que le rôle et le statut social four-
nissaient à la personne ?

Le travail est une fonction de l'existence. Il nous faut retrouver la valeur du travail, entre 55 ans et 70 ans. Ça reste à
inventer. Loin de prendre le travail des jeunes, les retraités
revenant à l'emploi, selon un rythme et une présence adap-
tés, contribueraient à l'activité économique et sociale, deux
éléments pour la richesse d'un pays et la création de nouveaux emplois. Le travail tisse les liens sociaux nécessaires

la santé psychique par le maintien de l'identité, et d'une saine image de soi. Les lieux de travail sont multiples, du bureau chez soi, à l'atelier, à l'usine, et autres. Le travail renvoie au temps social. Soyez toutefois, attentif à ce que cet allongement du temps possible de travail, soit réellement un choix et non imposé par les circonstances de la vie, notament à cause d'une précarité économique.

Le temps social

C'est cette dimension qui fait qu'une personne se sent faire partie d'un groupe d'appartenance. Une fois rentré dans son chez soi, au terme d'une carrière, la dynamique du temps social change pour devenir un temps à soi, où la personne entre dans une nouvelle périodicité ou la gestion du temps peut pour certains devenir anxiogène. Une amie au travail me partageait aujourd'hui ceci : « *lorsque je pense au jour ou je vais quitter mon institution, mes amies, mon travail, je me dis : qu'est-ce que je vais devenir?* » L'on peut lire à travers ce partage, toute l'inquiétude, devant l'incertitude d'un à-venir non encore défini. Il serait bien pour cette dame de participer à un groupe de réflexion pour justement échanger davantage sur comment elle entrevoit cet à-venir tout en partageant ses inquiétudes bien légitimes d'ailleurs.

Il y a un véritable travail de deuil[16], une fois cette étape de transition arrivée, car je n'arrive plus à l'appeler « retraite » dans son sens fondamental. Une enseignante, trois mois après avoir quitté l'enseignement me confie ceci : « *j'ai de la misère à vivre la solitude, je tourne en rond à la maison* ».

---

16 Odette Lavallée, *Ouvrir les yeux autrement*, La Plume d'Oie, Québec, 2004, p.16.

Le paradoxe de la retraite

Lorsque l'on se penche sur les avantages d'un départ à la retraite, il n'y a pas que des désavantages, tels la perte d'une identité sociale, l'impression d'avoir perdu une valeur, un sens, un statut et un rôle qui donnait à la personne une place, une reconnaissance, enfin l'impression d'être encore voulu et attendu. Plus de temps disponible est enfin accordé pour ce qu'on aime faire et pour ceux que l'on aime. C'est aussi ce que nos recherches sur les enjeux de la retraite nous révèlent. J'entends parfois les expressions suivantes : le temps disponible, le temps libéré. Certains vont dire, « il est temps pour moi de réaliser mes vieux rêves ». Ce matin, je voyais à la télévision une dame septuagénaire qui se présente à une élection locale. Les habitués de la politique municipale sont désarçonnés, car cette dame qui surgit de l'ombre est en train de rallier une bonne majorité d'électeurs.

Le départ involontaire

D'autre part, la mise à la retraite involontaire, ou obligatoire est un temps très ambigu. Certaines personnes du milieu ouvrier ajoutent, « *je suis content et en même temps, il faut que je passe comme les autres, laisser ma place ; j'ai dû quitter, laisser là mon travail, abandonner mes fonctions* ». Pour d'autres, « *je suis parti, car ça devenait trop lourd* », ou encore comme ce fonctionnaire me partageait avec amertume, « *ils me l'ont fait sentir, les plus jeunes, que je n'avais plus ma place ici, donc, je suis parti plus tôt que prévu, et j'en garde encore un ressentiment.* »

Certaines autres personnes vivent une joie à l'idée de pouvoir réaménager autrement leur vie. La perspective de changer de milieu, de quitter la ville pour la campagne, ou

49

de se rapprocher des amis, des enfants et petits-enfants éveille d'anciens désirs. Très souvent, le travail vu comme un gagne-pain n'est pas un lieu où toute la personne peut s'épanouir au plan personnel, social, culturel ou spirituel. J'ai déjà entendu l'expression, « *me voilà enfin libre* », ou encore, « *je serai dans deux mois, mon propre maître* ». Lorsque le travail offre des possibilités d'expression de sa personnalité dans les dimensions du plaisir, les personnes ressentent plus de difficultés à accepter le départ à la retraite que celles dont le travail a été un facteur d'aliénation, de fatigue accumulée, d'épuisement, voire de *burnout* ou d'oubli de soi.

Les situations stressantes au travail

Que dire aussi des situations de stress au travail en raison des multiples tâches à remplir, d'agendas surchargés, de décisions pénibles à prendre, des pressions de toutes parts à gérer, bref, un ensemble de tâches et de responsabilités qui donnent lieu à un surplus, à un trop-plein, ou encore à des besognes trop pénibles en raison des limites atteintes au plan des capacités physiques et parfois psychiques. On dit que les cadres trouvent de plus en plus difficile l'exécution de leurs tâches et responsabilités, ce qui est dû en grande partie aux nouvelles exigences liées à l'économie des marchés, et à un personnel restreint, ce qui entraîne souvent la peur de reproches de la part des employés.

Les collègues ou les amis rencontrés ici et là me partagent parfois leur aspiration à la paix, à la tranquillité, en même temps qu'ils redoutent cette paix. « *C'est comme la lune de miel* », que quelqu'un me partageait… « *après la retraite, pour moi, ce sera le golf, et puis les voyages* », et deux années après, il m'arrive en me disant : « *eh bien l'hiver, je ne peux plus faire de sport, et puis les voyages, je ne sais pas comment voyager. J'ai peur».* Pour d'autres, la paix retrouvée, c'est profiter de la vie, et c'est l'explosion de projets nouveaux, comme des adolescents qui décident d'explorer la vie avec plus de conscience. Un collègue de l'enseignement retourne en Thaïlande à chaque automne, car là-bas il découvre, il apprend et élargit ses horizons.

L'être humain créé sa vie

L'être humain est ainsi fait pour créer et inventer sa vie. Mon père, qui a eu ses 89 ans est assis à sa machine à coudre. J'entends le moulin qui s'élance par bonds et qui par après s'immobilise. Je suis dans la cuisine en train de lire. Georges fait ses couvertures piquées ; il a créé des modèles uniques que les femmes du village d'alentour voudraient bien reproduire. Hier, il me disait, tout en faisant usage de sa marchette, *« je m'en vais m'amuser ».* Je vous rappelle que sa mère lui avait montré à coudre lorsqu'il avait sept ans. Cinquante années plus tard, après avoir exercé tous les métiers du monde, de charpentier, pêcheur, agriculteur, gérant d'usine de poissons et j'en passe, il sortait la vieille machine de la garde-robe et avec maman, ils entreprenaient à deux une nouvelle activité créatrice.

Revenant à ce matin de juin, deux couvertures partaient pour Petite Rivière de l'Île. Une autre partira la semaine suivante vers la France, un conférencier étant de passage. Ce rituel de la journée se poursuit dans un atelier créé par lui. Grâce à la présence et à l'amour de sa fille Lise et de son gendre Clarence, mon père jouit de la vie, où le temps est donné pour créer. On peut dire que mon père a changé de cap, dans le sens de franchir ou de dépasser les limites que pouvaient lui montrer une société gérée par les âges. J'aime ainsi l'expression d'Hubert de Ravinel et de Claire Blanchard de Ravinel[17], lorsqu'ils nous disent :

> « *Changer de cap, planter des arbres quand on est octogénaire, se marier à 80 ans, émigrer au soir de sa vie, autant de projets qui réfutent le pessimisme poétique de Jacques Brel, poussant les vieux 'du fauteuil au lit et du lit au lit'. Les défis de changer, de se transformer sont loin d'être tous aussi spectaculaires mais, quels qu'ils soient, ils peuvent assaisonner nos existences de retraités d'un zeste créateur, sel de toute vie.* »

Il arrive aussi que j'aperçois papa en train de faire des jeux de logique sur le journal, ou parfois, j'observe son regard se promenant de l'intérieur à l'extérieur, assis dans son fauteuil face à la chaise vide qu'occupait maman du temps de son vivant.

> « *Le projet permet à l'individu de réaliser sa propre identité par la projection de son histoire dans les activités à venir* ».
>
> SIMONE DE BEAUVOIR[18]

La théorie de l'activité

Je crois bien que mon père, comme bien d'autres aînés, confirme en quelque sorte la théorie de l'activité mise en avant par le chercheur américain R. C. Atchley[19]. Selon cette théorie, plus les personnes âgées demeurent actives, plus elles vieillissent harmonieusement. Idéalement, la personne

---

17 Claire Blanchard de Ravinel et Hubert de Ravinel, « Le temps libéré : témoignages de deux retraités », in *Vie et Vieillissement*, revue trimestrielle de l'Association Québécoise de gérontologie, 2006, Volume 5, n° 4, p. 41.

18 Simone de Beauvoir, *La Vieillesse*, Gallimard, Paris, 1970.

19 R. C Atchley, "The leisure of the elderly", *The Humanist*, 1977, p.14-l9.

doit continuer sa vie comme avant, si
perdu (travailleur, conjoint, etc.) et
conservant le plus d'activités possibles, ca.
source d'identification de la personne. Tout en a.
plus loin dans la réflexion sur la retraite comme u.
libéré, à nouveau, je remets la plume à Hubert de Ravin.
fondateur de l'organisme des Petits frères des Pauvres, crée
à Montréal en 1962. Il nous livre son témoignage :

> « La retraite ne pourrait-elle pas tempérer et adoucir le temps du
> devoir, en y incluant du plaisir, de la folie et de la désorganisation
> créatrice ? Les autres bénéficieront beaucoup plus de la présence
> d'une personne épanouie et détendue que de celle d'un être de
> devoir, détenteur de vérité et corseté de principes moraux. Même
> affranchi d'une partie de conditionnements de ma jeunesse et de
> ma vie adulte, il ne m'est pas facile de mettre en pratique ce que
> j'écris. Le handicap de n'avoir presque jamais su dire non, ajouté à
> la multiplicité des tâches bénévoles qui me sont proposées font que
> je m'accorde trop peu de ces longues plages de temps, génératrices
> d'une nouvelle dynamique libérée des : il faut ou : tu devrais... »

Le sens de la vie

Gilbert Leclerc[21], chercheur au Centre de recherche sur
le vieillissement de l'Université de Sherbrooke au Canada,
s'est penché sur la thématique du « sens à la vie » des aînés.
En effet, on sait que le « sens à la vie » est une des principales composantes d'une bonne santé psychologique et même
physique. Leur recherche longitudinale a révélé, en bref,

---

20 Hubert de Ravinel, *op. cit.*, volume 5, no 4, p. 39 à 42.
21 Gilbert Leclerc, Ph.D., Josée Roy, MA. et Émilie Richard, M.A., « Rôle du sens à
la vie dans l'adaptation aux incapacités », in E*ncrâge*, revue de l'Institut universitaire de gériatrie de Sherbrooke, Québec, Automne 2005.

l'aîné adapte des **stratégies** pour diminuer l'impact des capacités rencontrées qu'elles soient physiques ou psychologiques. En plus, l'aîné va aller plus loin, dans son effort social, il va adopter d'autres stratégies pour arriver à **donner un sens à sa vie.** Pour y arriver, il aura besoin de l'autre, c'est-à-dire, de la famille, du monde, de la société et une référence à une transcendance, Dieu ou un être supérieur.

La retraite, un temps de conflits

Un jour j'entends l'expression d'un autre adulte, à la retraite, « *Je suis fatigué de ne rien faire. Je n'aurais pas dû m'arrêter. Je ne croyais pas que ce serait comme cela* ». La retraite, son arrivée, son entrée est un temps de conflits. La personne l'attend et la redoute en même temps. Le rapport à cette rupture n'est pas vécu de la même manière pour tous. Mon frère, maçon, voit arriver la retraite comme un soulagement. Son cœur qui palpite, le taux de cholestérol élevé, l'oblige à prendre cette décision. Il investira son temps et intérêt à faire son grand jardin le printemps, avec des pauses pour se reposer, à couper son bois l'été, non sans précaution, et à garder quelques volatiles. Un étudiant me partage un jour le désarroi de son papa. Son patron ne veut plus de lui. « *Mon père*, dit-il, *a 63 ans ; il ne se sent nullement vieux ; il est obligé d'arrêter ce qu'il faisait avec plaisir.* » Cette rupture, ce départ involontaire peut jeter la personne dans une mort psychologique et sociale et porter atteinte à sa santé. Selon que la personne a d'autres intérêts, d'autres investissements affectifs, la période d'adaptation est différentielle et pour les uns et pour les autres.

En prenant un café avec deux dames de Montréal, retraitées de l'enseignement et en vacances, nous réfléchissions sur les expressions utilisées pour nommer la personne âgée.

L'une me disait qu'elle est une jeune vieille, l'autre réagissant, ajoute, « *je n'aime pas cette expression, car elle ne représente pas ce que je suis, ce que je vis* ».

La maturation n'appartient pas à l'humain ?

J'entre alors dans la conversation en leur disant que certains anthropologues, dont Margaret Mead et une psychologue du vieillissement de Chicago, Bernice Neugarten faisaient référence à l'expression de l'« adulte d'âge moyen », ou « l'adulte d'âge avancé » ou « très avancé », prétextant que la maturation est le propre de l'être humain et que celui-ci progresse, se développe, se définit toute la vie durant. Si la vie est une école, comme disent les uns et les autres, alors les leçons à tirer sont présentes à chaque jour. Cette thèse rejoint les travaux de Georges La Passade[22] lorsqu'il dit que l'être humain entre dans la vie à chaque jour et qu'il n'est jamais rendu au terme de sa croissance.

Ces amies du Québec me rassuraient dans mes réflexions écrites, en me disant que la vie est un perpétuel apprentissage. Lorsque l'on traverse l'adolescence, me disent-elles, et que l'on entre dans la vie adulte, l'on délaisse les carcans, les cadres qui nous limitent pour ouvrir d'autres portes laissant entrevoir les nouvelles aspirations.

Vivre pour moi, leur dis-je, c'est l'image du promeneur qui gravite la montagne ; plus il monte, plus il est en mesure de voir ses vallées, ses crevasses, ce qu'il a évité, ce qui l'a fait tomber, ce qu'il a entrepris, risqué, réussi, ce qu'il a contourné, abandonné ou sauté par les détours, les haltes, ou les relais ; ces arrêts sont nécessaires pour y repérer

---

22 Georges La Passade, L'*Entrée dans la vie : essai sur l'inachèvement de l'homme*, Éditions de Minuit, Paris, 1978.

ses moments riches, émouvants, ses creusets d'amour, ses assises de vie, s'étayant ainsi pour mieux rebondir; il y eu aussi les objets qu'il a dû abandonner et donner en cours de route, car il était parti avec beaucoup trop de bagages, de vivres, de vêtements ou d'accessoires. Plus il montait, plus il se fatiguait, alors il a décidé de laisser aller certains objets qu'il a donné à des passants, à des voisins, qui en avaient plus besoin que lui. Même ses pensées se sont allégées, car il avait comme vision le ciel et comme objectif d'atteindre le sommet de la montagne; chemin faisant, il s'est aussi rendu compte qu'il devait se concentrer sur ses pas, sur sa respiration. Son regard posé sur le sol, autant que sur les arbustes, ne lui donnait plus le temps de s'embourber dans le passé; cette allégorie de la retraite me parle beaucoup.

Le passé était le passé

Le passé était le passé, il était ces vallées, déjà parcourues, ces sentiers sombres et sinueux que la lumière n'arrivait plus à atteindre. Le montagnard les connaissait par cœur et il savait bien qu'il lui avait fallu passer par là pour trouver sa route, et que maintenant, il n'était plus là. Il accueillait tous ces pas franchis, son corps, son cœur, ses poumons qui l'avaient porté si longtemps. Ceux-ci étaient là aujourd'hui, en train de le porter encore.

Qu'en est-il pour vous ?

1. Qu'est-ce que l'expression « retraite » signifie pour vous ?

2. Vous êtes-vous retiré socialement au moment du départ à la retraite ?

3. Quelles raisons vous ont conduit à un retrait total ?

4. À quel ajustement ou à quelle adaptation avez-vous eu à faire face, une fois revenu-e chez vous ?

5. Quelles ambitions ou projets n'avez-vous pas osé entreprendre ? Pourquoi ?

6. Depuis que vous êtes à la retraite, avez-vous recommencé à travailler à temps partiel ? Si oui, est-ce dans le même domaine qu'auparavant, ou dans un tout autre emploi ? Précisez...

7. Aujourd'hui, souhaiteriez-vous reculer la date d'entrée en retraite ou emprunter une formule dite « emploi-retraite » ?

Épilogue

D'ici 2050, la proportion de retraités inactifs par rapport au nombre de personnes au travail va presque doubler dans les pays de l'OCDE, ce qui pourrait entraîner une hausse de la fiscalité et une baisse des pensions. Une étude[23] a porté sur 21 pays dont le Canada, les États-Unis, la France, la Belgique, la Grande-Bretagne, la Suisse et le Japon. La retraite retardée, de concert avec de nouvelles politiques

---

23 Willi Leibfritz, « Retarder l'âge de la retraite », L'*Observateur de l'*OCDE, Département des affaires économiques, janvier 2003.

sur le système d'impôt, les systèmes de pensions privés et publiques, qui favoriserait le maintien d'un taux d'activité pour les « seniors » est une réflexion très sérieuse en ces temps-ci, car tous les pays membres de l'OCDE verront, au cours des 50 prochaines années, une forte augmentation de la proportion de leur population des personnes âgées et une diminution de celle des personnes de moins de 65 ans.

Selon Anne-Marie Guillemard[24], une nouvelle flexibilité temporelle, ainsi qu'une déconcordance des temps de la vie se produit. Elle ajoute :

> « Désormais, travail et temps libre ou inactivité s'interpénètrent étroitement à chaque âge. Les âges se sont déspécialisés et l'on observe un brouillage entre eux, les transitions sont devenues réversibles. Il n'est plus rare de voir fonder une famille à 40 ans ou 50 ans, de faire l'expérience de la parentalité tardive, de retourner vivre chez ses parents à 35 ans, de se lancer à 40 ans dans une nouvelle formation.Ce nouvel enchevêtrement des temps sociaux engendre des itinéraires biographiques qui ne correspondent plus aux séquences traditionnelles de l'organisation ternaire du parcours de vie. »

L'être humain, jusqu'au dernier jour de sa vie continue à penser, à agir dans un environnement humain et physique là où il évolue. Tout en acceptant les limites physiques et co-gnitives, et en reconnaissant ses forces et son potentiel non encore développé, il demeure **l'acteur de sa vie**.

---

24 Anne-Marie Guillemard, « Vers un nouveau management des âges et des temps sociaux en réponse au vieillissement de la population. Une perspective inter-nationale », in *Halte à la retraite ! D'une culture de la retraite à une gestion des âges*, sous la direction de Diane-Gabrielle Tremblay, Presses de l'Université du Québec, Québec, 2007.

La retraite est passée d'un temps d'arrêt, d'un retrait, à une phase nouvelle dans l'évolution de la personne. Elle pose désormais un nouveau regard, pour un passage vers une vie réaménagée où le temps est donné pour vivre ses rêves, initier de nouveaux projets faisant appel à de multiples potentialités non encore explorées. La vieillesse, non seulement comme un état évolutif, mais comme un processus dans un « continuum de vie » ne sera réussie que si la personne aura maintenu une activité qui aura donné un sens, en endossant de nouveaux rôles, en élaborant de nouvelles relations interpersonnelles.

Parce que l'être humain est à la fois physique, biologique, psychique, culturel, social et historique, c'est cette unité complexe de la nature humaine qui, selon Edgar Morin [25], aura à être restaurée. Je crois que cette rencontre avec soi-même est nécessaire pour les défis d'adaptation aux changements qui attendent la personne en raison de l'arrêt de travail et des mutations sociales et psychologiques qui en découleront. C'est dans cette perspective que la personne, où qu'elle soit, doit prendre conscience de son identité complexe, en même temps que son appartenance – avec tous les êtres humains – à une société où « la culture du travail et de la retraite » est en pleine mutation.

C'est pourquoi, les prochains chapitres convient le lecteur à un rendez-vous avec lui-même pour affronter les incertitudes, attendre l'inattendu, tout en demeurant présent dans l'aventure inconnue que seul le destin humain peut renfermer.

----

25 Edgar Morin, *Les sept savoirs du futur*, Seuil, Paris, 2000.

Pour les adultes qui arrivent à cette escale de la retraite, une nouvelle éthique de soi s'avère importante pour prendre sa place au sein de la communauté humaine, quels que soient les lieux de vie, comme citoyen de la planète, à la fois maison et jardin de l'homme et de la femme qui retrouvent leur place dans l'Univers où la rationalité cède le quantifiable et le mesurable aux passions, aux émotions, aux douleurs et aux bonheurs. Il leur est donc donné un temps pour faire la rencontre de soi avant d'entreprendre de nouvelles odyssées.

Chapitre 2
À la rencontre de soi

Qu'est-ce que le soi

Aller à la rencontre de soi pour le découvrir, suppose qu'il y ait une partie de ma personne à rencontrer. Cette quête est nouvelle, indéfinie, avec aucun modèle à suivre pour la personne que je suis. Ma première réaction sera, est-ce que le soi, c'est bien moi, est-ce que ça fait partie de moi ? Notre culture occidentale nous a initié au moi, comme étant la personne que je suis – le moi, l'ego, le je –, autant d'appellations pour m'identifier personnellement et socialement. Lorsque je dis moi, j'ai le sentiment de savoir que c'est bien mes paroles, mon rire, mon corps, mes gestes ; c'est cela moi, vivant parmi les autres espèces, observables dans le regard des autres et de moi-même. Lorsque je me regarde dans le miroir, je me dis : oui, c'est bien moi ; j'ai même le réflexe de diriger l'index vers ma poitrine, c'est moi.

On m'a appris donc, que le « moi », siège de mon identité, est ma personne. Le *Petit Robert* précise : c'est ce qui constitue l'individualité, la personnalité d'un être humain. On le nomme aussi le « moi-je », en ce sens que dans la personne, il tient un rôle important. Il est destiné à piloter, à décider de la route à suivre, sans toujours être à l'écoute de soi-même. Chez Freud, le moi est cette instance psychique qui arbitre les conflits entre le ça, le surmoi et les impératifs de la réalité. Pour Eckhart Tolle[1], le moi, c'est aussi le mental qui est synonyme de résistance. Les motivations habituelles de l'ego (du moi) sont la peur, la cupidité, le contrôle. On peut ajouter aussi en terminant que le **moi** c'est l'entrée dans le *monde de l'objectivité*. Par contre, aller vers le **soi**, c'est ouvrir la *porte de la subjectivité*, un territoire peu fréquenté,

---

1   Eckhart Tolle, *Le pouvoir du moment présent*, Éditions Ariane Inc., Montréal, 2000, p.72.

pour lequel la société et ses membres la jugent comme non importante, voire superflue et menaçante au succès, dans un monde de l'accumulation des savoirs et de la matérialité. Une première question s'impose : est-ce que le moi constitue toute ma personne ? Eh bien non, il y a l'Être, véritable réalité, en nous et en chaque chose ; la vraie racine du sujet humain, en face de laquelle notre moi n'est qu'un pseudo sujet. Dürckheim[2] nous le présente comme un grand partenaire de notre vie.

« Si nous écoutons sa voix, il se révèle en sa qualité d'esprit sauveur. Sauveur, en ce qu'il nous conduit, à nouveau à l'Unité essentielle, nous donnant d'une façon totalement différente la sécurité, la perfection, et la totalité. »

L'Être est cette réalité qui constitue le tréfonds de ma personne. L'Être implique la permanence, l'incorruptibilité et l'immuabilité contre le changement, les modifications, la génération et la corruption, propres au devenir[3]. C'est là que je découvre mon identité, mes richesses et mes limites. Pour les étudiants qui me demandaient où est situé l'Être dans la personne, je risque une réponse. Sans être réducteur, sachant bien que je ne puis enfermer cette dimension de la personne : il est situé légèrement au-dessus et à la périphérie du nombril – l'Être s'appelle aussi le grand Soi. Pour faciliter la lecture et la compréhension de ce chapitre, l'on peut dire que l'Être et le Soi sont synonymes.

Et d'ajouter à mes étudiants au cours de gérontologie : « Et si nous arrivons à trouver, à rencontrer, ce lieu que vous

---

2   Karlfried Graf Dürckheim, *La percée de l'Être ou les étapes de la maturité*, Le courrier du livre, Paris, 1971, p.17.

3   Larousse, *Dictionnaire de philosophie*, collection Grands culturels, Paris, 2003.

nommez l'Être ou le Soi, qu'est-ce que cette entité, cette partie en moi a à me dire? Et si je ne la trouve pas, est-ce que je demeure incomplet dans mon développement? Je leur réponds que l'Être ou le Soi travaille avec le moi-je depuis la petite enfance, sauf que maintenant le temps est donné pour être davantage à son écoute. En effet, **l'Être émerge lentement** au fur et à mesure que les années passent, au fur et à mesure que les expériences signifiantes sont vécues, pavant ainsi la route d'un agir essentiel qui donne un sens à sa vie.

Pour nous les adultes qui arriverons au premier relais de notre route, pour y faire halte, avant d'entreprendre d'autres trajectoires de vie, il nous est donné de nous arrêter, de **prendre un temps à soi** pour se rencontrer. Le soi est la porte de l'Être ou du grand Soi. Voilà, c'est un peu plus clair maintenant. Le soi, est le début de la **route vers l'intériorité**, un parcours souvent inconnu pour les gens qui ont été actifs leur vie durant.

Le petit Robert nous parle du soi comme d'un pronom personnel réfléchi de la troisième personne. Oh, j'ai une piste, c'est une partie de ma personne, c'est une constituante de mon Être. En poursuivant la lecture, je rencontre l'expression « représentant un sujet indéterminé », quelque chose qui n'est pas encore, qui est à venir, à connaître. Et de lire un peu plus loin, l'expression suivante, de Sartre, « il regardait droit devant soi », comme si là on représentait un sujet de personne déterminé. En retenant cette expression de Sartre dans l'existentialisme, « c'est un mode d'être de ce qui n'est pas conscient – l'en-soi et le pour-soi. Pour atteindre le soi, pour venir à sa rencontre, cela suppose de la part du sujet un certain travail intérieur vers la **conscience de qui je suis.**

Le soi, c'est d'abord la conscience

> « Il me faut m'accueillir et m'aimer moi-même humblement,
> mais tout entier, sans restriction, ombres et lumières,
> douceurs et colères, rires et larmes, humiliations et fiertés. »
>
> JACQUES LECLERCQ

Le concept de soi est étroitement lié à la notion de conscience. Selon Jean-Noël Missa[4], le soi est en quelque sorte la conscience de l'unité du sujet. Lorsque je suis conscient, j'ai une prise sur **l'effet que cela me fait,** ou encore, **j'ai les mots pour exprimer la manière dont les choses m'apparaissent.** C'est la conscience phénoménale, qui favorise l'expression des qualités de perception de ma vie mentale, voire de ma personnalité globale. C'est la conscience réfléchie, laquelle est censée être le propre de l'être humain. Colette Portelance ajoute, **le soi, c'est un état dans lequel l'être humain se connaît tel qu'il est, ce qui lui permet de bien se distinguer des autres.**[5]

Éclairons maintenant davantage la différence qu'il y a entre le petit soi et le grand Soi. Pour Jung[6], le Soi est l'ensemble complexe de la personnalité englobant le conscient et l'inconscient. Tout au long du chapitre, nous ferons référence au soi comme la conscience de la personne que je suis, alors que le Soi est beaucoup plus vaste, il entre dans le mystère insondable de l'unicité de la personne que je suis, et qui est appelée à être et à devenir. Pour Jean

---

4   Jean-Noël Missa, « Le soi ou l'illusion d'une conscience unifiée », in *Le Soi dans tous ses états*, revue *Théologiques*, Faculté de théologie, Montréal, 2004, Volume 12/1-2, p.165 à 174. (Texte présenté dans le cadre du colloque « Le Soi dans tous ses états », Montréal, 18-19 septembre 2003).

5   Colette Portelance, *Relation d'aide et amour de soi*, Éditions du Cram, Montréal, 2005, p.292.

6   C.G. Jung, *Dialectique du Moi et de l'inconscient*, Gallimard, Paris, 1964, p.43.

Monbourquette[7], le Soi est la totalité et la finalité de la psyché, le Soi est l'*imago Dei* (image de Dieu), le « Dieu en nous ».

Je vous rappelle aussi que le Soi c'est l'Être[8] dont j'ai parlé plus haut. L'Être est la lame de fond où je fais la rencontre de la conscience profonde, de la vérité, de la rectitude, de la droiture et de l'amour profond qui me dépasse et qui est plus grand que moi.

À la rencontre de soi

Au cours des années 1950, Bernice Neugarten, psychosociologue à l'Université de Chicago entreprend de nombreuses recherches sur certains aspects de la vie adulte : carrière, adaptation, ménopause, normes d'âge, etc. Elle représente le cycle de la vie adulte par deux battements analogues à ceux du cœur : un temps tourné vers le monde extérieur, un temps tourné vers soi (réflexion, introspection, rétrospection). Cette dernière dimension, plusieurs auteurs[9] la reconnaissent comme cruciale. En conclusion, Neugarten[10] esquisse un aperçu du cycle de la vie adulte selon le modèle suivant :

« *Alors qu'il est jeune adulte, l'individu est orienté vers le monde extérieur et la maîtrise de son environnement. Au milieu de la vie adulte, il procède à une nouvelle analyse de son self[11] : il y*

---

7   Jean Monbourquette, *De l'estime de soi à l'estime du Soi*, Novalis, Ottawa, 2005, p.109.

8   Je m'inspire ici des écrits d'André Rochais, prêtre ouvrier français, fondateur de PRH (Personnalité et relations humaines) en 1984, inspirée des recherches de Carl Rogers, France, Poitiers, Imp. Mon. 86800, 3e édition, p. 7.

9   Entretien personnel avec Gould, Santa Monica, novembre 1963, cité par Renée Houde, *Les Temps de la vie*, Gaëtan Morin éditeur, Québec, 1986, p.50.

10   B. L. Neugarten, « Adult Personality : A Developmental View » in *Human Development*, p.72-73, cité par Renée Houde, *Les Temps de la vie*, Gaëtan Morin éditeur, Montréal, 1986, p.53.

11   *self* = le soi.

a alors un réalignement et une reconstruction des processus de l'ego. Et dans le vieil âge, il retire son investissement du monde extérieur pour se retourner vers lui-même, préoccupé qu'il est par l'intériorité. »

Arrivant sur la plage retraite

C'est ainsi qu'après une vie de travail au cours de laquelle le sujet humain a vécu et assumé tant bien que mal ses nombreuses activités liées à des responsabilités à la fois personnelles et professionnelles, qu'il arrive soudainement, un bon matin, sur la plage retraite. Seul, en présence de lui-même, un temps et un espace lui sont donnés pour l'heure du bilan. Habituellement, à son âge, entre 50 et 60 ans, il vit avec son épouse, son conjoint, il est peut-être veuf, célibataire, ou en couple ; il fréquente quelques amis du quartier. Après des années d'investissement de son ego, dans les savoirs et l'acquisition de biens matériels, il revient à la maison (chez-soi), à l'exemple d'une « maison matérielle extérieure » que l'on occupe ; or en revenant « chez soi », c'est beaucoup plus une « maison intérieure » à habiter pleinement (cet « en soi ») dans la quête d'une harmonie. Il est alors **en présence d'un autre,** qu'il connaît à peine, c'est-à-dire lui-même, différent de celui qu'il était au temps de ses jeunes années et de l'entrée dans sa carrière ; c'est avec cet autre auquel il est confronté, qu'il sera appelé à apprivoiser, à fréquenter, tel le renard et le petit prince d'Antoine de Saint-Exupéry ; il aura à prendre le temps pour **l'écouter,** le **rencontrer, l'apprivoiser** afin de mieux le connaître. Il y a aussi l'Autre, ce quelqu'un de différent en moi-même, ou encore, pour certains, les référents à Dieu, à l'Être supérieur ou à toute forme de transcendance. Lorsque l'adulte au mitan de sa vie, quitte une occupation et entreprend cette route peu fréquentée, il peut vivre des peurs, des hésitations, car en règle générale, il n'a pas appris à l'école, à l'université et encore moins dans son travail, à prêter un temps, une attention pour l'indéfini, le non manifeste, l'insaisissable, ou si vous voulez la route de l'Être, vue par Carl Jung comme l'âme humaine habitée par le divin.

Nos grands-parents avaient en quelque sorte développé une référence à la foi intégrée à la nature et à leur vie. **« Il n'y avait pas d'argent, me disait un ancien du village et les gens priaient. »** Il semble que nos générations contemporaines, par les courants et les influences socio-technologiques, aient privilégié le « faire » et le « paraître » phénomène connu des sociétés de consommation, par lequel les rythmes de la vie rendent les personnes absentes à elles-mêmes.

La vie de foi ou simplement la confiance en Quelqu'un ou en Quelque chose aurait-elle cédé la place à la spiritualité avec les multiples expressions de celle-ci ? Un collaborateur[12] sur Paris me partageait ce qui suit :

> « En France, il m'apparaît que cette spiritualité présente des formes très dégradées, voire inexistantes ou fait place à de nouvelles pathologies du lien : drogues, intégrisme, fanatisme, conduites à risques… passage d'un lien vivant fluide où l'essentiel nous échappe… à un lien de mort où la personne est « accro » sans distance dans la drogue avec cet objet singulier de jouissance, dans l'intégrisme avec ce fantasme de disposer intégralement de son identité, de son origine ; dans le fanatisme avec cette incapacité de supporter toute distance avec son dieu (« fanum » - le temple en soi). »

---

12 Guy De Croix, éducateur, septembre 2006.

D'autre part, au terme d'une longue carrière ou d'un métier laborieux, le quinquagénaire revient chez lui, heureux d'entrer dans une vie de loisirs; un ajustement majeur l'attend! De la surutilisation de son hémisphère gauche, qui régit le langage, la pensée rationnelle, les capacités d'abstraction et d'analyse, voilà qu'une fois celui-ci moins sollicité, l'autre hémisphère, celui de la droite, se manifeste, se déploie, pour autant qu'il reçoive de nouvelles stimulations dans un environnement psychosocial tout à fait nouveau. Cet hémisphère identifié aux femmes, car péjoratif pour les hommes et boudé par la tradition scolaire et universitaire, est le siège physiologique de la pensée irrationnelle qui touche l'intuition, l'imaginaire, la vie affective. C'est avec l'usage de cette autre partie du cerveau que la croissance équilibrée de la personne va se poursuivre et que va s'opérer la rencontre avec elle-même. L'adulte quittera le paradigme de la consommation, du « connaître pour connaître », ou du « savoir pour savoir » mettant en avant une idéologie de l'accumulation tant au plan cognitif que matériel. Pour marcher sur la route conduisant vers soi, il ouvrira ce que communément l'on appelle « la porte du cœur » pour ressentir et écouter ses besoins affectifs, créatifs et spirituels, entrant ainsi à l'école pour « apprendre à être[13] ». Il vivra désormais de nouvelles relations dont il doit redécouvrir le sens, car ces dernières seront d'une nature différente, et avec lui-même, et avec les autres, et avec le monde. Un collègue m'interpelle : « *Comment plonger à l'intérieur de soi* » ? Je lui réponds : « *En accueillant l'ici et le maintenant de ta vie, en étant présent à ton corps, et à ton vécu émotif, à l'exemple de visiteurs inattendus et invisibles qui viennent frapper à la porte de ton cœur* ».

---

13 Valois Robichaud, *La mission nouvelle de l'éducation-apprendre à être : le nouveau projet de vie*, Éditions l'Agence acadienne socio-éducative (compte d'auteur), Caraquet, Nouveau-Brunswick, Canada, 1991.

Le savoir être dans l'aujourd'hui de ma vie

Voilà, comment je décris ce passage. Il n'y a pas que la réflexion matérielle, monétaire, ludique, ou encore le rationnel et les savoirs ; il y a la rencontre de qui je suis, le savoir être dans l'aujourd'hui de ma vie, avec moins de masques, moins de « personnages », comme si une ouverture en moi-même se faisait tranquillement, vers cette dimension de l'Être, nommé le soi ; pour y arriver, j'aurai besoin de faire un long travail de prise de conscience de qui je suis, d'où je viens, ce à quoi j'aspire, et où je veux aller dans ma propre vie. J'appellerais cela le **rite de passage** d'une occupation à temps plein à la vie du « temps disponible et libéré » ; c'est le début d'une mutation invitant l'être humain à être l'auteur-acteur, c'est-à-dire à exploiter toutes ses ressources personnelles, ses potentialités, ses talents, ses qualités, ses aptitudes et attitudes, ses intérêts, ses idées. Pour y arriver, il aura à traverser les coins les plus ombrageux de son jardin, c'est-à-dire, de sa vie, appelé l'ombre. Selon Jean Monbourquette, sans la connaissance de son ombre, il est impossible de bien se connaître, c'est-à-dire de faire la rencontre de soi. Il ajoute : **« l'ombre est tout ce que nous avons refoulé dans l'inconscient par crainte d'être rejeté par les personnes qui ont joué un rôle déterminant dans notre éducation. »**[14] J'ajouterais également que ce sont les sentiments de honte, de gêne et la peur d'être jugé qui feront entrave aux idées, aux projets et aux rêves que je souhaiterais réaliser.

Si je plonge à l'intérieur de moi, il est sûr que l'ego, cette partie de moi qui est mon image forte, qui est comme mon identité sociale, ce que je veux que les autres voient et

---

14 Jean Monbourquette, *Apprivoiser son ombre (le côté mal aimé de soi)*, Novalis, Montréal, 2001, p. 13.

perçoivent de moi, eh bien mon ego [15], doit s'asseoir un peu pour que j'élabore de nouveaux scénarios de vie, récupérant ainsi petit à petit le **pouvoir sur ma vie**. N'est-il pas arrivé le temps pour questionner aussi les conditionnements qui m'ont été laissés en héritage – les « il faut », « je suis obligé », « je me sens coupable », « je suis incapable », « je suis inférieur », « je suis gênée », « j'ai honte de », « j'ai peur de », « je n'ose pas », et en dernier, « qu'est-ce que les autres vont dire ou penser de moi » ? Ces introjections, ces images déformées se sont incrustées au cours des années et elles m'empêchent justement de venir à la rencontre de la « juste » personne que je suis et qui appelle à **être** et à **de-venir**.

Résonance des deuils

La rencontre avec soi est aussi facilitée par l'intégration des deuils qui se présentent d'une manière inévitable à ces temps-ci de ma vie. Odette Lavallée [16] nous convie à une réflexion sur les deuils successifs le long de notre parcours de vie. Venant du mot latin *dolere*, signifiant « douleur, souffrir », la racine sanskrite-langue sacrée et littéraire de l'Inde ancienne, le mot « deuil » veut dire : **s'arrêter, se rappeler**. Les deuils non résolus (la perte d'êtres chers) tout au long de la vie, depuis la tendre enfance et après, s'accumulent et interfèrent à des moments déclencheurs tels que : la perte de son travail, le départ à la retraite, le déménagement, la vente de la maison, le départ des enfants.

---

15 Un élément de l'ego, la peur, se présente : je l'invite à s'asseoir, comme une visiteuse imprévue, me donne le droit, par amour pour moi, de la ressentir, de l'écouter et petit à petit, au cœur de moi, dans les minutes qui suivent, une force nouvelle, transformatrice, surgit pour agir selon mon désir, mon besoin.

16 Odette Lavallée, *Ouvrir les yeux autrement*, La Plume d'Oie, Québec, 2004.

Le soi scruté par les chercheurs

De la petite enfance à la vieillesse le soi se module en des variantes imprévisibles, laissant chez la personne une impression que j'appellerais l'image, ou le concept de soi. Il est nécessaire à ce moment-ci de la réflexion de voir les différents visages du concept de soi développé par le chercheur canadien, René L'Écuyer.

En effet, il y a quelques années, j'assistais à une conférence de René L'Écuyer sur le développement du concept de soi de l'enfance à la vieillesse à l'Université de Sherbrooke au Canada. En tant que professeur de gérontologie, je me suis tout de suite intéressé à ses travaux. À partir des résultats accumulés pendant trente années de recherche, René L'Écuyer nous présente une théorie expérientielle-développementale du développement du concept de soi. On peut dire, pour simplifier les choses, que le concept de soi, c'est la représentation mentale de qui je suis, de la manière de me voir, de m'accueillir, de m'aimer.

La façon de me percevoir, me voyant comme unique, irremplaçable, aimant et étant aimé, tout en acceptant les aspects de ma personne – mon corps, reconnaissant mon droit à vivre, à apprendre, tout cela favorisant l'ouverture aux autres, à la dimension profonde en moi, appelé l'Être – la source de vérité, le divin.

Le concept de soi du sujet vieillissant

Ce chercheur met en avant ceci : au cours de la dernière partie de la vie, entre 58-77 ans, **les cinq structures**

fondamentales du concept de soi[17] prennent toute une attention, deviennent centrales, puisque selon le chercheur, la personne vieillissante est moins préoccupée et est dégagée de responsabilités; cet état est peut-être dû aux nouvelles conditions de vie des personnes âgées à mesure qu'elles vieillissent. Il renchérit en disant :

> « Il faut tout d'abord considérer le très grand nombre d'années que comporte cette dernière étape de la vie qui s'échelonne sur plus de 40 années. C'est plus du double de l'enfance et de l'adolescence combinées… il est, même théoriquement, difficile d'imaginer qu'il ne s'y passerait à peu près rien de vraiment spécial sous prétexte que la vie dite 'active' de ces personnes est derrière elles. »

C'est alors qu'au cours de cette dernière étape de la vie que le concept de soi tend à s'organiser autour de ces *cinq structures fondamentales* :

1. Le **soi matériel** reprend son rang central en ses sous-structures internes : le **soi somatique**, la **condition physique,** (ex. valorisation par la santé), le **soi possessif**, la **possession d'objets** (ex. dépossession graduelle), et la **possession de personnes,** (conjoint, enfants, petits-enfants);

2. Le **soi personnel** conserve son caractère prioritaire, de par ses deux sous-structures : l'*image de soi* et l'*identité de soi*;

3. Le **soi adaptatif** garde également sa prédominance; au sein des deux sous-structures, la *valeur de soi* ne la conserve que sporadiquement, alors

---

17 René. L'Écuyer « Le soi matériel, le soi personnel, le soi adaptatif, le soi social, et/le soi-non-soi ; modèle expérientiel-développemental du concept de soi », in *Le développement du concept de soi de l'enfance à la vieillesse*, Presses de l'Université de Montréal, Montréal, 1994, p. 269.

que les *activités de soi* renvoie à la soumission aux événements et aux efforts d'adaptation aux divers changements dans leur vie ; les sujets de la recherche déplorent contrôler moins leur vie ;

4. Le **soi social** avec sa sous-structure *Préoccupations* et *attitudes sociales*, perd graduellement de l'importance chez les **hommes** pour la reprendre à 80 ans et plus, alors que chez la **femme**, ces dimensions conservent leur priorité ;

5. Le **soi-non-soi** reprend son ascension pour redevenir prioritaire dès 60 ans chez la **femme**, et à partir de 80 ans chez l'**homme**. Il fait référence surtout aux proches : conjoint, enfants, et la valorisation à travers les enfants.

L'homme et la femme d'aujourd'hui, à l'heure d'un retrait d'occupations, poursuivent leur vie, d'une manière renouvelée, selon leurs aspirations pour vivre des expériences culturelles et spirituelles donnant satisfaction à leur vie. Imaginez qu'il reste devant soi une quarantaine d'année de vie, alors qu'approximativement 80 % des personnes âgées demeurent potentiellement actives au sein de la communauté humaine. J'ajouterais que ces amis du troisième et du quatrième âge explorent de nouvelles régions à la fois géographiques, temporelles, culturelles et spirituelles où le futur côtoie les craintes et les espoirs ; ils sont les nouveaux adolescents ; ils vivent des périodes de passages, de transitions, en même temps qu'apparaissent de nouveaux changements bio psycho sociaux. Il y a aussi l'appartenance au groupe qui se modifie, car des congénères meurent, déménagent ou arrivent dans le même village ou quartier.

Les transitions, les passages vont faire en sorte que pour certains, c'est le début d'un désengagement d'obligations.

En effet, selon Cumming et Henry[18], en avançant en âge, la personne est amenée à opérer des **désinvestissements**, c'est-à-dire que la personne vit un retrait ou un désengagement social «inévitable», tout en ayant un bon moral et en vivant un vieillissement réussi. Selon les chercheurs[19], ce désengagement serait réciproque et universel, en ce sens que non seulement la personne âgée se retire de la société, mais que la société reprend progressivement à cette personne toutes les responsabilités sociales quelle lui avait confiées dans le passé.

Les capacités cognitives se développent

Par ailleurs, au plan cognitif, les capacités d'apprentissage et d'adaptation continuent à se développer, en raison du passage d'une situation familière à une situation moins familière, du connu au moins connu.

Ces personnes âgées aux dires de L'Écuyer[20] sont beaucoup **plus orientées vers le présent** que vers leur passé. Selon certains autres chercheurs, elles entretiennent même divers projets d'avenir. Une étude longitudinale québécoise sur le vieillissement[21] révèle que lorsque l'aîné s'ouvre résolument à la vie, il parvient généralement à mieux relever les défis de l'âge et à profiter de son temps au maximum. Selon les résultats de cette recherche, il y a **deux façons d'atteindre un vieillissement optimal** :

---

18 E. Cumming et W. Henry, *Growing Old*, Basic Books, New York, 1961, cité par Diane E. Papalia et Sally W. Olds, *Le développement de la personne*, HRW, 1983.

19 A. M Guillemard et R. Lenoir, *Retraite et échange social*, Paris, CEMS, 1974, p.65.

20 René L'Écuyer, *Le développement du concept de soi de l'enfance à la vieillesse*, Presses de l'Université de Montréal, Montréal, 1994, p. 270.

21 Étude menée en 2006 par Richard Lefrançois, chercheur au Centre de recherche sur le vieillissement et professeur titulaire au Département de psychologie de l'Université de Sherbrooke.

1. **Actualiser son potentiel**[22] ;
2. **Profiter de toutes les ressources dont la personne dispose,** qu'elles soient familiales ou communautaires[23].

Et que veut dire, « **actualiser son potentiel** » selon les chercheurs ? Cela signifie que toute personne possède l'aptitude à contourner les obstacles qui peuvent surgir à tout moment et continuer à grandir en dépit des circonstances défavorables. Et pour conclure, Lefrançois ajoute :

« Les personnes actualisées sont justement celles qui ne se laissent pas influencer par l'opinion d'autrui, qui savent utiliser efficacement les bonnes stratégies pour surmonter les épreuves, qui se font confiance et qui donnent un sens à leur vie. »[24]

Et **profiter des ressources dont la personne dispose** peut signifier :

- maintenir et utiliser le mieux possible les capacités qui restent ;
- entretenir ou recréer les contacts et les relations d'affection avec la famille (conjoint, enfants, petits-enfants, frères, sœurs et neveux, nièces et les amis) ;
- garder le contact et l'interaction avec le monde, avec l'évolution de la société et avec la vie en général ; s'intéresser à l'actualité, lire des journaux, des revues, des livres instructifs, écouter les nouvelles ;

---

22 Exemples de potentialités : la bonté, la joie, l'intelligence, aptitudes à organiser, à diriger – c'est une richesse de mon Être, aspect de mon identité profonde destiné à être vécue, et à se traduire en actes... à se déployer (Réf. PRH 1996).

23 Communauté d'amis... pour ceux et celles qui n'ont pas de cellule familiale.

24 Richard Lefrançois, *op cit.*

- rendre service aux autres, que ce soit aux proches ou à des personnes plus éloignées (activités de bénévolat, activités altruistes de toutes sortes) ;

Les chercheurs[25] observent que les stratégies d'adaptation utilisées visent à maintenir, recréer ou intensifier des sources importantes de sens, aidant ainsi à reconstruire un nouveau sens à la vie qui tienne compte des situations d'incapacités.

Lorsque nous abordons l'expression « donner un sens à sa vie », nous ne pouvons ignorer la grande contribution d'Erikson (1980) et son stade de développement nommé la « générativité ». Ce stade se situe *grosso modo* entre 40 et 65 ans[26]. La générativité, comme le dit Erikson[27] :

« *comprend la procréativité, la productivité et la créativité et par conséquent, la génération de nouveaux êtres comme celle de nouveaux produits et de nouvelles idées, ce qui inclut une sorte de génération de soi dans la préoccupation de son identité ultérieure.* »

Ce stade du mitan de la vie risque d'être beaucoup plus satisfaisant si l'adulte réussit sa générativité. Lorsque cette étape n'est pas franchie avec succès, la personne retire le sentiment de tourner en rond et de vivre inutilement.

---

25 Richard Lefrançois, Gilbert Leclerc, Madeline Deriaz, En*crâge*, Centre de recherche sur le vieillissement, Institut universitaire de gériatrie de Sherbrooke (IUGS), 2006.

26 Les travaux de Xavier Gaullier, chercheur au CNRS tendent à démontrer la transformation de la période de la vie adulte active : la réduction de sa durée et son dédoublement en vie adulte (30-45), puis *middle âge* (45-65), une organisation nouvelle pour la société française, mais déjà connue dans d'autres pays (USA).

27 E. H. Erikson, *The Life Cycle Completed* : A *Review*, Norton and Co. 1982, p. 67, cité par Renée Houde, dans Les *Temps de la vie*, Gaëtan Morin, éditeur, Montréal, 1986, p.34.

On peut imaginer facilement l'impact de cette étape sur le vieillissement des sujets : une personne qui aborde les derniers âges de la vie avec le sentiment d'avoir contribué à quelque chose, à la vie, à la société, à l'humanité sera capable d'accepter de voir la vie se retirer d'elle progressivement.

Enfin, c'est par l'acceptation de sa vie que se termine le dernier parcours tel que présenté par Erikson et où se rencontrent les deux axes « intégrité du moi » ou « désespoir ». En effet, ce dernier stade de vie coïncide avec la vieillesse. La personne prend alors conscience (**la rencontre de soi**) de la finitude de sa vie et de l'éventualité de sa mort. Ayant agi sur les choses et sur les gens, ayant connu les succès, les échecs, les espoirs et les déceptions, l'adulte regarde l'ensemble de sa vie et tente d'en dégager un sens, d'en prendre la mesure. Le **sentiment d'intégrité** correspond à l'acceptation profonde de sa vie comme ayant été à la fois inévitable, appropriée et pleine de sens. L'intégrité repose aussi sur le **sentiment de permanence** à l'effet que la personne a laissé à l'humanité quelque chose de lui ; son destin personnel s'inscrit dans un ordre cosmique qui l'englobe. C'est la prolongation pour ainsi dire de son identité qui s'est réalisée.

À défaut de rencontrer cette sérénité, la personne pourrait connaître un **sentiment de dégoût** ou **de désespoir**, être insatisfaite de sa vie passée et présente et faire face à sa mort avec anxiété.

La gérontagogie en application

Un jour de juin, où les arbres étaient en fleurs et que les hirondelles avaient donné le rendez-vous à l'été, je me retrouvais ainsi à dispenser un cours sur la « spiritualité et le vieillissement » dans un chalet, en bordure de forêt, dans une ville de l'Acadie que j'aime beaucoup. Le cadre était enchanteur ; j'avais quelque 35 étudiants dont l'âge variait entre 60 et 87 ans. J'avais prévu le programme, le cours était déjà structuré depuis deux bonnes années, les étudiants progressaient au rythme et à l'intensité attendue.

Un bon matin, arrivé au chalet, je m'apprête à écrire au tableau noir le menu pour la matinée ; c'est alors que ma craie s'arrête et hésite à écrire ce qui est prévu. Autre chose se présente en moi, et je sais pertinemment que c'est l'intuition de l'instant, l'irrationnel qui m'interpelle. Je m'arrête, dans l'ici et le maintenant, et voilà ce que j'écris sur le tableau[28] :

« Est-ce qu'il y a encore quelque chose dans votre vie qui vous empêche de goûter à la joie et au bonheur de vivre, comme quelque chose que vous traîneriez depuis longtemps, à l'exemple d'une chaîne au pied, ce quelque chose que vous cachez, et dont vous vous protégez, en y investissant une bonne partie de votre énergie, étant souvent absent de vous-même, réfugié dans le personnage, dans l'activisme, ou l'isolement, dans la peur d'être vu, jugé, rejeté ou de ne pas être aimé, ce qui vous empêche d'être présent à vous-même et aux autres ? »

C'est à peu près en ces termes que je me suis exprimé. Comme les étudiants tenaient un journal de bord pour différents exercices, je leur propose de prendre une bonne demi-heure pour jeter comme cela sur la feuille les pensées, les mots qui remontent à la surface. Cet exercice arrivait à

---

28 Un cousin français lisant ce texte, s'exprime en ces mots : « à cet instant, je deviens l'étudiant qui lit tes écrits au tableau noir »... Mes yeux s'embrument... la « chair de poule » parcourt mes membres.

point, nous étions rendus au septième cours, et il y avait eu tout un cheminement, une confiance s'étant installée entre les étudiants et le professeur.

Un exemple de la rencontre de soi

Pendant que les étudiants se penchent sur leur journal de bord, soit en écrivant, ou en dessinant, car je connais mes étudiants et je sais que certains ne peuvent pas encore écrire, mes yeux se promènent sur le groupe ; j'éprouve en mon cœur, à ce moment-là, une joie indescriptible d'être là, hors les murs de l'Université, en pleine nature en quelque sorte, dans un décor enchanteur ; être là dis-je, pour chacun et chacune d'entre eux. Je me sens privilégié de favoriser une telle activité de réflexion et de rencontre avec eux-mêmes. En tournant mon regard vers le groupe, une étudiante lève les yeux vers moi, et j'aperçois des larmes qui coulent sur ses joues. Du tréfonds de mon être, je la regarde et l'encourage à continuer à écrire.

Au bout d'une demi-heure, je fais une pause, disant à mes étudiants : « si vous le souhaitez, je peux recevoir votre journal de bord, et en fin de semaine, je vais l'annoter. Je les remercie pour la confiance qu'ils me témoignent. Votre jardin est « sacré » leur dis-je et il mérite que vous lui donniez attention et amour[29]. À la fin du cours, en après-midi, je vois les étudiants se diriger un à un vers mon pupitre et me remettre en main propre, tel un trésor, les trouvailles de cette activité de remémoration ou de réminiscence, que j'appelle le ressouvenir vague ou imprécis avec une tonalité affective, autorisant à soi-même, l'ouverture de son jardin

---

29 Je réfléchis à cette pensée d'Albert Jacquard, interviewé à l'émission « Second regard », sur les ondes de Radio-Canada, le 29 mai 2007, lorsqu'il dit : « J'en veux à une société qui ne nous enseigne pas à nous aimer. »

intérieur, pour y regarder les plantes, les fleurs, les petits étangs, les coins d'ombres et de lumières.

Je vois apparaître mon étudiante. Ses mains sont tremblantes, sa voix entrecoupée par l'émotion, elle me dit :

« Ce que je viens d'écrire, personne ne le sait, je ne pouvais plus garder cela pour moi seule, la petite Joséphine en moi, vous vous rappelez, vous aviez dit, qu'en nous résidaient à la fois, l'enfant, l'adolescent, et l'adulte que nous avions été et qui devient autre à chaque jour eh bien, cet enfant pleure et crie encore sa douleur ; je vous la partage, et ouf, déjà, je respire mieux, je me sens libérée, je vous fais tellement confiance, et j'aimerais avoir un temps avec vous, pour être capable de sortir le reste, ce qui est encore là. »

Je peux vous dire, que dans l'instant qui suivait cet échange entre Joséphine et moi, je pouvais observer chez elle une transformation du regard. Je lui propose un temps tout de suite, pour être à l'écoute de son partage. Dans ces moments, rien ne sert d'attendre, les mots pour le dire, deviennent le « verbe guérissant » et je crois que la parole ainsi libérée opère **au plus profond de l'Être un début de métamorphose.**

J'ai cette conviction que n'eut été de ce cours sur la spiritualité et le vieillissement et les lieux pour se rencontrer à travers les thématiques choisies et développées par le professeur, cette dame âgée de 74 ans continuerait à porter ce fardeau qui l'empêchait, me disait-elle, d'avoir une image positive et acceptable d'elle-même, car il s'en est suivi une véritable rencontre thérapeutique comme je viens de vous le dire, par laquelle l'étudiante en question, **a pu se dire en relation** avec le professeur qui devenait, dans un espace-temps, celui qui écoute. Dans ces minutes qui suivirent, elle libérait une souffrance enfouie en elle, ce non-dit honteux, relatant les événements douloureux qu'elle avait vécus depuis sa tendre enfance jusqu'à l'adolescence. Dans les mois qui suivirent, j'animais un atelier consacré à la créativité par l'argile ; cette étudiante me confiait tout le dépassement qui s'était produit en elle, les mois subséquents ; je pouvais voir en ses yeux une nouvelle lumière briller alors qu'elle nous présentait son œuvre ; de plus, elle m'informait avoir participé à une activité d'histoire locale ou elle agissait en tant que comédienne dans une pièce de théâtre. Joséphine me démontrait ses capacités de se dépasser et de créer en faisant appel à d'autres ressources de sa riche personnalité, une fois libérée d'une chaîne qui la tenait prisonnière et pour laquelle elle ne pouvait trouver toute seule la clé de sa libération.

L'exercice du tableau, ce matin-là, avait favorisé la rencontre, chez cette étudiante et les autres, d'une des dimensions pluridimensionnelles du soi, en effectuant une prise de conscience, dans l'accueil et l'acceptation, ce qui favorisa par la suite une **libération transformation de l'estime d'elle-même.**

L'avancée en âge

Lorsque j'imagine l'avancée en âge, chez l'adulte, je vois une montagne et ses marcheurs qui la gravissent. Au détour des versants, il est demandé d'avoir moins de bagages pour en faciliter l'ascension. Il en est de même pour le processus continu du développement humain au plan psychoaffectif. Trop d'énergies sont malheureusement canalisées à se protéger d'une conscience qui nous parle et qui nous invite à mettre la lumière dans nos vies. Le divin en nous, dans le

Soi quelle que soit notre appartenance religieuse, agit au niveau des profondeurs inconscientes pour nous rejoindre, soit au travers des personnes, des événements ou des circonstances anodines de la vie. C'est aussi, il me semble, le travail de la Vie, communément appelé la Sagesse, qui nous fait entrer progressivement dans la conscience de qui nous sommes, pour nous inviter à vivre « pleinement » et en toute liberté notre vie.

Je crois que l'adulte au temps de la retraite, alors qu'il s'apprête à « repenser[30] » sa trajectoire, dans des moments de haltes, de voyages ou de vacances, a là une occasion en or, pour faire place à la vraie personne qui veut se vivre.

Les retraités en vacances

Il n'est pas rare, d'observer dans les hôtels le soir, après le souper, ou sur les plages durant les journées, ces personnes d'âge mûr marchant, la tête basse, comme si en eux se passait une activité de relecture, de ressouvenir ou de réinterprétation de leur route de vie. Il est aussi beau de croiser ces yeux pétillants, tournés vers l'horizon et d'autres regards émerveillés, montrant des personnes curieuses et ouvertes aux échanges et à l'apprentissage. C'est ce que je vivais hier, en fin de journée, à la rencontre d'un couple polonais, en visite à Sousse, Tunisie. Je dis bravo, car ces hommes et ces femmes prennent un temps à eux qui n'est plus du mode « fonctionnel » en posant un **nouveau regard** sur la trajectoire de leur vie, rentant ainsi progressivement chez soi.

---

30 Est-ce que cet adulte peut aussi tenter de « repanser » sa trajectoire... est-ce possible ? souhaitable ?

Attention à l'activisme

Il y a un piège au détour de la vie active ; c'est l'activisme que je considère comme un mécanisme de défense pour ne pas se rencontrer et s'arrêter. Une amie enseignante avec qui je parlais ce matin me disait :

« *Comme il est bon de prendre sa bolée de thé, en face de mes arbres, assise sur le perron de porte. J'ai tant d'affaires à comprendre chez moi, pour mieux me connaître. J'ai besoin du temps.* »

N'est-ce pas là un bel exemple d'une personne qui prend le temps de faire la rencontre de qui elle est « aujourd'hui ! »

Attention à l'activisme défini comme une attitude morale qui consiste à rechercher l'efficacité, les réalisations à tout prix, à l'animation à outrance, à l'agenda trop rempli, pour éviter de se rencontrer. Ainsi d'autres, selon Eckhart Tolle[31], **« se servent de l'alcool, des drogues, du sexe, de la nourriture, du travail, de la télévision ou même du shopping comme anesthésiants ».** Ce sont des moyens, à mon avis, que l'on se donne pour se protéger d'un **mal à l'âme,** d'un malaise, d'une insatisfaction, d'une peur de se recevoir, d'une sensation de vide et de non-sens de notre vie ou existence, comme si l'on ne saurait que faire avec tout cela, mieux vaut donc l'endormir.

Si l'activisme est une attitude à surveiller, cela ne signifie pas pour autant qu'il faille s'arrêter et ne rien faire. Non, je ne le crois pas. Le choix d'activités qui procurent une raison de vivre et j'ajouterais un « bonheur » devrait être le nouveau mode de vie. Des amies me partagent la

31 Eckhart Tolle, *op. cit.* p.71.

difficulté qu'ont leurs mari à s'occuper où à vivre ces années de transition. Bien que j'en parle plus longuement à d'autres endroits du livre, je vais m'arrêter ici sur une question qui demeure centrale.

Est-ce plus difficile de vieillir pour la femme que pour l'homme?

Au cours des enseignements de la gérontologie à l'Université de Moncton, j'ai lu, observé et entendu de la part de mes étudiants et étudiantes qu'il était plus difficile chez l'homme de vivre le processus du vieillissement que chez la femme.

Est-ce que les hommes moins scolarisés ont plus de défi à ce niveau? Peut-être oui, peut-être non, seule la recherche pourrait nous fournir des pistes de réflexion. Pour ma part, je crois que la réaction au vieillissement chez l'homme est chargée du poids de la culture « macho patriarcale occidentale ». Plus d'hommes âgés que de femmes tentent de se suicider. Les femmes vivent plus longtemps, c'est vrai et elles terminent leur vie souvent avec des pathologies qui vont réduire leur autonomie et les faire glisser vers la dépendance. On se rend compte pareillement que la femme consomme plus de neuroleptiques, d'antidépresseurs que l'homme.

Lorsque je parle de la vieillesse comme étant un processus, je signifie par là que « vieillir » est la résultante d'un long parcours différentiel qui s'échelonne sur les âges de la vie, en passant par les grandes étapes de l'enfance, de l'adolescence, et de la vie adulte. L'adulte est une expression que j'aime bien, car la maturation n'est pas finie, elle est continue, l'être humain étant « culturel ».

Une octogénaire, nommée Rose, nous dit que pour elle, la vieillesse, c'est quand les rides apparaissent et qu'on devient moins beau et moins belle. Lorsqu'on perd ses frères et ses sœurs, sa famille, ses parents. Pour elle, la vieillesse est arrivée vers la cinquantaine. Elle se dit n'être plus aussi belle et que c'est pour cela qu'elle se maquille, s'habille de couleurs vives et s'orne de bijoux. C'est sa façon de préserver son estime. Pour elle, bien vieillir, c'est prendre soin de soi, c'est être bien entourée. Rose dit que vieillir, c'est apprivoiser la mort. Elle ajoute qu'elle n'est par contre pas encore rendue là! Elle a peur de mourir, peur de souffrir. Elle ne veut ni imaginer, ni anticiper la mort. Être seule, c'est ce qu'elle craint le plus. Elle termine en disant que si elle devient trop malade, elle sera dans l'obligation de vivre au foyer et qu'elle ne veut pas vivre ça.

Je crois que la femme fréquente la vie et la mort beaucoup plus dans l'expérience et le ressenti que chez l'homme. Elle porte l'enfant, le met au monde, est témoin de son développement, de ses apprentissages, de son départ de la maison pour la garderie, et l'école; gardienne de la culture et de l'éducation, elle est le premier témoin des transformations de l'adolescent; l'homme en est le témoin secondaire ou l'assistant. La femme visite son médecin régulièrement, a ses bilans de santé annuellement; elle connaît l'hôpital et assiste ses proches en fin de vie, ses parents ou ses beaux-parents. Si elle est célibataire, c'est à travers les savoirs intergénérationnels de mère à grand-mère à arrière-grand-mère qu'elle donnera la vie, à sa manière. La femme consulte le thérapeute au besoin. Elle a plus appris très jeune à libérer la parole enfermée en elle, celle de la blessure, de la souffrance, du non-dit. La femme fréquente la vie et la mort, beaucoup plus que chez l'homme. Dès la

puberté, elle accueille en son corps les transformations ressenties et visibles d'une manière plus évidente que chez le
garçon. Elle célèbre les anniversaires, réserve les sorties, en
somme, elle est celle qui met au monde la vie auprès des
êtres qu'elle aime. La ménopause signant en elle l'arrêt du
cycle de reproduction, elle vivra des deuils, tout au long de
sa vie personnelle et familiale. Voilà selon moi, ce qui distingue la femme et l'homme dans leur rapport à la vie et la
difficulté de ce dernier à vivre son vieillissement. Éventuellement, celui-ci y entre, tout en développant ses propres
stratégies cognitivo-affectives, il en est capable, le labeur
est juste plus ardu. Comment cela se passe donc chez lui ?

Projet de travail personnel

1. Est-ce que je me reconnais dans les caractéristiques psychoculturelles de la femme décrite ci-
    haut ?
2. Si non, quelles caractéristiques sont propres à
    mon parcours ?

Et vieillir pour l'homme

Il en est autrement pour l'homme. Si ce dernier a exercé
un métier et que son niveau de scolarisation est à la baisse,
il passera la majeure partie de son temps dans un monde
d'hommes, se retirera de la société plus vite et regardera de
l'extérieur les événements familiaux et sociaux qui auraient
pu l'aider à vivre avec plus d'harmonie les changements
qui se présenteront chez lui. Ce constat, je le fais dans mon
milieu culturel acadien, là où les pères étaient absents de
la maison, particulièrement entre les années 1946 et 1970. Je
suis l'enfant de ces mères acadiennes, et des pères absents

en raison du travail à l'extérieur du foyer. Chez l'homme plus scolarisé sortant d'une profession ou d'un travail par lequel il a pu développer des habiletés sociales et relationnelles, ce sera pour certains différents car plus outillés au plan des connaissances et de la conscience de soi ; encore faut-il dire qu'il y a des exceptions. Les stratégies adaptatives tant chez la femme que chez l'homme sont particulières selon l'héritage psychoaffectif dans lequel l'enfant a baigné au cours de sa prime enfance, et à cet égard, Erik Erikson en fait largement mention, dans sa description des phases de cycle de vie adulte. À titre d'exemple[32] :

« Le premier stade, celui de la petite enfance, qui durera les deux premières années concerne les interactions de l'enfant avec sa mère ou avec la figure maternelle qui la remplace. L'événement important est le boire et le manger en présence de sentiments chaleureux de la part de la mère et est analogue à la phase orale décrite par Freud. Ces expériences et leur contenu auront une influence primordiale dans la confiance ou la méfiance de l'enfant d'abord et puis après chez l'adulte. L'issue de cette première crise[33] aura un impact significatif sur le vieillissement du sujet à deux égards. Tout d'abord, celui d'accepter avec plus d'équilibre la maladie et la sénescence en même temps que les séparations avec des êtres chers : parent, conjoint, frère ou sœur, enfant ou d'autre part, réagir ou vivre d'une façon plus dramatique les expériences exigeantes du vieillissement. »

L'homme, héritier d'une culture patriarcale, portant en lui les lourds attributs du mâle qui ne montre pas ses sentiments et ne vit pas ses émotions, il continue à être le conquérant,

---

32 Valois Robichaud, *op cit.*, p. 64.

33 Crise (en grec *krisis*, décision), renvoie à un travail, à une besogne de croissance.

le robuste, l'homme solide, la société ne l'aidant pas à entrer dans le monde de la sentimentalité et de la tendresse.

Pour se défendre de vivre ses émotions de peur, d'angoisse, d'inquiétude, ou de tristesse, il va souvent « blaguer », « rire », ou se « barricader » en empruntant une attitude et un regard stoïque, ou changer littéralement de sujets de conversations trop compromettants ou insécurisants. Le refoulement, la fuite dans l'alcoolisme seront souvent exprimés par la colère devenant le seul exutoire autorisé par la société, la colère chez l'homme vu comme une attribution du mâle combattant, sauf que souvent hélas, cette colère est adressée à l'endroit des êtres qui lui sont chers.

Une amie me faisait part de toute la peine que son père avait eue lors du décès de son cinquième enfant, âgé de quatre mois. Son père, aux dires de sa maman, habituellement ne montrait aucunement ses émotions. Ce jour-là, lorsqu'il apprit le décès du petit Jérôme, hospitalisé, il s'en alla seul, en pleine nature, en arrière du garage, et se laissa aller, à pleurer et à gémir la douleur d'un père qui vient de perdre son enfant.

Par peur de ne pas être accepté par ses pairs ou ridiculisé, ou encore par crainte d'être perçu comme faible, l'homme des temps modernes retient ses larmes ; de plus, il est parfois mal à l'aise lorsque sa femme, arrivée au mitan de sa vie, souhaite prendre de nouvelles initiatives, par exemple voyager, retourner aux études, écrire, réaliser des projets longtemps mis en attente. En fait, **elle déborde d'énergie,** alors que **lui revient se reposer.**

Chez lui, un phénomène nouveau fait son apparition, la baisse de la testostérone, et la fabrication de l'estrogène, il devient «androgyne» après 50 ans généralement, se laissant aller à la sensibilité, et à l'expression plus libre et moins censurée de ses émotions, autant de la joie que de la peine. Il n'est pas rare d'entendre les enfants dire à leur mère, **eh bien papa est plus tendre, plus affectueux avec ses petits-enfants qu'il ne l'était avec nous.** Il est juste d'ajouter que le grand-papa a aussi plus de temps à lui-même et qu'il souhaite, inconsciemment, combler ce besoin d'amour qu'il n'a pu donner et recevoir avec ses propres enfants, au temps où il était si occupé.

Si l'épreuve de la maladie le visite[34], il aura besoin du support de sa conjointe pour traverser cette période difficile. Chez lui, l'image sociale est très importante, son ego est très fort; culturellement, il continue à se battre, à défendre ses positions, à garder un pouvoir qu'il recherche envers et malgré tout. Il a peu fréquenté le jardin de l'hémisphère droit, celui de la vie affective, de l'expérience sensorielle et de la subjectivité. En somme ce qu'il a été, ce qu'il devient aux regards des autres est primordial; après avoir quitté une profession, un travail où il était considéré comme quelqu'un, il lui apparaît parfois difficile d'effectuer le changement de statut et de rôle que lui confère ce passage vers un espace-temps non encore aménagé et qu'il sera seul à gérer, n'ayant aucun modèle à suivre. Il passe du jour au lendemain de statut d'actif au statut passif selon les normes apprises en société. C'est pour cette raison, je pense, qu'il y a un nouvel

---

34 Au moment de la relecture du manuscrit, un oncle âgé de 94 ans vient d'être hospitalisé à la suite d'un accident de voiture. Actif et engagé au plan relationnel, il conduisait lui-même sa voiture; il se voit du jour au lendemain allongé sur son lit, en médecine générale. J'observe qu'il s'opère tout un travail intrapsychique-affectif en vue de s'adapter à l'immobilisme, voire à un changement radical dans sa vie. Il a beaucoup besoin de parler, d'être écouté, pour récupérer le pouvoir sur sa vie. Un nouveau rapport au mode «être» est en train de naître chez lui, par la re-lecture de sa vie, à un moment où le corps dans le mode «faire» ne peut plus comme avant.

apprentissage en cours, soit celui de s'approprier sa propre vie.

Plusieurs auteurs[35] voient dans les notions de *transitions, de crises et* d'événements le moteur de développement. Le chercheur Ryff[36] nous introduit un modèle intégratif de la réussite du vieillissement pour autant dit-il que l'individu ait fait **l'acceptation de soi,** qu'il ait maintenu de bonnes relations avec autrui, sauvegardé son autonomie, maîtrisé son environnement, poursuivi des nouveaux objectifs tout en travaillant à la recherche d'un certain épanouissement personnel. Ce sont à ces activités et à ces engagements auxquels la personne au temps libéré est convié.

L'homme âgé qui ne réussit pas à intégrer les changements tant au plan personnel que professionnel, gérant sa santé, les pertes et les défis nouveaux qui peuvent se présenter, sombre parfois dans l'isolement, la solitude, voire le désespoir.

Le parcours humain

Travail personnel

1. Est-ce que je me retrouve dans la description de l'homme à travers ce cycle des âges ?

2. Si oui, à quels éléments je m'identifie le plus ?

3. Si non, comment je me démarque de l'homme tel qu'il est caractérisé ici ?

4. Qu'est-ce qui me caractérise aujourd'hui ?

---

35 Wertsch & Youniss, 1987 ; Riegel, 1979, Ryff, 1989 ; Magnusson, 1988 ; Ruffin, 1993, http ://www.callisto.si.usherb.ca/

36 *Ibid.*

L'aventure humaine évolue jusqu'au jour où l'on arrive avec son navire sur son île ; là débute la rencontre avec **soi-même** après avoir vécu une vie active et trépidante.

Travail personnel

Qu'en est-il pour moi ?

1. Est-ce que je marche de plus en plus léger au fur et à mesure que j'avance en âge ?

2. Y a-t-il un poids lourd que je porte sur mes épaules ou sur mon cœur ?

3. Y a-t-il une culpabilité latente en lien avec mon passé ou faisant suite à un événement inattendu, à des circonstances imprévisibles, à une action posée ou à des paroles dites ?

4. Y a-t-il une blessure que je porte, une souffrance inavouable[37] ?, une peine profonde qui m'a été infligée par quelqu'un ?

5. Est-ce qu'il y a une peur, une inquiétude, une émotion retenue qui viendraient puiser mes énergies au quotidien et qui m'empêcheraient d'être bien ?

6. Est-ce que j'ai de la difficulté à me détacher d'un être absent, d'une profession, d'un mé-tier, d'un ami, d'un état, en somme un deuil qui ne serait pas encore fait ?

7. Est-ce que je vis du ressentiment vis-à-vis d'une situation ? d'une personne ? de la honte ? de la gêne en moi-même ?

---

37 Une connaissance du village m'invite à rendre visite à sa maman âgée de 92 ans, vivant en maison de long séjour. « Maman ne va pas bien ; sa santé se dégrade » et elle ajoute, « Maman a quelque chose qu'elle porte sur son cœur, comme un nœud à dénouer, c'est souffrant. Elle en a parlé à quelqu'un d'autre, et n'ose pas s'ouvrir à sa famille. Pouvez-vous lui rendre une petite visite ? » J'irai rendre visite à cette dame les jours suivant notre rencontre.

Réfléchir aux temps de la retraite, c'est aussi et certainement rentrer chez soi, comme on entre après un long voyage en raison duquel on a été absent et que l'on a manqué notre petite routine quotidienne, nos affaires, nos accessoires, nos plantes, nos livres, notre bureau, notre cuisine, notre lit, bref, nos repères habituels, notre essence, notre vérité, notre nature profonde. Un Tunisien me disait un jour, **« l'on est prince pour soi »**.

Trouver son château intérieur

Or, un prince revient à son château de temps en temps, et comme Thérèse d'Avila le disait, ce château intérieur, c'est le lieu par excellence de l'intimité, avec sa substance, ses secrets, ou si vous voulez sa vérité, son identité, celle récupérée, retrouvée, accueillie, acceptée, assumée, après avoir fait les grands voyages, les aventures, les excursions, après avoir subi les invasions, les guerres, assumé ses victoires et ses défaites. Lorsque le prince revient au château, au terme d'une longue croisade, il arrive pour se reposer, parfois usé, fatigué ou blessé. Il y vient pour refaire ses forces, réparer sa monture pour rebondir à nouveau, vers des horizons inconnus.

Le **retour vers soi**, c'est à mon sens, le temps des bilans pour faire le point, pour s'orienter vers de nouveaux projets[38] plus signifiants les uns que les autres, avec l'énergie restante ou renouvelée. **Revenir chez soi**, c'est aussi pour y faire le ménage, c'est pour y laver le linge souillé, c'est pour y faire le tri, c'est pour laisser partir les gens, et terminer les relations superficielles ou non signifiantes ;

---

38 Simone de Beauvoir (*La Vieillesse*, Gallimard, Paris, 1970), nous dit que le projet permet à la personne de réaliser sa propre identité par la projection de son histoire dans les activités à venir.

c'est aussi pour prendre de nouveaux habits, plus légers, car le corps ne supporte plus le superflu, la pesanteur, non plus l'âme et le cœur. Revenir à son château, c'est pour donner la liberté à ce qui était demeuré captif et enfermé, pendant mon absence ; c'est aussi ouvrir les portes de mes prisons intérieures, pour délier mes appartenances futiles, et libérer les esclaves de leurs chaînes. C'est être enfin « mère » **pour soi**, comme la Vie a tant voulu l'être et à laquelle je me suis souvent objecté et refusé.

Enfin, revenir **chez soi**, c'est accepter de me laisser aimer par ceux et celles qui étaient demeurés au château à m'attendre. Ce sont les miens, un père, une mère, un frère, une sœur, un cousin, une cousine, les amis et les connaissances intimes. C'est accepter de me laisser porter par la Vie, en les nouvelles passions qui m'animent ; c'est être simplement dans l'émerveillement et l'ouverture à l'instant nouveau qui décrit des cercles dans mon existence, comme le disait Rilke[39].

Oui cette expression, « être prince pour soi » m'a fait longuement réfléchir sur l'importance que l'on doit se donner tout au long de notre vie et plus particulièrement aux âges avancés ; or, il y eu bien des moments où ce sont les autres qui ont passé les premiers, et c'était ainsi, par choix ou très souvent par obligation. Maintenant, le temps est donné pour soi et ce n'est pas de l'égoïsme, mais je dirais une nécessité pour se retrouver, se rencontrer, se reconstruire et faire alliance avec la nouvelle personne que je suis devenue. Un ami me partageait jusqu'à quel point il lui avait été difficile de demeurer avec lui-même après la mort de son ami.

---

39 Rilke (Rainer Maria), écrivain et poète autrichien (Prague 1875 - Montreux 1926) ; le sens que ce poète donne à l'existence : « Je vis ma vie dans des cercles croissants qui se décrivent sur les choses... je n'accomplirai peut-être pas le dernier, cependant je veux le tenter. »

« J'avais peur de demeurer avec moi-même, je vivais de l'angoisse. »

Travail personnel

Est-ce que je rentre chez moi parfois ?

1. M'arrive-t-il de m'arrêter au cours de la journée pour juste flâner, ne rien faire, et m'amuser, en somme, vivre-habiter le temps donné ?

2. Si oui, qu'est-ce que l'activité choisie me fait vivre ?

3. Si non, est-ce par peur, par honte d'être vu ou jugé, ou encore par culpabilité ?

4. « Je ne sais pas ce que cela veut dire m'arrêter. Je ne l'ai pas vécu souvent durant ma vie ». Pourquoi, selon vous ?

Il nous a été donné, au cours de notre vie, de vivre des moments pendant lesquels survient dans notre Être profond, le Soi, quelque chose de bienfaisant, de calmant qui nous rend heureux. Il y eu des heures privilégiées de notre existence. Je vous propose de noter ces événements dans **votre journal de bord.** Ces moments heureux de votre vie, vous ramèneront à une expérience de l'Être, à la rencontre de Soi. Rappelez-vous, c'était une ambiance agréable, particulière. Au fur et à mesure que vous noterez ces moments, visualisez la circonstance, le lieu, les personnes présentes, (peut-être étiez-vous seul), la température, en vous rappelant le vécu agréable de l'époque. Laissez-vous baigner de cet état bienfaisant. Vous venez de faire monter en votre conscience un état du Soi ou de l'Être.

Dans l'exercice suivant, je vous propose de venir à la **rencontre de soi** ou tout simplement **rentrer chez soi**, en son intérieur. Je vous propose l'exercice qui suit :

Travail personnel

Où que vous soyez, je vous propose d'être confortablement assis, de fermer les yeux : cela pourra peut-être vous aider. Dirigez votre attention sur votre respiration. Sentez l'air qui entre dans vos poumons, et qui en ressort. À chaque bouffée d'air, vos milliards de cellules reçoivent l'oxygène nécessaire à la vie. Accueillez environnement dans lequel vous êtes, les bruits, les sons, les personnes, l'air, les senteurs, tout en étant présent à votre respiration. Accueillez maintenant votre mental, en débutant par le flot de pensées qui y circulent, sans faire obstacle à ce qui est. Accueillez ensuite les points de malaise ou de tension-fatigue logés dans votre corps. Sentez-le de l'intérieur. En accueillant ce qui est, autant dans votre mental que dans votre corps, vous laissez être ce qui est et vous vous autorisez maintenant à être pleinement vivant, simplement vous-même. Sentez maintenant la vitalité dans vos mains, vos bras, vos jambes, vos pieds, votre abdomen, votre poitrine. Visualisez que vous touchez avec votre main, le sable, l'eau, l'herbe, le bois, le papier, bref, ce qui vous entoure. Les yeux toujours fermés, assis toujours le plus confortablement possible, vous prenez conscience de votre respiration, et doucement, imaginez que vous vous glissez lentement vers le centre de l'abdomen, comme le long d'une glissade, vous vous sentez vous enfoncer au centre de vous, là où la tranquillité est présente, où la paix et le silence règnent en maître. Vous êtes chez vous. Prenez une position confortable, comme vous souhaitez en ce lieu tranquille, goûtez à ce royaume de Paix, de Repos, et sans forcer rien, accueillez-vous en ce lieu avec ce que cela implique, pensées vagabondes, jugements, malaises, ou paix, joie, tranquillité.

Il vous est donné de refaire cet exercice à chaque fois que vous jugez utile de faire le point en vous, de retrouver la tranquillité. Vous pouvez choisir de faire cet exercice, en le lisant à votre rythme, avec des pauses ou en écoutant une musique appropriée, à savoir, une cantate de Bach, une œuvre de Mozart ou de la flûte de pan.

Un auteur spirituel contemporain, Eckhart Tolle[40] propose à sa manière une autre détente qui je crois peut favoriser **la rencontre de soi.** La voici :

Travail personnel

Quand vous avez quelques minutes de libres, particulièrement le soir juste avant de vous endormir ou le matin, juste après vous être réveillé et avant de vous lever, inondez votre corps de conscience. Fermez les yeux. Étendez-vous sur le dos. Choisissez différentes par-ties de votre corps pour tout d'abord y centrer brièvement votre attention : les mains, les pieds, les bras, les jambes, l'abdomen, la poitrine, la tête, etc. Aussi in-tensément que vous le pouvez, sentez d'abord l'énergie vitale dans ces parties du corps, en restant environ quinze secondes sur chacune d'elles. Puis, laissez votre attention parcourir à quelques reprises tout votre corps à la manière d'une vague, des pieds à la tête, et vice-versa. Cela ne prendra qu'une minute environ. Sentez ensuite votre corps énergétique dans sa totalité, comme un champ d'énergie unique. Maintenez votre attention sur cette sensation durant quelques minutes. Pendant toute la durée de l'exercice, soyez intensément pré-sent dans chaque cellule de votre corps. Ne vous inquiétez pas si le mental réussit de temps en temps à attirer votre atten-tion sur autre chose que le corps et si vous vous perdez un peu dans vos pensées. Dès que vous le remarquez, dirigez de nou-veau votre attention sur le corps énergétique.

---

40 Eckhart Tolle, *op. cit.* p.119.

Le ressenti par le corps, la porte vers soi

Je crois que c'est par le ressenti du corps, que **le chemin vers soi** est favorisé ; le bien-être vécu prépare à être juste là, présent à soi, à ce qui se vit dans l'ici et le maintenant. S'il y a un malaise ou un mal-être qui persiste, il serait opportun de le verbaliser dans le cadre d'un accompagnement thérapeutique. C'est cela, à mon sens, faire l'initiation pour rentrer chez soi, et y recevoir mes invités ; tantôt, ce sera une réponse à mes interrogations, la pensée affectueuse pour un être cher, l'accueil d'une époque de ma vie, la satisfaction d'une vie bien vécue, la joie de revoir ses voyages, les personnes aimées, l'accueil et l'acceptation d'une peine, d'une souffrance ou encore poursuivre avec lucidité un travail de deuil.

Ce sont à ces moments, qu'il est nécessaire de s'aimer et de se dire, « qu'est-ce qui me ferait du bien en ce moment-ci ? » Avec quelle personne en confiance, je pourrais prendre mon appareil téléphonique et tout bonnement parler ? Avec qui, je pourrais instantanément crier et pleurer ma douleur ? Au cœur de ma vie, j'ai besoin parfois d'être accompagné par quelqu'un qui me sécurise et me redonne la confiance que j'ai perdue en cours de route, dans le seul but de vivre « libre » en faisant ce que je ressens être « ma mission » en me réalisant à chaque jour, en prenant des décisions qui maintiennent mon autonomie. En ce sens, je définis l'autonomie[41] par :

> « La capacité de prendre en charge une démarche éducative qui stimule le développement de nouveaux moyens de satisfaction des besoins de base et qui facilite l'intégration d'une nouvelle identité personnelle et active, c'est-à-dire d'une nouvelle façon de se comprendre, de se situer et de s'engager. »

41 Valois Robichaud, *op. cit.* p.19

L'autonomie au plan psychologique signifie, pour la personne, le maintien de sa volonté d'exercer elle-même son pouvoir de décider et son pouvoir d'agir en tenant compte de sa dynamique, de ses capacités et de son intégration sociale (*empowerment*). Il y a donc à ce niveau **deux composantes** : *un aspect décisionnel* et *un autre comportemental*. Les travaux de mes étudiants en gérontologie ont démontré jusqu'à quel point il était important de laisser à l'adulte âgé, cette prérogative tout au long du parcours, aux heures mêmes des grandes dépendances.

Dans un chapitre intitulé, « L'autonomie et la maîtrise », l'auteur mondialement connu, Guy Corneau, évoque les aspirations qui animent toute personne vers un idéal, vers l'accomplissement, la création et l'autonomie. Il ajoute et je cite :

« *Si vous prenez l'habitude d'une fréquentation quotidienne du cœur de votre être au sein d'une méditation ou d'une promenade dans la nature, alors vous courrez moins de risques de disparaître à vos propres yeux pendant des semaines entières. Chaque jour, votre rituel vous ramènera à l'essentiel.* » [42]

C'est lorsque la personne ressent la présence de son corps, par exemple, en marchant, en écoutant les bruits environnants de la nature, qu'elle a accès à la présence de son Être profond qui la nourrit, l'informe, la guide tout au long de son existence. Le même auteur nous dit que cette calme présence devient un état intérieur qui peut se transporter dans toutes les situations, même celles qui sont entachées de bruit et d'effervescence.

---

42 Guy Corneau, *Le meilleur de soi*, Les Éditions de l'Homme, Montréal, 2007, p. 301.

Épilogue

La longévité nous met face à face à nous-mêmes et nous sommes appelés à assumer pleinement la manière dont nous mènerons notre vie. L'expérience de la longévité relativise nos relations et notre image de soi. Vieillir devient un art, une philosophie pour travailler à chaque jour sa vie intérieure, pour plus de conscience et plus d'élargissement de soi. « Le petit moi doit s'effacer » dit le mystique Eckhart[43] « afin que l'Être puisse apparaître ». C'est de ce lieu de l'Être, que le soi se laisse rencontrer, cette partie intime de moi-même éclairée par les coups du destin, assumés et vécus dans la confiance en la Vie.

D'ailleurs nous sommes invités à **demeurer en harmonie** avec nous-même et avec les autres. Beaucoup d'êtres humains rencontrés sur mon chemin inspirent le respect par leurs savoirs, leurs compétences, leur caractère exemplaire ; or, je ne rencontre et ne ressens pas toujours chez eux le rayonnement humain. Peut-être ne peuvent-ils pas pour le moment être en harmonie, en paix avec eux-mêmes, d'autres

---

43 Maître Eckhart, de son vrai nom Eckhart von Hochheim, né en 1260 - mort en 1327, est un mystique rhénan. Il étudia chez les Dominicains tout d'abord à Erfurt, puis Cologne et Paris. Il enseigna à Paris. Prêcha à Cologne et Strasbourg, et administra la province dominicaine de Saxe depuis Erfurt. L'enseignement spirituel de Maître Eckhart est essentiellement une invitation au détachement considéré comme la condition nécessaire de l'union à Dieu, et à l'enfantement de Dieu dans l'âme, fruit de la « divinisation » reçue de et par l'union à Dieu. Il s'agit d'un détachement de tout ce qui rend l'être indisponible à l'action de la grâce ; le dernier degré de ce détachement consistant même à s'affranchir de l'effort pour se rapprocher de Dieu. Il s'agit en effet moins de se décharger du poids de réalités contingentes extérieures que de cultiver et entretenir une intériorité conçue comme fragment de l'union à ce monde, autrement que le Christ, en sa chair humaine fut attaché au monde. Ainsi disposé, l'esprit libre, le cœur humble, toute attente ou aspiration personnelle éteinte, l'intériorité insensible à toute turpitude, Dieu ne peut faire autrement que de s'y loger, comblant cette vacuité par la félicité ; « l'homme devenant par grâce ce que Dieu est en nature. » (Maxime le confesseur). Référence : http//fr.wikipedia.org

facteurs modulant leur existence. Je l'ignore. En général, toute personne aspire au bonheur, au bien-être corporel, psychique et spirituel. Il me semble que tôt ou tard l'on doit jouer sa mélodie en accord avec l'ensemble de sa personne, le moi et l'Être-Soi. L'ego se réaligne sur le Soi, comme le dit Monbourquette. Le Soi imprègne et influence tous les aspects de toute une vie, un apprentissage sans fin de la conscience d'être.

Oui, l'on devrait entendre cette douce mélodie des êtres rencontrés. L'on devrait ressentir en leur présence cette chaleur humaine communicative. C'est un idéal, je sais, non réaliste, car nous avons affaire à l'humain. Nul autre auteur qu'Edgar Morin[44], à mon sens, nous aide à mieux comprendre et respecter la dynamique humaine. Il dit ceci :

« *L'être humain est à la fois physique, biologique, psychique, culturel, social, historique* »... *et au chapitre de l'*Homo complexus, *il va plus loin en disant (p. 63)* : « *Nous sommes des êtres infantiles, névrotiques, délirants, tout en étant aussi rationnels. Tout cela constitue l'étoffe proprement humaine. L'être humain est un être raisonnable et déraisonnable, capable de mesure et de démesure ; sujet d'une affectivité intense et instable, il sourit, rit, pleure, mais sait aussi connaître objectivement ; c'est un être sérieux et calculateur, mais aussi anxieux, angoissé, jouisseur, ivre, extatique ; c'est un être de violence et de tendresse, d'amour et de haine ; c'est un être qui est envahi par l'imaginaire et qui peut reconnaître le réel, qui sait la mort et qui ne peut y croire, qui secrète le mythe et la magie mais aussi la science et la philosophie ; qui est possédé par les Dieux et par les Idées, mais qui doute des Dieux et critique les Idées ; il se nourrit de connaissances vérifiées, mais aussi d'illusions et de chimères. Et lorsque, dans la rupture*

---

44 Edgar Morin, Les *sept savoirs nécessaires à l'éducation du futur*, Seuil, Paris, 2000, p.12.

des contrôles rationnels, culturels, matériels, il y a confusion entre l'objectif et le subjectif, entre le réel et l'imaginaire, lorsqu'il y a hégémonie d'illusions, démesure déchaînée, alors l'homo demens assujettit l'homo sapiens et subordonne l'intelligence rationnelle au service de ses monstres. »

Faire la **rencontre de soi**, c'est faire un avec soi-même, c'est s'aventurer sur la route de son humanité, c'est accueillir et accepter sa réalité, ici et maintenant, sa folie de vivre, comme son intelligence, sa sagesse pour que l'Être-Soi puisse y trouver sa place et éclairer le regard et la route. Un jésuite de répondre à l'un de ses étudiants : **le meilleurs cours que j'ai pu suivre, c'est justement suivre « le cours d'eau ».** Ce que j'y comprends, c'est se reconnaître en ce que je suis : c'est dire « oui » à l'appel, à l'après, ce vers quoi je vais, je cours – le bonheur n'est-il pas dans la poursuite du bonheur ?

En conclusion de ce chapitre, vieillir pour l'être humain pourrait se résumer par l'inéluctable rencontre avec lui-même. Dans cette rencontre s'opère tôt ou tard un **processus d'appropriation de soi**, à un moment où le temps est donné pour entreprendre un travail d'interprétation, d'adaptation et d'orientation de sa vie. Pour ce faire, la vie intérieure prend toute sa place ; elle émerge, elle veut se faire connaître, elle entraîne la personne dans une série d'activités intrapsychiques qui invitent parfois à la solitude, au recueillement, à l'essentiel.

Pour d'autres, vieillir c'est réinventer le temps dans la perspective de nouvelles stimulations dans un environnement humain sécurisant telle l'expression utilisée par Carl Rogers[45] :

---

45 C. Rogers, « Growing Old - or Older and Growing », in *Journal of Humanistic Psychology*, 1980, p.11.

« *Être en vie, c'est prendre la chance, le risque d'agir avec moins de certitude tout en faisant confiance à la vie ; alors j'accepte la confusion, l'incertitude, la peur, les hauts et les bas parce qu'ils sont le prix que je veux payer pour une vie florissante, perplexe et excitante.* » (traduction libre)

Enfin, pour d'autres, vieillir c'est la saison du soleil couchant ; c'est le crépuscule, là où la lumière permet encore de se regarder en vérité. Ce n'est jamais nuisible, ni dangereux, ni inconfortable pour autant que la personne ait pu différencier et intégrer son vécu. C'est alors la possibilité qui lui est offerte de vivre harmonieusement les dernières années de sa vie. Cette invitation à l'unification de sa personne passe par la réorganisation de sa vie et ce processus pourrait s'appeler **apprendre.** Apprendre, ou « prendre pour soi », s'éveiller, être éveillé, c'est tout un cheminement qui dépendra des rencontres humaines, des activités au travail, des rôles et statuts maintenus au cours de sa vie, au-delà même de son premier parcours professionnel.

C'est en suivant son cours d'eau que la personne arrivera vers soi pour vivre plus librement et créer sa vie dans le sens de la personne renouvelée qu'elle rencontre au jour le jour.

Chapitre 3
Vers la route de l'Être, à la rencontre de soi

« Ce qui est de nous ne pourrait être sans nous mais n'est pas que de nous »

Marcel Légaut

On ne répondra à la question : que faire de soi ? Qu'au niveau de l'être, en commençant par arracher nos masques et par accepter d'être qui nous sommes.

Jacques Leclercq[1]

---

[1] Jacques Leclercq : ecclésiastique né à Bruxelles en 1891 et décédé à Beaufays en 1971. Fondateur de La Cité chrétienne (1926-1940), il a marqué de sa forte empreinte intellectuelle et humaine plusieurs générations d'étudiants, certainement séduits par sa liberté d'esprit, son goût du paradoxe et son non-conformisme.

Apprendre à être et à devenir soi

Qu'est-ce que sous-tend l'expression « apprendre à être et à devenir soi » ? Le Petit Robert nous indique que « devenir soi » implique que le sujet « passe d'un état à un autre » ; c'est aussi, « commencer à être ce qu'on n'était pas ». C'est également changer, évoluer, se transformer. Il y a la rencontre de qui je suis, en entrouvrant la porte de l'Être explicité dans le précédent chapitre. André Rochais surenchérit en nous partageant :

« Quand on devient familier de son Être et qu'on se fait attentif à tout ce qui existe à ce niveau, on se découvre habité de réalités plus grandes que nous : la conscience profonde, la vérité, la rectitude, la droiture, l'amour. Ceux qui ont une religion peuvent découvrir Dieu à ce niveau. » [2]

Une fois arrivé chez soi, l'essentiel surgit, pour un ultime appel à vivre ce qui donne sens à sa vie. Marcel Légaut nous parle du sens de sa vie en ces termes :

« Atteindre le sens de sa vie, s'efforcer dans la mission ; réaliser tout ce que l'un et l'autre impliquent, c'est encore être présent à soi-même et à Dieu. C'est encore prier. Prier d'abord pour soi, prier aussi pour ceux qui sont proches, que nous rencontrons réellement sur notre chemin, malgré l'extrême impuissance où nous sommes vis-à-vis d'eux pour l'essentiel. » [3]

Dans l'évolution de cet ouvrage, j'ai voulu aller un peu plus loin dans la réflexion sur la grande thématique à savoir

---

2   « André Rochais et la Recherche PRH », *Courrier PRH Montréal*, Québec, n° 27, juin 1990 et n° 28, janvier 1991, p. 83 (p. 7-8).

3   Marcel Légaut, *Intériorité et engagement*, Éditions Aubier Montaigne, Paris, 1977, p.146.

que la retraite n'existe pas, qu'elle est une **phase de la vie**, une **étape** dans le développement psychosocial de la personne… Thierry Pech[4] ajoute : « C'est la forme générale du cycle de vie qui est atteinte par ces mutations de la retraite, ainsi que l'organisation des temps sociaux… ». Quittant un travail rémunérateur, la personne entamera alors un autre travail, non moins négligeable, celui de l'individuation et de l'humanisation de sa personne en empruntant le chemin vers soi pour être enfin plus libre et agir dans le sens de sa personne.

Apprendre à être n'est pas si évident. Cela implique qu'il faille s'arrêter pour réactiver d'autres modes d'appréhension de la réalité en commençant par écouter ce qui est au-dehors de nous, comme ce qui se passe au-dedans de nous. C'est la première condition à remplir pour envisager d'autres scénarios de vie, d'autres projets, en vue de devenir, d'évoluer. Une amie me disait qu'elle envisage l'an prochain de travailler selon une nouvelle formule. « **Je veux travailler trois mois, m'arrêter deux semaines, et ainsi de suite ; j'ai besoin de créer.** » Elle est dans le processus de la transformation. Pour y arriver, me dit-elle, « **il me faut m'arrêter de temps en temps** ». Ce nouveau projet créateur a surgit un bon dimanche matin, alors qu'elle prenait un moment d'intériorisation.

Comment devenir après avoir fait la rencontre de soi, en la personne de qui je suis, en somme pour celui qui a élargi progressivement son champ de conscience par un travail d'introspection et de réflexion ? La question est vaste et peut être un projet de toute une vie, tel que

---

4   Thierry Pech, « Le Temps des retraites », in *La République des idées*, *Archives de la vie des idées*, avril/mai 2003, réf : http ://www.repid.com/spip.php ?article95

développé par un auteur bien connu, Thierry Janssen[5], dans son ouvrage *Le travail d'une vie*. Parler de soi, être à l'écoute de son intériorité, ce n'est pas de l'égoïsme, ce n'est pas non plus du « nouvel âge » tel que mon éducation reçue à voulu me le transmettre.

Travail personnel

1. Est-ce qu'il m'arrive de parler de moi aux autres ?
2. Est-ce que j'ai un interlocuteur privilégié ?
3. Comment ai-je accès à mon intériorité ?
4. À quel moment de la journée, suis-je à l'écoute de moi-même ?

D'autre part, en ce début du XXIe siècle, nous assistons au triomphe de la personne sur la solidarité collective ; un sociologue nous dit que la politique et les politiciens sont dorénavant laissés à eux-mêmes ; les citoyens abandonnent les lieux de forum et de discussions. Jean-Claude Kaufmann, sociologue, parle de l'émergence du sujet ; c'est à la fois extraordinaire et compliqué.

En réfléchissant à mon propre parcours de vie, j'ai eu besoin de faire un long travail personnel afin de trouver la liberté intérieure et arriver à une étape de ma vie par laquelle la créativité se présentait comme une urgence, une force, une nouvelle énergie. Écrire un livre était un projet impensable pour moi, avant l'arrivée de mes 59 ans. Pour vous parler de la notion de liberté, avec laquelle j'ai jonglé au moins cinq ans, je me suis largement inspiré de mon vécu, et entre autres, des travaux de la Docteure Colette

---

5   Thierry Janssen, *Le travail d'une vie*, Robert Laffont, Paris, 2001.

Portelance[6]. Nous savons que la vraie liberté est beaucoup plus à l'intérieur de soi qu'à l'extérieur. Combien d'êtres humains rencontrés sont prisonniers de normes, de conventions, de croyances, de principes ou de leurs relations ? Selon Colette Portelance, la problématique de la liberté est là. J'ajoute que parce que l'adulte est un être inachevé, il peut apprendre, progresser et contribuer activement à la construction de sa personnalité : il peut, par des actions éducatives appropriées **apprendre à être libre.** Oui, il peut apprendre à être responsable de sa vie, à faire des choix, à prendre des décisions et en assumer les conséquences.

Être libre, est un des besoins psychiques largement développés par la Gestalt-thérapie. La liberté, sous toutes ses formes d'expression, est une des conditions à remplir pour entreprendre le processus de l'autocréativité. Cette théorie des besoins a été reprise par l'ANDC[MC].

Qu'est-ce que l'**ANDC**[MC], l'approche non directive créatrice[7] ?

« Être libre est un besoin psychique ; il est selon l'auteur, "une nourriture de nature immatérielle et d'origine relationnelle" qui est essentielle au fonctionnement normal et équilibré d'un individu. »

---

6   Colette Portelance, *op.cit.* p.142.
7   Louis Hogue, Thérapeutes en Relation d'AideMC et La relation d'aide à L'Approche Non Directive CréatriceMC (ANDCMC), La Corporation internationale des thérapeutes en relation d'aide du Canada, Ste-Adèle, Québec, 2000.

L'Approche non directive créatrice[MC] (ANDC) a été créée par Colette Portelance, D. Sc. Éd. Avec François Lavigne, M. Sc (Psy), elle a fondé le Centre de relation d'aide de Montréal où, depuis 1985, on forme des thérapeutes à la relation d'aide. À l'origine, Mme Portelance s'est principalement inspirée des travaux de Carl Rogers sur la « non-directivité » et de ceux de Georgi Lozanov et de Jean Lerède sur la suggestologie.

Les *baby-boomers* ont dû travailler très fort et je suis un de ceux-là, pour récupérer le libre arbitre, dénouer les nœuds de la peur et de la culpabilité, après avoir subi les influences des règles disciplinaires et les interdictions, issues d'un courant éducatif qui très souvent explorait la honte, la gêne, la culpabilité, et la peur, héritage malheureux d'une idéologie médiévale véhiculée par les institutions et appliquée jusqu'au milieu du siècle dernier en Acadie.

J'ai connu les normes extérieures à moi-même entre le partage du permis et du défendu. Aujourd'hui, on invite la personne à être elle-même, à prendre des initiatives, à être à l'écoute de ses besoins, à suivre sa voix intérieure. C'est la **dynamique d'émancipation.** Selon Alain Ehrenberg[8], elle s'est amorcée après la Seconde Guerre mondiale et devient visible au cours des années 60.

---

8   Alain Ehrenberg, sociologue, dirige le groupement de recherche «psychotropes, politique, société» du CNRS. Vient de publier *La Fatigue d'être soi*, Éditions Odile Jacob, 320 p. troisième volet d'une recherche qui, après *le Culte de la performance* (1991) et *L'individu incertain* (1995), s'attache à dessiner les figures de l'individu contemporain.

La vie individuelle, y a-t- il un risque?

On ne peut devenir qu'à partir de ce qu'on accepte d'être.

JACQUES LECLERCQ

Y a-t-il un risque de valoriser la vie individuelle au détriment de la vie publique et sociétale. Est-ce que la solidarité sociale, familiale en prendrait un coup? Toujours selon Ehrenberg, « *l'individualisme contemporain est moins la victoire de l'égoïsme sur le civisme que le résultat d'un processus historique qui a fini par loger la responsabilité entière de nos vies non seulement à l'intérieur de nous-mêmes, mais également au sein de l'entre-nous collectif…* »

En réponse à une question ouverte adressée à mes étudiants en andragogie, un de ces derniers m'écrit ce qui suit :

« *Je crois que nous naissons tous avec une identité propre à nous. Ce qui se produit, c'est que dès l'enfance, nous sommes influencés par une multitude infinie d'opinions et de croyances. À l'âge adulte, un processus naturel d'identification, plus ou moins conscient selon les personnes se met en branle. Ce processus s'accentue au fur et à mesure que l'on prend de l'âge. Je qualifierais ce processus comme étant le revêtement de sa propre peau, se déshabiller des influences extérieures pour se nommer soi-même. Je crois qu'à un moment donné (et cela varie selon les personnes, mais est très fréquent dès le début de la quarantaine), l'humain doit aller à la rencontre de sa propre personne. Cette rencontre sera décisive à son évolution afin de neutraliser en partie ou entièrement les blessures du passé, les fausses influences, les détails ou les atrocités qui auront atteint son intégrité profondément. La guérison se fera plus rapidement selon la facilité que la personne mettra à identifier ses blessures et accepter le détour que cette dernière lui aura fait prendre. Dans ce processus de guérison, de rencontre avec soi, le déni est notre plus grand adversaire.* »

Cet étudiant nous apprend que devenir soi, c'est se connaître, c'est vivre et respirer librement, c'est discerner ses désirs, identifier ses besoins, y répondre selon les ressources qui sont les siennes, c'est reconnaître ses limites, ses peurs, ses doutes, c'est laisser libre court aux émotions, c'est lâcher prise et vivre ici et maintenant la vie qui m'est donnée toujours comme un cadeau ; c'est aussi réaliser mes souhaits profonds, c'est penser par soi-même, et enfin c'est vivre sa nature profonde. Un collègue universitaire, à la retraite, me dit :

> *« Somme toute, être soi-même, c'est poser les regards que l'on peut poser avec nos yeux, respirer l'air que nos poumons peuvent respirer, entendre les sons que nos oreilles peuvent entendre, se laisser poser les gestes que nos bras peuvent faire, donner le libre choix au visage d'exprimer ce qu'il est capable d'exprimer.tout ça pour dire qu'être soi-même c'est se laisser pleinement vivre dans la dimension unique que porte notre être. »*

Il ajoute que les rêves, les aspirations, les envies et les folies conduisent l'être humain à être soi-même.

Travail personnel

1. Et pour moi, aujourd'hui, que signifie l'expression « être soi-même » ?

Il n'est pas rare de voir des adultes, arrivés à un carrefour de leur vie, repenser à leur trajectoire et oser entreprendre de nouvelles missions de vie. Je revois ce jeune sexagénaire rencontré ce matin qui me dit avoir le projet de vendre son commerce pour devenir avec son épouse des bohèmes à la découverte de l'ouest canadien.

Il y a de cela quelque temps, une dame en âge avancé venue seule en vacances était assise à ma table. Elle me partageait sa joie d'être là, d'avoir pris un temps pour elle, alors que son mari ne voulait pas l'accompagner ; du même coup, elle me disait sa culpabilité de l'avoir laissé à la maison. Au fur et à mesure des échanges, elle me dit qu'elle n'est pas heureuse présentement, qu'elle a besoin de respirer, de voir, de rencontrer, de se développer comme personne. Le regard enjoué qu'elle dégageait en me parlant d'elle-même, de son travail d'artiste, et des nouveaux amis qu'elle s'était fait en vacances était bien observable. Elle se rendait compte qu'elle avait laissé à son mari le pouvoir de la rendre heureuse, à lui seul, alors qu'elle savait qu'elle devait s'occuper d'elle-même et de ses besoins. Ce vent nouveau de liberté était arrivé jusqu'à elle, car elle avait pris elle-même la décision de partir en vacances tout en demeurant engagée dans sa relation de couple. Elle se trouvait loin de chez elle et en assumait la réalité au quotidien.

Une étudiante à l'Université du 3ème âge réalise un rêve

À l'Université du 3ème âge en Acadie, une étudiante, septuagénaire, me confie qu'elle chante pour ses amis dans des soirées et qu'elle a rejoint un groupe musical. Elle me dit qu'elle a un rêve depuis qu'elle est toute jeune, celui de réaliser son propre album. Je l'encourage à aller dans ce sens; ce rêve, devenu un besoin, pourrait s'actualiser dans un projet qui lui procurerait la joie d'avoir créé et contribuer ainsi à combler une capacité en elle non utilisée, celle d'une artiste en herbe. Quelle joie dans ce regard «juvénile» pétillant de bonheur; un an plus tard, je reçois dans le courrier un CD enregistré par cette étudiante; le projet est devenu réalité. Elle me confiera un peu plus tard, que c'est **le regard de confiance** que je lui avais donné, qui l'encouragea à aller plus loin encore. En écoutant son CD, cette expression résonnait en moi : «Et si l'Amour prenait racine, j'en planterais dans mon jardin». Nulle autre qu'elle pouvait mieux la chanter; il m'est donné encore de la fredonner dans mes temps libres.

> *Si je refuse ce que je suis, je m'immobilise pour toujours*
> *dans l'état où je me juge, et je m'empêche de devenir.*
> *C'est ce que je suis qui devient. Si je fuis ce que je suis,*
> *je ne peux plus devenir.*
>
> JACQUES LECLERCQ

Avec ces réalisations, je ne compte plus les aînés qui se sont donné des opportunités de créer à des âges avancés. Je me rappelle d'une visite réalisée à Paris, à l'hôpital Charles-Foix (Ivry-sur-Seine) dans un service de soins de longue durée pour personnes âgées. Des étudiants aux Beaux- Arts accompagnés de leur professeur, René Laforestrie, enseignent la peinture et l'expression créatrice auprès d'aînés atteints de déficits cognitifs ou de limites physiques. Cette classe d'âge avait publié un ouvrage, intitulé *L'âge de créer*. Ils ont aussi exposé à la porte d'entrée de l'établissement. Quelle belle initiative de la part de l'institution qui voit là chez leurs résidants des ressources non encore développées, exercice pour le maintien de l'identité et du sens de la vie au quotidien. Naturellement, je me rappelle de ce monsieur, agriculteur, en particulier, qui prend dans ses doigts un pinceau pour la première fois. Il reconstitue le parc où ses vaches allaient paître. Il en est très fier.

> « L'éducation consiste à favoriser le développement aussi complet que possible des aptitudes de chaque personne, à la fois comme individu et comme membre d'une société régie par la solidarité. »
> GASTON MIALARET[9]

Pour d'autres personnes, ce seront les autobiographies, les ouvrages collectifs, à l'exemple, *Dites-nous grands-pères, grand-mères*, ou encore les ouvrages historiques d'un village, ou d'une époque donnée et les nombreuses autobiographies rédigés par mes étudiants. J'ai accompagné une dame qui avait besoin d'une approbation pour écrire son histoire de vie, telle une thérapie, où par l'écrit, elle s'appropriait son parcours de vie, en se pardonnant, à elle-même et aux siens, pour les souffrances subies et vécues, à l'heure de sa plus tendre enfance.

Je rappelle une histoire vraie : un certain Michel envisagea un projet hors du commun. Pour ses 60 ans, il voulut escalader soixante sommets de montagnes. Pour ce faire, il vida sa tirelire, quitta sa France natale et partit pour l'Amérique du Sud. On me dit qu'en 2005, en Équateur, il réussit son exploit. Il avait franchi sa soixantième montagne. *« Je fais de la montagne depuis 40 ans, dit-il. Ce que la montagne m'apporte, c'est immense, c'est beau, c'est beau et en moi, cette flamme qui me dit : 'tu l'as voulu, vas-y'. Je suis obligé de vivre ma folie pour être heureux, et lorsque je deviens grincheux, mon épouse me dit : eh bien, tu dois être prêt pour ta prochaine randonnée ».* Il a dit quelque chose qui m'a beaucoup rejoint : « choisir soi-même le chemin » surtout, lorsqu'il

---

9   Gaston Mialaret, *Introduction aux sciences de l'éducation*, Delachaux et Niestlé, Paris, 1985, p.15.

était à des très hautes altitudes où aucun pas humain n'avait foulé la neige ou le sol. Je ferme mes yeux et je vois Michel marcher des heures et des heures seul, en écoutant le vent. Quelle belle créativité. Il disait au journaliste :

> « À soixante ans, on peut faire des choses encore, on n'est pas foutu. Après dix mois d'absence, je vois les choses différemment, et puis quand on est ici, on est tout petit ».

Oui, je suis très impressionné par Michel. Quelle belle liberté dans l'expression de sa créativité.

Madeline Deriaz[10], dans un article, a initié un enseignement en arts visuels auprès de douze aînés. Ces six hommes et six femmes exposèrent leur travaux au terme de treize semaines de cours. Cette expérience de créativité a procuré une plus grande facilité à s'exprimer, nous dit-elle, et une plus grande confiance en soi, chez les étudiants. Elle ajoute que les écrits scientifiques suggèrent que tout être humain possède un potentiel créateur. Ce potentiel est utilisé pendant l'enfance, demeure enfoui à l'âge adulte et peut resurgir à la vieillesse. On sait que plus on se sert du cerveau et moins on vieillit vite. Les nouvelles choses apprises font qu'au plan des neurones, de nouvelles connexions sont développées. On serait doté à la naissance de 100 milliards de neurones.

Lorsque je réfléchis à la thématique du potentiel créateur et de l'enrichissement de la vie, je ne puis ignorer mon propre parcours.

---

10 Madeline Deriaz, « Découvrir son potentiel créatif et enrichir sa vie », in Encrâge, 2006, Centre de recherche sur le vieillissement, Institut universitaire de Sherbrooke, p.4.

Mes grands moments dans le parcours de ma vie

Tout au long de mon chemin de vie, je suis en mesure d'identifier les grands moments qui ont été signifiants et qui ont, en quelque sorte, jalonné de repères ma trajectoire. Ces moments ont été pour certains passionnants et ont permis d'apprendre encore plus sur les potentialités qui étaient là, dormant, sommeillant ; il aura fallu aussi des événements, des épreuves, des deuils, des déménagements, des retours sur soi-même, pour constater jusqu'à quel point j'étais porteur d'autres dimensions de moi qui ont façonné la personne que je suis devenu. Et ce n'est pas terminé.

Dans le cadre d'une visite à l'association des arts visuels de l'Atlantique, un artiste me confia que c'est par un arrêt prolongé de travail dû à une question de santé, qu'un bon matin, il prit simplement comme cela un crayon et dessina.

« Depuis ce jour-là, me dit-il j'ai découvert que j'éprouvais du plaisir et une satisfaction profonde à créer. C'est la route que j'ai suivie, pour aller plus loin dans mon art ; aujourd'hui je peins des toiles aux thèmes acadiens des plus variés. J'ai de très bons commentaires de mes acheteurs. »

En posant un regard sur votre propre trajectoire de vie, je vous propose donc l'exercice suivant.

Travail personnel

En reproduisant la spirale que je vous présente ci-dessous, sur un grand carton ou une page blanche, je vous suggère, dans un premier temps, d'inscrire les évènements importants qui auront été signifiants pour vous, au point qu'ils ont marqué votre personnalité, vous ont créé, vous ont conduit sur des routes imprévisibles, sur de nouveaux chantiers, là où vous avez dû développer d'autres outils, ou des stratégies nouvelles d'adaptation, ce qui a eu pour résultat que de nouvelles ressources ont émergé en vous. Et que reste-t-il encore à accomplir ? Dans un deuxième temps, identifiez les rêves ou les projets qui sont à venir. Précisez à côté de ceux-ci, s'il y a lieu, les peurs, les limites, les obstacles ou les épreuves qui vous empêchent d'aller de l'avant.

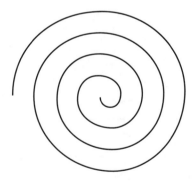

Cette spirale vous a procuré un moment pour vous réapproprier votre histoire événementielle, où l'expression par le vécu des intérêts, des aspirations, voire des rêves, y ont été présent. La santé, les ressources financières, l'éducation et la culture étaient en place, dans une confiance ou une estime de soi qui donnait l'élan pour continuer à croître, à de-venir. À l'intérieur de la spirale de vie, il y a une **aspiration,** un mouvement vers l'aptitude à réaliser mes œuvres. Il y a aussi l'accueil en toute modestie de mes limites ; il me faut les connaître et les assumer.

Un mouvement vers le développement de soi

Avec tout cela, j'ai toujours cru que chez l'être humain, il y avait un mouvement vers le développement de soi, communément reconnu chez les psychosociologues, par les besoins de Maslow. En effet, Abraham Maslow, psychosociologue américain des années 1950 avait bien identifié les besoins[11] de l'être humain.

Selon ce chercheur, la satisfaction d'un besoin d'un être humain ne peut être réalisée que si les besoins de niveau inférieur sont eux-mêmes satisfaits.

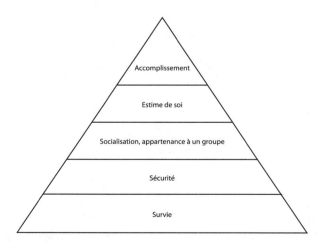

Accomplissement

Estime de soi

Socialisation, appartenance à un groupe

Sécurité

Survie

11 L'échelle des besoins d'Abraham Maslow a été traduite et présentée par la Docteure Noëlle Vescovali dans le cadre des Journées Nationales JALMALV (Jusqu'à la mort, accompagner la vie), 2005, à Rennes.

Survie : **Ce sont les besoins physiologiques** : faim, soif, sommeil, élimination, activité musculaire et neurologique, contact corporel, vie sexuelle, respiration, maintien de la température.

Sécurité : **Protection morale et physique**, emploi, stabilité familiale et professionnelle, besoin d'avoir des choses et des lieux à soi, logement, besoins de maîtrise (pouvoir sur l'extérieur).

Socialisation : **L'appartenance à un groupe.** Amitié, affection, échanges ; besoins d'affectivité (être accepté tel que l'on est, recevoir et donner amour et tendresse, avoir des amis et un réseau de communication satisfaisant), besoins d'estime de la part des autres (être reconnu par les autres comme ayant de la valeur) et besoin d'appartenance (on vit en société et notre existence passe par l'acceptation des autres avec leurs différences) ainsi que l'appartenance à un groupe.

Estime de soi : **Respect de soi, considération, prestige**. Sentiment d'être utile et d'avoir de la valeur, point de départ de l'acceptation de soi et du développement de l'indépendance.

Accomplissement : **Réalisation personnelle, réalisation de soi**, « *devenir ce que nous sommes* » dit Nietzsche. Accroître ses connaissances, développer ses valeurs, faire du neuf, créer de la beauté, avoir une vie intérieure.

Il y a aussi deux composantes importantes pour aller vers l'actualisation de soi : **la liberté** et **l'autonomie**.

Personnellement, il m'a fallu travailler sur les barrières psychologiques que je m'étais construites pour accéder au mouvement créateur qui émanait de mon intérieur. Entre mes vingt ans et mes quarante ans, j'ai petit à petit gravi les marches vers l'autonomie pour une plus grande maîtrise de ma personne en vue du développement d'autres potentialités qui sommeillaient en moi. Je puis faire mienne la définition de Guy Corneau sur le « meilleur de soi », lorsqu'il ajoute :

> « N'oubliez pas que le fondement de notre démarche se situe du côté d'une amélioration de l'intimité de la personne avec la vie, et que le meilleur de soi a été défini dès le départ comme la partie vivante et lumineuse de l'être. » [12]

Avec le recul que je porte sur ma propre trajectoire vers l'actualisation de ma personne, je réalise l'importance de la discipline et de l'effort tout au long de ma vie d'étudiant. Rien ne m'était donné. J'investissais de longues heures, voire des mois sur des objectifs académiques ou professionnels. C'est dans ce sens que Guy Corneau ajoute :

> « Non seulement cela signifie qu'il y a des efforts à faire, mais que vous ne pourrez pas atteindre l'autonomie une fois pour toutes. Elle est affaire de choix chaque jour et chaque heure de chaque jour. Un instant, je suis maître ; l'instant d'après, je suis esclave. Voilà pourquoi la discipline est véritablement nécessaire. » [13]

L'échelle des besoins de Maslow nous présente « l'accomplissement » comme l'étape ultime de la réalisation personnelle : le de-venir de ce que nous sommes, ne nous est pas donné comme cela, c'est à naître, c'est en attente d'où l'ouverture aux possibilités et à l'expression de sa personne.

----

12 Guy Corneau, *Le meilleur de soi*, Les Éditions de l'Homme, Montréal, Québec, 2007, p. 278.
13 *Ibid*.

C'est en ce sens que Georges La Passade nous parle de l'inachèvement de l'être humain selon la thèse que nous n'arriverions pas au sommet de nos aspirations, de notre total accomplissement, voire d'un développement maximum. L'acceptation de soi est un élément lié au devenir de la personne. Nombre d'adultes cessent de rêver, de voyager, de se projeter dans des activités parce que justement ils ne s'aiment et ne s'acceptent pas tels qu'ils sont.

L'on ne peut parler de la personne en soi, sans s'arrêter sur la notion de « personnalité » et voir comment elle a été définie et jusqu'à quel point elle évolue ou pas dans le temps. Il a fallu attendre les écrits des théoriciens des stades du développement, particulièrement ceux de C.G. Jung[14] et d'Erikson[15] pour lire qu'il y avait un développement psychologique couvrant l'étendue entière de la vie.

D'abord il y a quelque chose de déterminé dans la personnalité comme un patron (*pattern*) de traits caractéristiques qui sont propres à une personne : la stabilité émotionnelle, la timidité, la sociabilité, l'amabilité, l'hostilité. L'approche des traits adopte une position de « stabilité » dans l'évolution de la personnalité à l'âge adulte. D'autre part, l'autre approche complémentaire à la première stipule que la personnalité subit des étapes de développement évoluant à travers une série de changements dynamiques, le tout s'adaptant aux défis présentés par la vie.

Il y aurait donc un **processus dialectique alliant la stabilité et le changement,** selon que les circonstances de la vie font ou ne font pas appel aux capacités d'adaptation de la personne.

---

14 C.G.,Jung, *Modern Man in Search of a Soul*, Harcourt, Brace and World, New York, 1933. Et *Les racines de la conscience*, éditions Buchet/Chastel, Paris, 1971.

15 Erik H. Erikson, *Identity and the Life Cycle*, W.W. Norton and Company, USA, 2e édition, 1980.

Je crois que plus la personne est elle-même ou plus elle le devient, plus elle obéit à ses lois et à sa vocation propre. Ainsi en est-il de ce grand ami, cofondateur de l'Université du troisième âge au Nord du Nouveau-Brunswick (en Acadie francophone).

Un octogénaire obtient un deuxième baccalauréat

Quelle ne fut pas la joie de toute sa famille- sa conjointe, ses enfants, ses petits-enfants que d'assister un jour à la graduation d'un de mes étudiants en gérontologie; en effet, Théophane venait d'obtenir son deuxième baccalauréat canadien à l'Université de Moncton. Mon étudiant, âgé de 82 ans avait également activement participé à la création de l'Université du 3e âge. Il me rappelait sa joie d'apprendre, et qu'enfant, il rêvait de fréquenter l'Université, et ce rêve, il le réalisait maintenant. Il avait dépassé les « qu'en dira-t-on », les peurs, les préjugés qu'à un âge avancé, l'on n'apprend pas aussi facilement que du temps de sa jeunesse. L'étudiant puisait dans son expérience de vie, dans ses savoirs multiples (savoirs transversaux, savoir-faire, savoir être et savoir devenir), car pour lui, il ne devait pas y avoir d'obstacles à la joie d'apprendre. La vie entière d'une personne n'est rien d'autre que le processus de donner naissance à soi-même. Pour emprunter l'expression à E. Fromm[16], « *en vérité nous serons pleinement nés quand nous mourrons.* » Mon étudiant illustre cette naissance à lui-même.

---

16 E. Fromm, *Le Drame fondamental de l'homme : naître à l'humain*, cité par Georges La Passade dans son ouvrage, *L'Entrée dans la vie – Essai sur l'inachèvement de l'homme*, Les Éditions de Minuit, Paris, 1963.

Le chemin à emprunter pour devenir soi

Quel est donc ce chemin à emprunter pour devenir soi ? Selon Jacques Arènes [17], il faut se confronter au réel, pour en découvrir les limites, comprendre pourquoi ces limites nous étouffent et les repousser ». J'ajouterais aussi, qu'à l'âge de la retraite [18] ou si vous voulez au moment de quitter son travail pour entrer dans une nouvelle vie aménagée de temps de loisirs, temps personnel et familial, l'occasion est donnée de laisser tomber le personnage, les « comme-ci », pour entrer dans l'économie de sa vraie personne, sa nature profonde. Jacques Arènes [19] nous dit :

« Qu'au travers de ses consultations, trop de gens sont aujourd'hui coupés d'eux-mêmes, se contentant d'être spectateurs de leur propre vie ajoutant que l'existence de nos contemporains est virtuelle, en cela qu'elle n'est pas habitée intérieurement. »

Un adulte au mitan de la cinquantaine m'écrit :

« Mon ardeur pour le savoir et le savoir-faire cèdent plus volontiers à la recherche du savoir-être et surtout du savoir-devenir. »

Cette affirmation confirme bien ce besoin d'une vie intérieure propre à l'adulte de la retraite et aux âges avancés.

Un correspondant du Québec me dit ceci :

« J'ai fait la vie que j'ai choisie à mesure que les événements m'y amenaient, fidèle à moi-même. En somme, je suis devenu ce que je

---

17 Jacques Arènes, psychologue et psychanalyste, *Devenir soi* ; invité de Psychologies.com le 18 septembre 2002.

18 La fin de la vie professionnelle précède parfois de beaucoup « l'âge de la retraite ».

19 Jacques Arènes, *op.cit.*

suis, je me suis fait. J'ai donné mes fruits. Le cercle des saisons et de la vie avance naturellement… je ne sais pas si je suis heureux, mais je suis en accord avec la vie et ma vie. Le grand mystère de la nature dont je me sens partie intégrante me réconcilie avec moi-même et je m'y abandonne avec somme toute émerveillement. »

C'est en ces termes que cet intellectuel s'exprimait. J'y vois l'étape de « l'intégrité » mise en avant par Erikson, à l'effet que l'être humain est somme toute, satisfait de sa vie, lorsqu'il pose un regard sur celle-ci.

À nouveau mon confrère en enseignement, ajoute :

« Tu deviens toi-même par la force (grâce) des choses. C'est le quotidien, ton environnement familial, social, culturel, économique, éducatif et ta propension à être ouvert et présent à ces environnements qui te conditionnent à la découverte et à la pratique d'être soi-même… je me hasarde même à dire que 'naturellement' tu es toi-même. Si tu laisses cette 'nature' te marquer et te coller à la peau, tu es de facto sur la voie 'pilote automatique' de ton 'devenir soi-même'. »

Qu'arrive-t-il donc à la personne lorsque la maladie la visite, elle-même ou ses proches ou lorsque les deuils se succèdent les uns après les autres. Mon frère, à la retraite, âgé de 60 ans voit son épouse hospitalisée et l'encourage face à une intervention chirurgicale imminente ; une jeune femme, voisine de mon village, apprend que le cancer évolue, elle n'est âgée que de 50 ans ; un ami prêtre âgé de 79 ans me partage ce qui suit :

« Je me rends compte aussi que mes forces ont beaucoup diminué. C'est un nouveau combat de tous les jours ; je suis de moins en moins capable de me concentrer pour avoir toute la perspicacité

requise pour répondre à des situations et à des questions complexes. Merci de me faire confiance. »

Lorsque l'arbre humain est secoué par les épreuves, à l'instar du chêne, c'est par son tronc solide et ses racines profondes qu'il tiendra le coup au passage des grands vents. Je pense que la vie est ainsi bien faite pour qu'à l'avancée en âge, l'être humain fasse doucement la descente en ses racines, en son être pour y puiser forces, ressources et espérance, rejoignant ainsi l'incommensurable source de vie qui y est. Encore faut-il avoir autour de soi un réseau d'amis et de connaissances. Ma grand-mère me disait, « *une joie partagée est une double joie, une peine partagée, est une demi-peine* ».

C'est ainsi que toute personne ayant son histoire propre ne peut être comparée à une autre. Elle est déterminée par un ensemble de données biologiques, physiologiques, géographiques, sociologiques, économiques, cultuelles et professionnelles dont l'impact est en chaque personne « différent ». L'on évolue d'une manière unique, différentielle, et ce qui fait le bonheur de l'un peut être un malheur pour un autre. Une chose est sûre, cette personne essaie de vivre en homéostasie et souhaite être bien avec elle-même en répondant à ses besoins psychiques et physiques tels que nous les avons examinés au début du chapitre.

Dans la poursuite d'une réflexion continue sur vous-même, face à votre « devenir », je vous propose l'exercice de la page suivante :

Travail personnel

1. Qu'en est-il pour vous ?

2. Êtes-vous satisfait de vous-même à ce temps-ci de votre vie ?

3. Si oui, de quoi êtes-vous le plus satisfait ?

4. Si non, qu'est-ce qui demeure encore inachevé, à venir, en attente ?

5. Qu'est-ce que vous souhaiteriez de mieux pour vous ?

6. Y a-t-il toujours chez vous de la récrimination, des reproches, de l'apitoiement, des ressentiments ?

7. Est-ce qu'il vous reste une démarche de pardon : pardonner à une autre personne, à soi-même, à une situation passée ?

8. Et le futur : avez-vous des inquiétudes par exemple de manquer d'argent, de perdre la santé, de devenir dépendant ?

9. Souhaiteriez-vous simplement vivre avec votre santé retrouvée ?

À chacun ses missions

Un auteur québécois mondialement connu, Jean Monbourquette[20], a merveilleusement écrit sur la thématique de la mission. À chacun sa mission, dira-t-il ! Pour Monbourquette, la découverte de la mission passe par le « lâcher-prise » sur le passé, le deuil de ce qui a été, succès, comme échec, pour se tourner vers ce qui sera.

---

20 Jean Monbourquette, À *chacun sa mission*, Novalis, Montréal, 2006.

Se peut-il aussi qu'il y ait plusieurs missions sur nos routes de vies, dans le sens qu'au-delà de la carrière exercée, une fois arrivé à la maison, à un moment où la personne prend un temps à soi, voilà que de nouvelles obligations ou événements apparaissent :

- ménopause chez la femme ;
- andropause chez l'homme ;
- syndrome du nid déserté ;
- rôle de grands-parents ;
- prise en charge possible d'un parent âgé ;
- retour d'un fils, d'une fille à la maison ;
- maladie du conjoint, etc.

Un ami de longue date, me confiait hier, qu'il est appelé à accompagner deux membres de sa famille, l'une avec des problèmes de santé, l'autre au prise avec ses grands adolescents ; « *je suis aussi de plus en plus présent auprès de ma mère âgée* », ajoute-t-il.

Je pense aussi qu'il se présente des **missions de courte durée,** qui demandent un investissement affectif et psychologique sur des périodes variées.

Tout récemment en France, le congé pour les aidants familiaux vient d'être adopté. On en compterait plus de 300 000 et très souvent c'est la fille qui prend un congé de trois, six mois ou un an pour accompagner un parent atteint, par exemple, de la maladie d'Alzheimer.

Je donne l'exemple de ma sœur Thérèse habitant le Québec qui s'est déplacée auprès de mon frère mourant. C'est avec acceptation et dévouement qu'elle demeurera auprès de lui jusqu'à la fin. Mon frère bénéficia grandement de la tendresse et de la chaleur humaine de sa sœur et des autres membres de la famille. Là, aussi, c'est une mission, à laquelle la Vie invite parfois les uns et les autres et d'une manière non toujours prévisible.

Un retraité de l'Hydro-Québec en vacances en Europe me confiait sa satisfaction d'agir en tant qu'expert conseil pour différentes firmes. De temps à autre, je le voyais se promener dans le parc avec son portable. Imaginez sa joie de continuer à être un « mentor » pour les jeunes recrues.

Une voisine de mon quartier concrétise un beau projet avec sa famille : l'ouverture d'un restaurant familial. Autant d'ambitions qui me font réécrire cette phrase que j'aime bien de Georges La Passade[21].

> « La leçon des recherches dont nous avons effectué l'inventaire critique, est que l'homme n'entre pas une fois et définitivement, à tel moment de son histoire, dans un statut fixé et stabilisé qui serait celui d'un adulte. Au contraire : son existence est faite d'entrées successives qui jalonnent le chemin de sa vie. L'homme est « totalisation en cours » sans jamais être totalité achevée. Il n'existe pas de « conduites réfléchies », individuelles, ou groupales, entièrement actualisées. Il n'est pas d'individu, il n'est pas de groupe humain, qui puisse être dit véritablement « adulte », à moins de nommer adulte, en relativisant ce terme, la capacité de changer et l'acceptation du changement. »

C'est en ce sens que j'ai répondu un jour à l'invitation d'un groupe de professionnels de l'Alberta, qui souhaitaient avoir des enseignements sur les enjeux de la retraite. Une série d'ateliers leur fut donnée. Les découvertes des uns et des autres étaient étonnantes aux yeux de leurs amis ;

---

21 Georges La Passade, L'Entrée dans la vie – Essai sur l'inachèvement de l'homme, Les Éditions de Minuit, Paris, 1963, p. 243.

pour certains, l'exercice venait confirmer un besoin de se rencontrer entre hommes dans le but d'amorcer une réflexion pour une quête du sens de leur trajectoire à un moment où les changements, les défis, voire pour certains, les problèmes au plan de la santé devenaient incontournables.

Les enjeux de la retraite

Une matinée alors que tous travaillent avec de la glaise, un atelier appelé « créativité et retraite », je vis apparaître sur les tables des formes façonnées, dans une atmosphère de détente, et le moment venu de les présenter, j'assiste à une telle animation par ces adultes devenus, un instant, artisans de leur vie. Un chalet construit en bois rond, un avion, une rivière, une toile, un instrument de musique, une table de cuisine, autant de symboles qui traduisent un projet d'actualisation.

Je me rappelle de cette dame rencontrée en France, dont le rêve est de rassembler autour de sa table familiale, pour Noël, tous ses enfants et petits-enfants, en présence de son nouveau compagnon. Elle me dit que sa vie aurait désormais un sens, car elle a besoin de leur approbation, et encore plus, de renouer les liens avec ses propres enfants qui se sont éloignés d'elle. Elle souffre beaucoup d'être oubliée par ses enfants.

Il y a une autre situation : un professionnel aux prises avec l'évolution d'un diabète chronique se voit avertir par son médecin que sa vue est en train de diminuer inexorablement. Je revois cet homme de 68 ans, les larmes embuant ses yeux, partager son désarroi, son angoisse, à l'idée de ne plus être en mesure de voir un jour et de ne plus conduire ; il ajoute, **« je veux faire construire un édifice à**

appartements, je ne verrai pas ce projet se dérouler sous mes yeux». Il nous dit aussi sa difficulté à vivre sa sexualité, comme avant, en raison du diabète chronique. Tout chez lui est chamboulé, son identité, son image de soi. C'est la première fois qu'il ose exprimer dans un grand groupe ce vécu douloureux. Ses amis tout en l'écoutant, lui font découvrir qu'il aura ses petits-enfants, autour de lui et que sa prochaine mission est justement d'être présent parmi eux. Qu'est-ce que devenir soi, pour Augustin ? Qu'est-ce que cela implique pour lui ? Accepter son déclin ? Vivre autrement ? Accueillir et accepter sa réalité ? Seul, lui-même trouvera les pistes à suivre. Il eu **besoin d'un espace d'écoute et d'amitié** pour vivre une «solidarité humaine nécessaire» à son devenir. Les relations interpersonnelles qu'il avait maintenues l'aident à «transcender le corps» pour se tourner vers d'autres sources de compensation. Cela ne signifie pas le refus de la réalité, au contraire, il s'agit d'inaugurer un dialogue avec les parties de lui que j'appellerais les ombres. C'est à cette condition qu'une transformation de son mode de perception lui sera possible. J'ajoute qu'Augustin est en train d'opérer un travail de «transcendance du moi». Un chercheur, Robert Peck[22] considère cette tâche comme la plus difficile. Selon lui, **«il s'agit de transcender ses propres préoccupations au sujet de sa personne, et de sa vie, ce qui implique aussi qu'il faut accepter le caractère inévitable de la mort».** Par ailleurs, cette tâche implique aussi que la personne peut se sentir satisfaite de ce qu'elle a fait pour les autres, et pour la société.

---

22 Helen Bee et Denise Boyd, *Les âges de la vie – Psychologie du développement humain*, Adaptation française : François Gosselin, avec la collaboration de Élisabeth Rheault, ERPI, Montréal, 2e édition, 2003, p. 447 (Peck).

Travail personnel

Je représenterais ces missions par le graphique suivant :

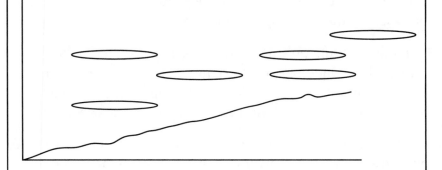

En le reproduisant sur une grande pancarte, en y inscrivant vos principales missions de vie, voyez comment votre itinéraire a été unique ; constatez par vous-même si ces missions ont été choisies librement ou infligées selon les circonstances de la vie. Mais là ne s'arrêtent pas les péripéties ! Quelles sont les prochaines missions, ou si vous voulez les nouvelles raisons d'être, pour mettre de la nouveauté dans votre vie ? Je vous invite également à identifier les limites ou les contraintes pour chacune d'elles, s'il y a lieu.

Les enfants, quel que soit leur âge, demeurent une mission inachevée ; nous nous prolongeons en eux, à travers leur vie, leur espoir, et aussi leurs difficultés.

Les enfants seront éternellement présents dans le cœur et la pensée des parents. Nous sommes d'accord avec cela. Or, un phénomène nouveau se présente. Au moment où les adultes vivent les transitions de la cinquantaine et de la soixantaine, leurs enfants sont en pleine période d'entrée, d'ajustements, de retraits, d'échecs, et de recherches pour tenter de prendre leur place au sein d'une société en grande mouvance.

Ces instabilités représentent une véritable préoccupation. À l'heure où la personne croit que la stabilité est arrivée, enfin, pour prendre un recul, et faire autre chose, voilà que tout bouge à nouveau. Certains parents sont inquiets devant les choix de vie de leurs enfants. La stabilité qu'ils ont connue eux-mêmes n'est plus applicable à leurs jeunes.

Jamais autant qu'aujourd'hui, les jeunes générations sont interpellées dans ce que je nomme la recherche de leur voie, en trouvant un travail qui les rende heureuses et épanouies tout en vivant une relation affective prometteuse et stable.

Surdiplômés et polyvalents, pour une bonne majorité, avec des multiples savoirs, la génération «mosaïque» est aux prises avec une économie mondialisée, dont les rouages échappent souvent aux plus grands économistes; la planification à long terme d'une carrière, exception pour les professions libérales, est hélas impossible. La voie linéaire d'une position permanente ou garantie qui étaient la réalité des *baby-boomers* leur vie durant n'est plus à la portée.

D'autre part, je crois aussi que devant l'ouverture des potentialités de notre jeunesse éduquée, et leurs capacités à entreprendre et à relever de nouveaux défis, les missions seront multiples.

Si les jeunes vivent l'inquiétude de l'instabilité à l'emploi, les travailleurs actuels sont aussi condamnés à trouver le sens de leur vie. Une identité ça se construit face à la multitude de chemins possibles, le choix d'un chemin de vie représente défi sur défi.

C'est ainsi que Stefan Merckelbach et Pascaline Caligiuri[23], nous informent qu'en milieu hospitalier, une psychologue leur confiait qu'elle passait le plus clair de son temps non pas à écouter les patients, mais à soigner la détresse de ses collègues. La plupart d'entre eux s'interrogeaient sur le sens de leur existence : **«À quoi bon vivre? À qui, à quoi sert mon travail? Y a-t-il autre chose dans la vie que métro, boulot, dodo?»**. L'allongement de l'espérance de vie, le recul de l'entrée à la retraite pour les nouvelles générations, vont certainement inciter celles-ci à de multiples choix et orientations de carrières dans une société sans cesse en transformation.

Devenir au tournant de la quarantaine

L'on constate qu'au tournant de la quarantaine, il n'est pas rare d'entendre les cadres d'entreprises, voire les professions libérales, se repositionner dans leur vie professionnelle et personnelle. Après avoir réussi et atteint un certain niveau de carrière, fondé une famille, etc, la question centrale qui se pose est la suivante :

1. Est-ce que c'est vraiment ce que je veux faire d'ici la fin de ma profession?

2. Quel est le sens de mon travail, de mes relations sociales et de ma vie familiale?

3. Quelle est ma motivation profonde à continuer ce que je fais présentement?

Cette réflexion peut aussi m'être adressée pour autant qu'elle fasse écho à ma réalité de vie. Qu'est-ce que je répondrais?

---

23 Stefan Merckelbach et Pascaline Caligiuri, «Comment découvrir sa mission», in *Ordinata – Valeurs ajoutées pour l'entreprise de demain*, mai 2002.

Je pense qu'au-delà de la quarantaine s'opère une démarche du sens, de son identité profonde et que les motivations de l'ego vont céder la place aux motivations venant de l'Être, ce lieu où l'on ne veut plus faire l'économie de sa nature profonde – ce qui me donne le sentiment de me réaliser selon mes aspirations, mes valeurs, dans la création de quelque chose qui est moi ou de moi. Parfois, un passe-temps développé en parallèle de son travail est une belle passerelle pour préparer un nouveau départ.

Connaît-on tous les fondements du développement humain lequel demeure un processus dynamique et continu? Hélas non! Le développement ne s'achève pas à l'âge adulte moyen mais se poursuit tout au long de la vie. Helen Bee et Denise Boyd[24] ajoutent : « *qu'à la suite de la retraite, l'individu doit modifier son concept de soi afin d'inclure d'autres rôles que celui de travailleur, ce qui est une façon de faire face à la tâche émotionnelle que représente la retraite.* »

Il arrive que certaines personnes ne se retrouvent pas ou ne peuvent accepter une période d'accalmie transitoire pour à un moment donné s'orienter vers autre chose : ces adultes ne sont pas arrivés justement à se définir, dans leur identité, par la rencontre de soi, autrement que par les préoccupations et les activités liées à leur dernier travail ou profession qui leur donnait une image d'eux-mêmes qu'ils ne sont pas prêts à laisser partir. J'encourage les gens que j'accompagne à garder **un journal de bord,** tel le navigateur des grandes explorations pour y inscrire les découvertes, les prises de conscience ou simplement les défis qui se présentent au quotidien. Tout ce travail intrapsychique est appelé la **« différenciation de l'ego »** en opposition au rôle du travailleur et à l'identité liée au concept de soi. L'ego est invité une autre

24 Helen Bee et Denise Boyd, *op.cit.* p.446.

fois, à déposer les armes, pour laisser émerger, par les chemins du réel, l'idéal de l'homme complet qui attend de naître.

Il s'agira pour l'homme et la femme au retour à la maison **d'éviter les deux pièges possibles** :

1. une **agitation** destinée à combler ce qui est ressenti comme un vide, à un sentiment de perte ;

2. une **inactivité** dépressive qui fait de la personne une victime.

Il faut laisser du temps au temps pour commencer à marcher sur une nouvelle route qui renvoie à un **processus de transformation.**

Je me souviens des propos d'un ami :

« J'ai fait la vie que j'ai choisie, à mesure que les événements m'y amenaient, fidèle à moi-même. En somme, je suis devenu ce que je suis, je me suis fait. J'ai donné mes fruits. Le cercle des saisons et de la vie avance naturellement. Le moi n'est d'ailleurs sans doute rien d'autre que la somme de nos gènes et de notre histoire tels que nous les avons gérés. »

Nos missions dictées par la Vie

Nos missions seraient aussi dictées par la conjoncture des événements comme nous l'avons évoqué précédemment ; elles se sont présentées tout au long de nos vies ; les choix posés en fidélité avec ce qui était là au moment où j'y étais, avec les connaissances de moi-même, en présence des limites, des peurs, et des potentialités et ressources qui se présentaient, ont été, pour ma part, une expérience unique et irremplaçable.

La gérontologie, cette science des processus du vieillissement humain nous apprend aussi qu'une autre mission non moins importante nous attend aux âges avancés de la vie :

Ce processus est appelé la **réminiscence** (de *reminisci*, « se souvenir »). Selon certains chercheurs qui se sont inspirés de la théorie d'Erikson, la réminiscence fait partie des tâches du développement de l'âge adulte avancé et est considérée comme une condition de l'atteinte de l'intégrité.

Visitant une maison de long séjour, une infirmière me pose la question suivante :

« Est-ce normal pour nos résidants de se bercer ainsi des heures durant ? Et qui plus est, il semble qu'en ces moments-là, du moins, de par ce que l'on observe, ces personnes vivent un bien-être. »

Je leur réponds qu'il est nécessaire pour ces hommes et ces femmes d'avoir du temps à eux pour justement travailler sur cette tâche de la « réminiscence ». C'est un processus, un réel travail d'analyse et d'évaluation des expériences du passé qui, selon Butler[25] constitue une tâche essentielle pour l'acceptation du vieillissement comme étant un déroulement irréversible de l'existence humaine. La chaise berceuse est entre autres, pour les personnes âgées, indépendamment des sexes, une manière à soi de bercer sa vie tout en représentant, selon moi, au plan symbolique un « retour à la source » et une réassurance sur un mode binaire du re-vécu du rythme cardiaque de la mère.

Devenir soi passe par l'évaluation de ses expériences, les conflits non résolus, les projets à compléter, les pardons à s'offrir et à donner. Les recherches récentes tentent d'établir un lien entre la réminiscence et la santé, tout en préparant aussi la personne à la finalité de sa vie.

---

25 Butler, R.N., "The Life review : An interpretation of reminiscence in the aged", in *Psychiatry*, Feb.26,1963, p. 65-76.

C'est ainsi qu'un ami à la retraite s'exprime :

« *Je sens le besoin de me retirer de plus en plus et de mettre au point mon bilan et mon héritage personnel. C'est ce que je fais présentement. J'apprécie beaucoup de pouvoir vivre cette dernière étape avec ma femme. Tous les deux, nous apprenons à nous détacher de l'extérieur, à ne plus être atteints inutilement par ce qui nous entoure ou par les ingratitudes si fréquentes quand on vieillit, à apprécier notre chez-nous comme un petit paradis personnel et un précieux refuge, à prendre soin l'un de l'autre avec respect.* »

La générativité selon Erik Erikson, une autre mission

Comme je l'ai évoqué au premier chapitre, il y a ce que Erik Erikson appelle la « générativité », ce besoin de laisser aux nôtres, aux enfants, aux petits-enfants, aux générations futures, quelque chose de nous, de signifiant, ce quelque chose qui nous identifierait comme être unique ayant contribué à l'humanité, et qui servirait à réaliser en nous ce que Charles Hadji[26] appellait les « universaux anthropologiques », de créer le beau, le bon, le vrai, rejoignant ainsi l'échelon supérieur de la hiérarchie des besoins de Maslow, appelé, **l'accomplissement.**

La générativité est une expression empruntée à Erik Erikson, psychologue (1902-1994) reconnu comme « l'architecte de l'identité » par Lawrence J. Friedman[27]. La générativité désigne aussi bien la transmission d'expériences aux jeunes générations qu'un engagement productif en

---

26 Professeur de philosophie de l'Université des Sciences de l'Homme à Grenoble, en 1990.

27 Lawrence J Friedman, *Identity's Architect, a Biography of Erik Erikson*, Scribner, 1999.

faveur des jeunes générations. Elle est considérée comme la principale tâche développementale de la vieillesse. C'est pour cette raison que je la reconnais comme une **nouvelle mission**, car qui dit mission, dit «être envoyé» ou encore «transmettre» ou dans une expression plus populaire, «aller et informer» ou encore «participer avec» pour un «mieux-être collectif». Nous sommes loin des temps où les maîtres apprentis du village transmettaient leurs savoirs aux plus jeunes. Il n'en demeure pas moins que des formes de transmissions demeurent ici et là dans ce que je nomme les apprentissages accomplis à l'intérieur des relations interpersonnelles, familiales, ou communautaires.

Nous voyons souvent les étudiants aînés réussir à produire des œuvres d'art, à écrire leur histoire de vie, à voyager, à apprendre l'usage de l'Internet pour mieux être en lien avec le monde et les enfants, à poursuivre les lectures, les études, et quoi encore. Toutes ces activités servent aussi au maintien de l'identité, la vie durant.

C'est ainsi qu'un avocat à la retraite de mon village venait dispenser des enseignements à l'université, et de par son vécu expérientiel devenait un «mentor» pour les jeunes étudiants. **Ces derniers ont le besoin d'être confirmés dans le processus de formation de leur identité de jeune adulte.**

On peut aussi dire que la «générativité» peut, pour certains, se prolonger comme un travail du sens jusqu'aux âges très avancés de la vie, contribuant ainsi au sentiment de l'accomplissement.

L'autobiographie, un travail du re-souvenir

Je constate que plusieurs de mes étudiants à l'Université du 3e âge, après avoir suivi un cours d'initiation à l'écriture se projettent dans des récits de vie. Cette activité du re-souvenir échelonné sur des mois, procure à la personne un temps pour enclencher un travail sur la personne qu'elle est devenue au travers des événements de sa vie, prenant un recul pour s'approprier son identité, accueillir la personne qu'elle a été tout au long de sa route, et celle qu'elle est devenue aujourd'hui, faisant place à l'exercice de deuil non terminé, à une forme de réconciliation avec les défunts, avec soi-même, en somme une démarche de pardon, accueillant aussi qu'elle n'a pas pu plaire à tout le monde, qu'elle a fait le mieux avec ce qu'elle a, dans le temps et selon les circonstances. Cette dame me dit, « *c'est ce récit que je souhaite remettre à mes petits-enfants, pour qu'ils sachent ce que j'ai vécu et ressenti, et pourquoi aussi ai-je agi de telle ou de telle façon* ». Ce travail intergénérationnel est d'une importance capitale selon Erikson. Il contribue à l'évolution de la civilisation et permet aux générations à venir de comprendre le contexte culturel et historique, personnel et social du déroulement de la vie de la personne qui écrit. J'ai toujours constaté et observé la paix et le bien-être que procurait chez la personne aînée le résultat d'une autobiographie ou d'un récit de vie. Qu'en est-il pour vous ?

J'ajoute aussi que la tâche d'écriture doit faciliter chez le sujet le travail incontournable de l'évolution de l'identité chez le retraité au sein des étapes ou des stages de développement mis en avant par le scientifique.

Travail personnel

1. Qu'est-ce que vous souhaiteriez écrire ?
2. À qui vous souhaiteriez vous raconter ?
3. Qu'est-ce qui faciliterait ce projet créateur pour vous ?

Ce dernier va donc parler de la septième étape comme étant l'étape de la **générativité** versus la **stagnation**. Avant d'y arriver, voici comment se présentent ces étapes d'Erikson[28], communément appelées les crises psychosociales.

La résolution de chacune des crises liée à un stade détermine le futur développement de la personnalité.

1. La petite enfance – la confiance de base versus la méfiance de base : l'espoir;

2. L'enfance – l'autonomie versus la honte et le doute : la volonté;

3. L'âge du jeu – l'initiative versus la culpabilité : le but;

4. L'âge scolaire – le travail versus l'infériorité : la compétence;

5. L'adolescence – l'identité versus la confusion d'identité : la fidélité;

6. Le jeune adulte – l'intimité versus l'isolement : l'amour

7. L'âge adulte – la générativité versus la stagnation : le souci des autres;

8. La vieillesse – l'intégrité versus le désespoir : la sagesse.

En observant l'encadré des huit stades, il faudra se rappeler cette remarque d'Erikson[29] :

28 E. H. Erikson, *The Life Cycle Completed* : A *Review*, Norton and Co.,p. 56-57, repris par Renée Houde, *Les temps de la vie*, Gaëtan Morin éditeur, Montréal, 1986, p.30-31
29 *Ibid.* p. 28.

« L'encadré rend clair que, de un à huit, chaque étape (même la sagesse) est enracinée dans toutes les étapes précédentes, et que la maturation en développement (et la crise psychosociale) de l'une de ces vertus (exemple, l'amour), donne une nouvelle connotation à toutes les étapes déjà développées, aussi bien que les étapes supérieures qui restent à développer. On ne pourra jamais trop le dire. »

Atteindre l'intégrité, la sagesse aux âges avancés

On comprendra d'après cette analyse que la personne atteint la sagesse, la sollicitude, le souci humanitaire, sociétaire, dans une solidarité jamais ressentie, et cette étape, dis-je, appelée l'intégrité, s'enracine dans la générativité. Elle dit simplement : *je ne regrette rien, j'ai fait le mieux, avec ce que je connaissais de moi, et selon mes moyens ; je suis en paix et en harmonie avec moi-même et les miens ;* c'est comme si la personne humaine vit une sorte « d'intérêt universel » pour la vie en tant que telle, un lâcher-prise si vous voulez, une confiance en la vie et la mort, même si cette dernière peut encore et toujours contenir une face inconnue, voire quelque peu angoissante.

Récemment, je voyais une émission américaine intitulée, « creative memories for the elderly through scrapbooking[30] ». Des gens du Québec ont initié ce mouvement d'enrichissement du présent par la récupération de l'histoire de chacun. Pendant les quinze dernières années d'enseignement à l'université, je le faisais vivre à mes étudiants dans mes cours comme une activité de récapitulation des chemins de vie. Cette animation pédagogique était très souvent révélatrice

---

30 Équivalent en français : « la mémoire créative par le travail de découpe d'images ».

d'une identité retrouvée et réconciliée, rétablissant parfois une image de soi oubliée ou blessée.

Travail personnel

1. Qu'en est-il pour vous ?

2. Avez-vous l'impression de bien vous connaître ?

3. Vous sentez-vous créateur de votre propre vie aujourd'hui, dans les décisions qui sont les vôtres ?

4. Êtes-vous vous-même, c'est-à-dire vivant ce que vous êtes intérieurement ?

Mes propres missions de vie

Étant croyant et pratiquant, issu d'une famille où les valeurs judéo-chrétiennes m'ont été données en héritage, je me suis souvent interrogé sur la distribution des missions qui se sont présentées à tour de rôle dans ma vie professionnelle et personnelle. Je crois que ma foi en la vie, en l'humain, et en un Dieu présent et agissant m'ont aidé à accueillir ces parties de vérité qui se présentaient en moi, surgissant de l'ombre et frôlant la lumière intérieure, et pour lesquelles un « agir essentiel[31] » s'imposait. J'ai parfois agi comme une urgence à être la personne qui au-dedans de moi attendait à naître. J'ai suivi ces chemins de mission. En 1969, à la sortie de l'université, je me destinais à une carrière d'enseignement dans les écoles publiques. Un dimanche de l'année 1973, au sortir de la messe, une religieuse de la congrégation de Jésus-Marie m'invitait à réfléchir à la proposition de venir enseigner au Collège Jésus-Marie, qui, sans le savoir, allait devenir en 1975,

---

31 Expression empruntée à André Rochais, *op. cit.*

l'Université de Moncton. J'avais toujours eu le rêve de participer à la formation des maîtres, et ce fut pour moi l'occasion
d'entrer dans un champ d'intervention qui me plut énormé-
ment. Je débutais en tant que professeur en sciences admi-
nistratives et du secrétariat bilingue, après avoir obtenu une
maîtrise ès arts aux États-Unis.

En 1980, un poste en tant que directeur à l'éducation
permanente s'ouvrait au campus. À cette époque, beaucoup d'adultes dont un nombre élevé de femmes vivaient
un retour aux études; ces nouvelles responsabilités me
firent connaître le monde de l'andragogie et de la géron-
tagogie. C'est alors qu'une rencontre providentielle avec la
Professeure Hélène Reboul, en 1983, fondatrice de l'Université tous âges de Lyon, m'ouvrit une nouvelle avenue, celle
d'entreprendre des études doctorales en éducation et en
gérontologie en France. Au plan professionnel, je n'ai suivi
que l'élan du cœur, et je sais pertinemment bien que les capacités rationnelles se sont conjuguées à ce désir de servir
encore plus les miens, en Acadie. Ce fut d'abord les étudiantes en sciences du secrétariat puis ensuite, les sciences de
l'éducation, la gérontologie et l'andragogie.

Dans cette foulée, plus tard, en 1990, je me rends compte
des grands besoins sociaux du milieu en résonance avec les
réalités et les enjeux du vieillissement des populations. Cet
éveil me conduit à mettre en route l'association française en
soins palliatifs, JALMALV (Jusqu'à la mort accompagner la
vie) avec l'étroite collaboration du Professeur René Schae-
rer, oncologue à Grenoble. Quant à la fondation de l'Université du 3e âge, j'ai eu le grand privilège d'en être l'instigateur
en 1988, grâce à un magnifique travail de collaboration.
Nous en célébrerons le vingtième anniversaire l'an prochain.

Au cours de ces années, je fus interpellé à mettre en route, un mouvement psychospirituel appelé « la Flambée[32] ».

Les missions se croisent sur le chemin de nos vies

Oui, je crois que les missions se croisent, se multiplient au fur et à mesure de notre évolution, de nos prises de conscience, et de nos apprentissages, la vie durant. Je dis souvent à mes étudiants qu'il n'y a pas d'échec, à mon sens, il n'y a que des lacunes au plan de la « conscience-connaissance » de l'être humain, essayant d'aventurer sa vie pour le mieux, plongée souvent au cœur de déterminismes psychoaffectifs et socioculturels subis, ou vécus. C'est en ces termes qu'un collègue s'exprime lorsque je lui demande de préciser ce que « apprendre à devenir soi » signifie pour lui. Il ajoute et je cite :

« Apprendre à devenir soi, cela signifie pour moi la quête de la vérité. Ironiquement, si je peux dire, l'atteinte de la vérité passe d'abord par l'abandon de soi, jusqu'au point de donner sa vie par amour… chercher à devenir meilleur au quotidien… voilà le moins que je puisse faire pour m'approcher de Soi qui appelle à la justice, à l'amour et à la vérité. »

Place à la prière pour connaître sa mission de vie

Et il y a plus : je crois aussi à la prière, comme un mouvement de l'âme, une quête de vérité sur soi et sur le monde, une recherche constante du bien pour mieux cerner la mission personnelle appelée à un renouvellement tout au long d'une vie. C'est ainsi que Marcel Légaut[33], dans un ouvrage « Devenir soi : rechercher le sens de sa propre vie » nous livre sa pensée profonde,

---

32 Mouvement de croissance fondée par des éducateurs de St-Jérôme en 1989, et repris par les Pères Franciscains de Montréal.

33 Marcel Légaut, *Intériorité et engagement*, Éditions Aubier Montaigne, Paris, 1977.

« Désormais c'est en découvrant personnellement le sens de sa vie que l'homme peut faire l'approche du mystère de Dieu. »

Jean-Claude Breton[34], professeur de théologie à l'Université de Montréal, nous livre cette prière de Légaut. Je la cite intégralement :

«Devant cet apparent cul-de-sac de la pensée moderne, Légaut propose une compréhension de la prière comme prière de mission. La mission, ici, est notre vocation personnelle, ce à quoi nous sommes appelés dans la vie qui est la nôtre, et la prière est une parole où chacun, dans son effort pour faire la vérité sur soi, sur le monde et sur ses rapports avec les autres, s'appelle à une recherche constante du plus-être. Cette parole est dite devant Dieu et à Lui adressée, non pas pour qu'il règle nos problèmes à notre place, mais pour reconnaître sa présence dans notre existence et pour apprendre à vivre de et avec cette présence. Tout au long des prières qu'il a proposées à ses lecteurs, Légaut explore la dramatique humaine telle qu'il la connaît et invite à y discerner les signes de la présence active de Dieu. Que ce soit l'expérience vertigineuse des grandes questions existentielles ou la fragilité éprouvée dans nos rapports avec les nôtres, il y a là autant d'occasions de faire l'expérience du mystère que nous sommes à nous-mêmes et de nous questionner sur l'activité de cette présence en nous qui n'est pas sans nous, mais qui n'est pas que de nous. La prière s'avère ainsi une quête de vérité sur soi, sur le monde, sur les autres et sur l'Autre qui se dévoile de façon toujours plus adaptée à ce que nous sommes, à mesure que nous progressons dans cette recherche. Effort pour nous dire et nous appeler à devenir ce que nous pressentons devoir être, mais que nous ne sommes pas encore parvenus à réaliser, la prière de mission s'adresse autant à nous qu'à Dieu, car

Quand je me parle ainsi, Dieu m'écoute,

Quand je m'écoute ainsi, Dieu me parle.»

---

34 Jean-Claude Breton, «Quelle mission ..... Comment prier? Prier avec Marcel Légaut - Prier en modernité », in *Présence Magazine*, février 2000.

Et le collègue de continuer :

« *Sans cette quête du Soi que serait l'existence ? Et si, faisant référence aux saintes Écritures, l'appel du Soi était le « souffle de vie » que Dieu nous insuffla ? Si nous acceptons cette idée que le Soi puisse être le moteur de la conscience humaine, de la motivation fondamentale de vivre comme des humains, l'urgence à devenir soi devrait bien être innée ? De là notre empressement à acquérir une identité, coûte que coûte, qui nous prémunisse au départ contre nos peurs, sans doute avant même notre développement sensoriel ?* »

Mon statut professionnel et le devenir personnel

Souvent aux détours de mes routes, le professionnel prend le dessus sur ma vie personnelle, familiale et affective. À un moment, il y eut le professionnel et le spirituel comme conjoncture de survie, alors qu'au plan personnel, je connaissais une rupture de relation qui me laisse avec une grande cicatrice et un vide affectif. Je crois alors que la mission ultime de ma vie est celle de devenir prêtre, un rêve d'adolescent. En 1999, au moment d'un arrêt obligatoire de l'enseignement, lié à un épuisement professionnel, je vérifie ce premier projet de mon adolescence en vivant une expérience spirituelle en communauté ; or, peu de temps après le décès de ma sœur paralytique, Madeleine, je prends la décision de venir terminer ma carrière de professorat à mon université. Un jour, en revenant au Campus, en 2001, pour reprendre les enseignements, je comprends que ma mission centrale n'était pas terminée ; elle avait été celle d'être un éducateur ; c'était là mon premier sacerdoce, pour emprunter l'expression à Gusdorf[35]. Une des missions centrales

---

35 Georges Gusdorf, *Pourquoi des professeurs ?*, Payot, Paris, 1963.

de ma vie a été aussi vécue au sein de ma famille notamment auprès de ma sœur Madeleine, née paralytique. De trois ans et demi plus jeune que moi, je me rappelle très bien avoir pris une décision majeure lors de mes 14-15 ans, celui d'entrer chez les Capucins; je fais alors un pacte avec ma sœur, Madeleine, lui disant mon désir profond de rester près d'elle à Shippagan, ce, le plus longtemps possible, afin de l'accompagner dans sa démarche de vie.

Ma sœur Madeleine est partie le 25 janvier 2001. Je comprends aujourd'hui que la mission, c'est un chemin suivi, au sein des choix qui sont faits, en présence d'événements qui nous y conduisent. Ces préférences ne sont pas toujours éclairées ou libres. Pour ma part, j'ai assumé mon engagement jusqu'à la mort de ma sœur. Une mission que j'ai acceptée consciemment avec une profonde reconnaissance à la vie a été celle d'être père de deux enfants. Le bonheur d'assister à la croissance et au développement de mon fils et de ma fille, tels des fleurs en éclosion, a été grandiose. Je serai éternellement dévoué à celle qui fut à l'époque ma conjointe et la mère de nos deux enfants : tous demeurent très chers et présents à mon cœur et à ma vie.

Une enseignante et éducatrice de grande influence dans notre milieu acadien me partage sa réflexion sur le « processus d'apprendre à devenir soi ». Je la cite :

« *Personnellement, apprendre à devenir soi consiste tout d'abord à faire le tri des croyances, des valeurs, des coutumes, de la religion, des mœurs, etc. que l'on nous a inculquées. Pour apprendre à devenir soi, il faut savoir enlever les barrières que l'on s'est imposées tout au cours de notre vie… par les peurs, les contraintes, les systèmes, etc. Apprendre à devenir soi, c'est faire des choix, c'est sortir de l'illusion. Apprendre à devenir soi, c'est surtout se réconcilier avec soi-même, avec tout ce que ça comporte ! C'est faire 'quelque chose' de ce qu'on a reçu… Apprendre à devenir soi, c'est faire place à la folie que l'on porte en chacun de nous ! Apprendre à devenir soi… c'est prendre un risque… le risque de se respecter et de s'aimer ! En somme, apprendre à devenir soi, c'est 'grandir au présent'.* »

Travail personnel

1. Et pour moi, aujourd'hui, « apprendre à devenir soi », me demanderait à poser quelle action, à initier quel mouvement dans ma vie ?

Devenir soi, passe par l'acceptation de sa vie

J'irais jusqu'à dire ceci : devenir soi, ne s'apprend pas dans les livres. C'est par l'acceptation de sa vie, et l'action par des choix libres, consentis et responsabilisés, que l'être humain entre progressivement dans la création de sa vie. Philippe Delerm[36] nous dit que « les chemins nous inventent ».

« Il faut laisser vivre les pas, dit-il. C'est un art de vivre, une manière d'être au monde, une philosophie peut-être ! »

Une amie ajoutait, *« il s'agit de faire des choix et de s'engager avec soi-même »* ; nombre d'adultes arrivés au temps de la retraite ne parviennent pas à faire cette rencontre. Parfois, la Vie va se charger de les y conduire, par une épreuve, une rupture, un événement quelconque ou encore par les moyens tout à fait naturels tels que la nature, le calme, la sérénité, les gestes d'amitié, l'Amour, la lecture, les rencontres humaines.

---

36 Philippe Delerm, *Les chemins nous inventent*, Stock, Paris, 1998.

Un ancien camarade scolaire, des années 1965 me raconte cette anecdote, un jour, illustrant parfois le style de vie de ceux dont la vie s'est arrêtée à la dimension du bien-être physique.

Le Club Tamalou

Dans le cadre des activités du deuxième salon du livre de la Péninsule acadienne, j'ai eu la joie de retrouver un ancien ami d'école. Plus de quarante années s'étaient écoulées depuis le moment de la graduation. Depuis, quelle route parcourue! Mon collègue, ancien fonctionnaire, avait déjà pris sa retraite cinq années plus tôt, lorsque le gouvernement lui avait offert un «forfait». Il ajoute : «Je suis devenu paresseux! Mes matins, ce que je fais, c'est partir en ville, retrouver mes amis pour prendre ma tasse de café. Or, en ce moment, je ressens le besoin de faire quelque chose, j'aimerais retourner travailler à temps partiel, et je compte bien m'en occuper cet hiver. À part cela, nous avons un club dans mon village de la Péninsule acadienne, que nous appelons Tamalou. Lorsque nous nous retrouvons, le sujet de conversation qui prime est le suivant : «comment ça va avec toi?», et le tamalou est la dynamique des échanges qui a lieu, les amis présents partageant leurs préoccupations au plan de la santé.

Tamalou signifie, «tu as mal où»...

Un travail antérieur, me conforte dans cette préoccupation d'une prise en compte du bien-être physique.

- L'analyse des résultats de la recherche doctorale effectuée en 1990 auprès de 663 répondants retraités nous révèle l'importance de la santé comme variable sur le développement psycho-social de l'adulte retraité versus le repliement sur soi-même, voire le détachement ou le désengagement[37].

---

37 E. Cumming & W. Henry, *Growing Old*, New York, Basic books, 1961, cité par Diane E. Papalia et Sally W. Olds, *Le développement de la personne*, HRW, 1983, p.462.

- En effet, la *théorie du désengagement* fut considérée pendant un certain temps comme la seule explication valable du processus du vieillissement. Elle se résume comme étant un cheminement par lequel le sujet se retire de la vie sociale (pouvant débuter à la retraite) en expérimentant une diminution des interactions par la perte de rôles liés au changement de son statut social et économique.

- Le déclin de l'interaction sociale aiderait les personnes âgées à maintenir leur équilibre et serait bénéfique à la fois à la personne et à la société. De cette façon, la personne n'a aucun besoin de se sentir désœuvré, car ce qui lui est arrivé est pour le bienfait de la société autant que pour lui-même.

- Son estime de soi ne devrait pas être endommagée par ce processus.

- Or, les critiques reprochent à cette théorie que le désengagement pourrait être lié à d'autres facteurs et serait par conséquent différentiel.

- Que penser du veuvage, du niveau socioéducatif, des difficultés financières, des maladies chroniques, de l'isolement géographique et culturel ?

- De plus, les recherches ont démontré que ce processus de désengagement pourrait être éphémère précédant même de deux ans environ la mort du sujet.

Quels moyens suivre pour aller vers soi

Faire la rencontre de qui on est, passe par une route étroite, celle du silence, de l'observation, de la méditation, d'un arrêt, d'une pause, (*dans le sens d'une longue et profonde réflexion*), et pour d'autres, par la spiritualité. Ce processus ne s'opère que difficilement dans le bruit, la vitesse, le stress, la vie trépidante de nos quotidiens. Voici quelques moyens que je mets en avant pour faciliter l'entrée vers le chemin de l'Être ou communément appelé lieu de résidence du Soi profond.

Travail personnel

1. Le senti de votre corps, en y apportant une attention et en l'observant bien, lorsque vous marchez, tout bonnement – les pieds posés sur le sol, les mains qui se balancent, les malaises présents dans telles parties du corps (cou, tête, genoux, etc.) en accueillant ce qui est.

2. L'observation et l'écoute de votre respiration, en ce mouvement de l'air qui entre et ressort de vos poumons, imaginant le flux de la Vie qui vient et va.

3. L'accueil de votre état d'âme – paisible, inquiet, bouleversé –, tout en vous demandant ce dont vous auriez le plus besoin en ce moment présent ; accueillez l'émotion, et le besoin qui s'y présente.

4. Fermez les yeux, pour ressentir votre corps, là où vous êtes présentement ; le senti vous rapproche de votre vérité intérieure, de ce qui se passe en vous, et donc, votre pensée, votre rationnel, laisse la place au ressenti : l'audition harmonieux ou disharmonieux du soi.

5. En demeurant là, ici et maintenant, en accueillant ce qui est, en observant un arbuste au sol, en touchant un tronc d'arbre, en prenant un caillou dans votre main tout en observant ses contours, en écoutant le chant des oiseaux, ou une musique de Bach, en entendant le vent siffler, votre conscience s'élargit.

Je pense que plus la personne dirige sa conscience, **(c'est-à-dire qu'elle se voit aller, qu'elle devient le témoin de ce qui se passe, qu'elle ressent les sensations internes et externes)** à la fois dans le corps et ses pensées, dans un souci de vivre en équilibre, en harmonie avec elle-même et les autres, plus le système immunitaire se renforce. Chaque cellule de votre corps vibre à la présence que vous leur accordez, par cet *exercice de l'attention et du ressenti*.

Ralentir le vieillissement

Un jour en vacances, réunis avec un groupe d'amis, je leur demande tout simplement ce qui avait été au cours de la journée un moment signifiant par lequel ils avaient connu un bien-être, une joie, un émerveillement. Pour certains, ça avait été de goûter à la présence de la personne aimée, pour d'autres, l'observation des oiseaux, un regard sur la mer, ou encore recevoir la chaleur du soleil. Je leur dis que ces moments à mon avis, sont des rencontres avec eux-mêmes, un contact avec leur sens, leur corps, et que le temps psychologique[38] est allégé, car trop souvent, hélas, nous vivons dans le poids du passé, et les inquiétudes de l'avenir, empêchant ainsi à la conscience d'être là, comme un soleil qui brille, au cœur de nos vies; nous glissons alors dans l'ombre, où les ténèbres des inquiétudes et du ressentiment viennent enlever la joie du moment présent en créant une lourdeur à porter. Un tel état, selon Tolle[39] cause une « accumulation du temps » qui réduit grandement les capacités des cellules à se renouveler, dans le sens que la densité moléculaire devient en fait plus importante. Et si la position de Tolle est contestée, j'invite mes lecteurs et lectrices à observer tout simplement leur vie, en identifiant les moments dans leur journée où ils se sentent plus légers, plus dégagés, plus vivants, plus énergisés. C'est en ces moments-là que vous réalisez avoir été « présent » à vous, à votre corps, à votre ressenti ». Il se peut aussi, que pour certaines personnes, le corps de souffrance, expression empruntée à Tolle, soit omniprésent, et cause des malaises d'ordre psychosomatique trop difficile à supporter. C'est alors, qu'une aide extérieure thérapeutique est à envisager.

---

38 Pour Eckhart Tolle, (*op. cit.*), le temps psychologique est l'accumulation des regrets, des ressentiments et des culpabilités liés au passé, et les inquiétudes et angoisses du futur.

39 Eckhart Tolle, *op. cit.*

L'éveil pour devenir soi-même

Toute expérience vécue peut enrichir la personne qui la vit, la conduire à un niveau supérieur de conscience, voire de clarté intérieure, ouvrir davantage au monde et permettre à la personne de s'autocorriger dans un processus d'apprentissage perpétuel. Voici quelques suggestions pour être à l'écoute des signes que le corps m'envoie, la vie ou les circonstances et les événements.

Travail personnel

1. Lorsqu'un message est reçu d'autrui et le contenu m'interpelle, je fais une pause pour y réfléchir et j'essaie d'en trouver le sens caché pour moi.

2. Les situations de mon quotidien m'enseignent quelque chose si j'y prête l'attention voulue.

3. Une émotion, une peur, un malaise physique, sont des symptômes qui demandent d'être accueillis, écoutés (comme en initiant un dialogue avec le symptôme), pour qu'une prise de conscience et une transformation éventuelle prennent place.

4. J'identifie les défis que j'ai relevés dans ma vie qui m'ont permis d'exercer mes talents, me permettant ainsi d'éprouver un profond sentiment de paix et de plénitude avec moi-même.

5. Je suis à l'écoute de mes besoins, ce qui comblerait une partie de moi, et pour avoir un guide, lire les besoins humains développés au tout début du chapitre.

6. L'introspection, c'est-à-dire un temps d'arrêt, de réflexion, d'écriture (tel un journal personnel), me permet de savoir où j'en suis avec moi-même et les autres, ce que je désire être maintenant et où je désire arriver; le soir, il m'arrive de fermer les lumières et de repasser ma journée, en les rencontres que j'ai faites – les visages, les échanges, etc.

Apprendre à être

Dans une réflexion que je développais autour des années 1990, j'avance l'idée qu'il est primordial pour l'adulte au mitan de sa vie de faire un **nouvel apprentissage** qui se démarquerait des savoirs appris à l'école ou encore à l'Université. Loin de l'acquisition des savoirs livresques, le nouvel apprentissage favoriserait l'apport de l'être à une nouvelle dimension cognitivo-affective par laquelle l'activité, le rationnel serait accompagné d'une **présence à soi** et donc des impulsions de l'Être (Soi profond) comme une référence aux besoins fondamentaux et à la réalité unique et personnelle de tout être humain.

Le Soi recèle de réponses pour vous

Comme l'indiquent quelques grands penseurs tels Carl Rogers, C. G. Jung, et plus près de nous, Jean Monbourquette, le Soi recèle des réponses pour favoriser la réflexion dans le processus de discernement, de décisions, et de l'agir essentiel de la personne. Lorsque les transformations de l'âge et les conditions de santé amènent inquiétudes ou angoisses, la dimension de l'Être demeure une alliée importante pour ne pas, il me semble, sombrer dans le sentiment d'être abandonné ou oublié.

Apprendre à être là, c'est plonger dans le présent, c'est retourner à l'état d'émerveillement et de présence comme quand nous expérimentions lorsque nous étions plus jeune.

Je vous propose donc d'accueillir votre vécu en lien avec ce moment de détente, où vous vous êtes laissé aller avec **l'exercice « être-là ».**

Travail personnel

Pour une durée d'une trentaine de minutes, je vous propose donc de faire appel à vos sens où que vous soyez, à la campagne, en ville, dans votre bureau, au salon, en avion, dans la nature ; soyez véritablement là où vous êtes. Regardez votre environnement, voyez la lumière, l'ombre, les formes, les couleurs, les textures ; ressentez votre corps dans la position où il est, ici et maintenant ; observez, écoutez le rythme et le bruit de votre respiration ; sentez l'air qui entre et qui sort de vos poumons ; touchez avec votre main la texture de l'environnement, le bois, le sable, l'herbe, le métal, etc. Accueillez le flot des pensées qui arrivent et qui vagabondent dans votre esprit ; accueillez ce qui est là, en dedans de vous, comme ce qui est dehors ; accueillir c'est abandonner, c'est lâcher prise à ce qui est, en demeurant observateur, à partir du lieu profond de vous (en l'abdomen).

Un deuxième exercice pourrait se dérouler comme suit :

Fermez les yeux et visualisez-vous être assis dans un endroit où vous vous sentez très bien, calme, en repos, sous le soleil et le vent, ressentez sur votre peau cette brise légère, humez les senteurs qui vous entourent, goûtez ce moment d'être là avec vous, en ce lieu où vous êtes au rendez-vous avec vous-même, soyez juste là, sans action, en accueillant vos états d'âmes, vos émotions, votre état de stress ou de repos ; accueillir, c'est prendre conscience, c'est laisser se transformer la réalité, pour laisser plus de place à la rencontre d'une autre partie de vous, l'Être-là, le Soi profond, la présence à vous, car vous « êtes » plus que vos pensées, plus que le mental qui emprunte à hier et fuit dans demain pour créer ses scénarios ; demeurez présent à vous, ici et maintenant.

Travail personnel

1. Lorsque je m'arrête ainsi, est-ce que je me sens coupable de ne rien faire d'utile ?

2. Est-ce que j'ai peur du jugement des autres, ou des reproches de ceux et celles qui m'entourent ?

3. Est-ce que j'éprouve de la peur, de la gêne ou une autre émotion ?

4. Qu'est-ce que je découvre de moi à travers cet exercice ?

Oui, accueillez vos émotions, votre état d'âme, et vos découvertes. Dites-vous ceci : de quoi aurais-je maintenant besoin pour moi lorsque je m'arrête ainsi pour juste être là. Qu'est-ce qui me ferait le plus grand bien ? Accueillez ce qui vient en vous, c'est cette parcelle de vérité qu'est la vôtre qui veut simplement se dire : c'est l'arrivée dans l'antichambre du Soi.

Épilogue

Dans une entrevue télévisée[40], la chanteuse et comédienne Ginette Reno nous partage qu'elle entre en sa quarante-septième année de vie d'artiste. Venait de sortir à l'écran son film[41], *Le secret de ma mère*. Elle ajoute, « *il faut faire la conquête de soi pour demeurer aussi longtemps dans quelque chose que l'on aime* ». Elle nous dira qu'elle a dû travailler très fort pour croire en elle, car dit-elle, « *j'ai été détruite par ma mère - il fallait se contenter d'un petit pain ; moi qu'on voyait comme une grande artiste internationale en ces jeunes années de débutante, je ne me savais pas assez solide* ».

---

40 Radio-Canada, 2006.

41 Film distribué en salles en 2006.

Madame Reno est allée de chanson en chanson, et toujours plus haut, elle est entrée dans le septième art.

Créer est une fonction naturelle de l'être humain, une fonction psycho biologique aux dires de Jean Lerède[42], et Michel Lobrot[43] d'ajouter une pulsion, dans le sens que plus la personne crée, plus elle existe pleinement.

Et pourtant j'observe des jeunes adultes (50-70) qui se lassent, autant ceux qui ont une scolarité avancée que d'autres dont l'expérience scolaire a été de courte durée. C'est comme s'il y avait des déterminismes qui venaient bloquer le « de-venir » de ces personnes. Tout d'abord les conditions socioéconomiques dans lesquelles ces personnes ont évolué et les blessures narcissiques, liées à la difficulté d'accepter les modifications du corps et de l'esprit, avec les années qui passent. Même dans mon village, je ne vois pas les aînés, ailleurs que dans les foyers de soins, ou à leur domicile, le climat et l'aménagement de nos aires publiques ne favorisant pas la déambulation. Quelle différence entre nous, l'Amérique du Nord, l'Amérique du Sud, la France ou encore les pays du Magrheb que j'ai visités. En France, je vois les aînés; il me semble qu'ils sont plus visibles, peut-être en raison de leur nombre ou encore des conditions climatiques assurément. Or, ils parlent, marchent, lisent les journaux, et surtout, sont présents dans les lieux publics, comme d'ailleurs, en Tunisie, où en Amérique latine. En Amérique du Sud, les aînés sont au cœur de la vie familiale. On les voit au marché, à l'église, et dans les pique-niques, au bord de la mer. Pourquoi est-ce différent pour notre pays? Selon les pays, j'expliquerais cela par les

---

42 Jean Lerède, *Les troupeaux de l'aurore*, Les éditions de Mortagne, Québec, 1980.
43 Michel Lobrot, *Les effets de l'éducation*, 2e édition, ESF, Paris, 1974.

différents milieux dans lesquels les populations vivent et les conditions météorologiques et l'éparpillement de nos populations en régions rurales. Ces éléments mis ensemble ne favorisent pas les rencontres, à la différence des villes et des banlieues plus populeuses. Je pense aussi qu'il y a eu au cours des cinquante dernières années un effritement des solidarités sociales au profit d'un individualisme, résultant d'un néolibéralisme économique et culturel. Il y a également pour certaines régions un isolement géographique de nos aînés ; en effet, très souvent les zones rurales abritent une population de plus en plus vieillissante, vivant à l'intérieur de leur maison, beaucoup plus qu'à l'extérieur. Il y a un nouvel apprentissage pour une **culture de la santé** : la marche ou le bien-être de vivre à l'extérieur.

Il y a quelques années passées, je proposais au maire de ma ville d'installer des bancs publics ; ils ont été installés, bravo ! J'aperçois parfois quelques-uns de nos concitoyens aînés qui s'arrêtent pour un brin de jasette, particulièrement près du bureau de poste, par les jours de beau temps. J'observe aussi un isolement de nos aînés : est-ce qu'il y a une gêne, un malaise à marcher et à intervenir en public. Pourquoi ? Il y a l'image renvoyée par la société que la personne qui est âgée n'est pas reconnue comme ayant une valeur, une importance. Nos générations actuelles d'aînés n'ont pas vécu l'ère des loisirs et des activités ludiques. Il y a le golf pour ceux et celles qui peuvent se l'offrir. Pour les autres, la mentalité de vivre à l'intérieur perdure, même dans les régions rurales.

Les nouveaux projets de construction de maisons de soins de longue durée bénéficieraient d'être menées à même l'aire d'une école, au cœur du village et de la cité, là où la vie est au rendez-vous.

Un journaliste parle du renversement des valeurs et des rôles par rapport à la connaissance. Les savoirs et les expériences des aînés ne sont plus pertinents, comme ça l'était encore le cas au milieu du siècle dernier. En ces temps-là, l'aîné était une référence pour le savoir et la sagesse. Dans une génération post-figurative, expression empruntée à Margaret Mead, anthropologue américaine, ce sont les jeunes maintenant qui enseignent aux aînés, par exemple, l'usage de l'ordinateur, de la carte bancaire, et j'en passe. Qui plus est, les rides renvoient à la vieillesse, à la décrépitude, en somme c'est le début de la fatalité.

Les messages visuels, sur les grands panneaux, à la télévision, autant au dehors qu'au-dedans des grandes surfaces montrent l'individu « jeune et beau » ; mêmes les jeunes mannequins de 30 ans sont retouchés. Une émission sur la télévision française parle de jeunes filles de 20 ans qui, par peur de vieillir, viennent acheter les dernières nouveautés des produits de beauté.

Nous sommes à l'aube d'un **nouveau rapport au corps** ; aujourd'hui déjà les cellules souches sont utilisées pour motifs médicaux, demain, elles serviront pour les corps interchangeables.

Devenir soi, fort heureusement ne peut pas qu'être reflété en surface, il y a le cheminement intérieur, la découverte d'autres valeurs, d'autres normes que la jeunesse, la force, et la beauté, car s'il fallait s'arrêter à ces critères pour croître, devenir ou se développer, l'on serait vite en perte de vitesse.

Les aînés ont raison de faire tous les efforts possible pour demeurer dans les rangs, car ils reçoivent un message clair : les rides, l'âge, la retraite, la maladie, la mort sont autant de symptômes que la société occidentale ne veut pas voir. Il y a plus, ces adultes d'âge avancé sont investis d'une **nouvelle mission** : éduquer la société à faire advenir les êtres humains qu'ils rencontrent à leur humanité, à leur humanitude, selon l'expression empruntée à Albert Jacquard[44].

Oui, l'humain garde sa valeur suprême tout au long de sa vie même si celle-ci doit parfois se poursuivre en maison de long séjour. Ces institutions[45], palliatives ou de longue durée, ne font-elles pas partie de la dynamique urbaine ou rurale dans lesquelles des êtres humains continuent de penser, de parler, de rêver, de créer? À un certain niveau, une passerelle pourrait être jetée entre l'Université, l'école et ces lieux où s'expriment ces personnes. Nos étudiants en sciences humaines et en sciences de la santé pourraient s'en inspirer pour leurs travaux de recherche.

La maison de soins ne doit pas être évaluée sur la seule valeur économique, en instrumentalisant l'avancée en âge selon les critères de la productivité, de la rentabilité, de la performance ou encore de la compétition. Une nouvelle solidarité communautaire et culturelle est à naître.

J'ai été touché par le témoignage d'un ouvrier d'usine, alors que je me promenais le long des quais. Il me demande de parler de lui dans mon livre. « *Je n'aurai pas de fonds de pension pour ma retraite et j'ai travaillé 35 années et plus dans le domaine de la pêche, surtout comme préposé dans les usines de poissons. Oui, j'aurai une pension à 65 ans, le fonds de pension du*

---

44 Bruno Mattéi, « L'école et les valeurs », dans École : *changer de cap – Contributions à une éducation humanisante*, sous la direction de Arman Tarpinian, Georges Hervé, Laurence Baranski, Bruno Mattéi, Chronique Sociale, Lyon, 2007, p.66.

45 La maison de soins de longue durée de mon village a cru bon d'insérer dans ses murs la bibliothèque municipale : quelle belle initiative pour les rencontres intergénérationnelles et la continuation de la transmission culturelle.

Canada, mais ce ne sera pas assez». Je lui demandais quel était « son projet pour après », car il termine cette année. Il me répond, « *l'été, je me bercerai, et j'attendrai que le gazon ait poussé pour que j'aille le tondre* ». En réfléchissant aux grandes théories du développement humain, je revoyais l'échelle des besoins de Maslow, et je me demandais pourquoi ce travailleur sortait d'un système qui n'avait pu lui redonner sa valeur d'abord comme travailleur et ensuite comme citoyen à part entière ; en effet, ayant contribué au succès d'une entreprise, celle-ci ayant fait de grands revenus grâce aux travailleurs, elle demeure **responsable de remettre la personne à elle-même**, c'est-à-dire à favoriser son retour chez lui, à la réintégration familiale et sociale après que l'on ait tiré de lui le meilleur. Fort heureusement, depuis les années 1950, nombre d'institutions ont contribué à des fonds de retraite, en somme une façon de reconnaître la dignité et la valeur de la personne pour qu'au terme de longues années de travail, elle puisse, comme les autres, oser encore et toujours se réaliser davantage. Car cette personne est beaucoup plus qu'un simple ouvrier d'usine. Je constate là tout le paradoxe des inégalités de chances, de ressources, et je pense qu'il y a un manque d'éducation au sein des entreprises et de l'État qui exploitent la dignité des travailleurs. Voilà, je crois avoir rendu un petit peu, à ma manière, justice à ce travailleur d'usine de poissons, chez moi, en Acadie.

Pour d'autres, les états de dépendances, de pertes d'autonomie, vont, chez certaines personnes les faire glisser dans un fonctionnement de victime et exiger notamment chez les enfants et le système de santé, que tout leur soit dû. D'autres part, il y a les introjections comme « à ton âge, cela ne te sert plus rien d'étudier » ou de « lire » ou de « voyager » ou encore, « c'est le temps de me reposer, de me tenir tranquille ». Il y a aussi, selon Colette Portelance[46] **une certaine forme d'éducation qui favorise le « personnage » et qui écrase la personne.** Le devoir de l'adulte qui arrive à la retraite est justement de quitter le personnage pour devenir simplement lui-même.

Devenir soi implique oui, un sentiment d'être libre, de s'être libéré de fardeaux et de bagages qui ne servent plus et que l'on doit déposer au chemin, expression utilisée chez-nous pour dire, les remettre aux récupérateurs d'huiles de vidanges.

Devenir soi, pour d'autres personnes, n'est pas possible, dans le moment présent de leur vie. Une connaissance de longue date me téléphonait de Toronto, me partageant qu'elle venait d'avoir 60 ans ; *« je ne sais pas ce que je ferai, après que mes parents auront quitté ce monde-ci »*, me dit-elle. *Dans le moment, je m'occupe d'eux, car ils sont entrés récemment dans une pente glissante vers la perte d'autonomie. Dans mes temps libres, je fais de la lecture et tout le reste du temps va à l'entretien de la maison, à la préparation des repas.* Moi, dit-elle, *« j'aimerais créer, faire quelque chose de plus »*. J'étais touché en écoutant cette dame. Je constatais jusqu'à quel point la créativité peut être liée à l'envie de vivre, au bonheur quoi ! Il est primordial, pour cette dame, de s'affirmer dans sa différence, à un moment de sa vie où l'horloge biologique fait appel à un certain équilibre avec l'horloge sociale, ce qui n'est plus le cas pour ses parents âgés dont elle a la responsabilité.

Dans une autobiographie rédigée vers la fin de la soixantaine, le comédien Groucho Marx, décédé à 83 ans nous

---

46 Colette Portelance, *op.cit.*

partage sa philosophie du devenir. Pour Groucho Marx[47], ce qui compte vraiment à l'âge avancé, c'est que nous conservions le sentiment de notre unicité, **« c'est-à-dire que nous reconnaissions que, ce que nous avons fait, personne d'autre n'aurait pu le faire ».**

Si la première partie de notre vie nous a donné l'opportunité de nous construire à travers nos projets familiaux ou professionnels, la seconde nous invite à nous réaliser dans notre vie quotidienne à travers l'expérience intérieure. Le temps nous est donc donné pour une telle aventure. Qu'est-ce que le temps ? Comment se définit-il pour quelqu'un qui est tout jeune et pour quelqu'un qui a vécu ? Le temps social et le temps personnel s'insèrent et s'imbriquent à travers les âges, tout au long de la vie. C'est ce à quoi le prochain chapitre nous convie.

---

47 Groucho Marx, cité dans Helen Bee et Denise Boyd, *Les âges de la vie*, Les Éditions du Renouveau Pédagogique, Montréal, 2003, p.443.

Chapitre 4

La perception du temps
après le retour chez soi

Le passage de la vie active professionnelle vers un temps libéré invite à une réflexion sur la dimension du temps dans nos vies. Désormais, ce n'est plus l'employeur ni les obligations liées à mon travail qui me dictent l'emploi de mon temps. Partons des éléments les plus courants. Un bon matin, je suis confronté à tout ce temps qui bat son cours. Je ne sais plus quoi en faire. Je me lève à des heures tardives et je suis déçu de moi-même. Un ami ajoute, « *les premiers mois, à la maison, j'avais l'impression de tourner en rond, jusqu'à ce que j'aie pu me donner une nouvelle routine de vie* ». Une autre me dit : « *je fatigue de ne rien faire* ». Un **nouvel apprentissage** s'installe, celui de réapprendre à vivre selon sa propre « horloge du temps ».

Réfléchir à la dynamique de la retraite dans la perspective d'un processus du vieillissement suscite une première attention particulière vis-à-vis des changements qui vont s'opérer dans le corps, tout au long des années, ceux-ci devenant plus perceptibles et visibles au alentour de l'entrée à la retraite ; ils seront de l'ordre physico psycho sociaux.

C'est sur le registre du « de-venir » que vont s'opérer les prises de conscience et les actions. Le temps est, plus que jamais, un concept que l'on voudra saisir au vol, enfermer, arrêter, ou freiner, pour vivre au niveau de l'être, l'essentiel qui m'a échappé jusqu'à aujourd'hui.

J'arrive à mes 50 ans…

Une amie, Françoise, qui vient d'avoir ses 49 ans, me dit ceci : « dernièrement, je suis nostalgique », et oui « je ne sais pas de quoi précisément » ; je sais que j'atteins cinquante ans l'an prochain. Eh puis, je réalise que je vieillis. Lorsque je vois mon garçon de 16 ans

*et surtout ma fille arriver à 19 ans, et bien c'est mon miroir, je me
vois en elle. Je réalise que le temps s'est écoulé si vite.*

Qu'ils soient à vivre, et plus souvent qu'autrement, à
subir, il m'apparaît indispensable de m'arrêter sur la notion
du temps en lien avec ces changements. Regardons tout
d'abord d'un peu plus près le sens que peut avoir le mot
« temps ».

Pour une définition du temps

Le petit Robert[1] nous parle du temps en ces termes :

> Milieu indéfini où paraissent se dérouler irréversible-
> ment les existences dans leur changement, les évé-
> nements et les phénomènes dans leur succession.

Dans la définition proposée, l'on peut lire les expressions,
« se dérouler irréversiblement », ou encore « changement »,
« événements », et « phénomène dans leur succession ». Emmanuel Levinas[2] pense le temps comme relation à ce qui,
de soi inassimilable, absolument autre, ne se laisserait pas
assimiler par l'expérience, ni ne se laisserait comprendre.

En effet qui peut se vanter d'avoir compris la notion du
temps ? Quelque chose nous échappe à son égard.

Au temps de nos grands-parents, le pas du cheval, tirant la
charrue et traçant les sillons, rythmait la pensée du paysan.
Dans un environnement caractérisé par le village, l'église,

---

1 *Dictionnaire alphabétique et analogique de la langue française,* par Paul Robert, Paris,
  SNL 1979, p.1938.
2 Emmanuel Levinas, *Le temps et l'autre,* PUF, « Quadrige », Paris, 1996 (6ᵉ éd.), p.9.

la ferme, le potager, les sociétés rurales produisaient pour satisfaire les besoins très élémentaires des citoyens. Les personnes ont le temps et vivent au rythme des saisons en symbiose avec la nature. C'est le « temps nature ». Le pêcheur, l'artisan, le cadre supérieur ne partagent pas exactement la même notion de temps quotidien car il en va de leurs propres exigences. Après le début du xxe siècle, il y eut une migration progressive de population du milieu rural vers les cités. Le mode de vie des citadins va se modifier. Le « temps horloge » résultante des développements industriels voit arriver le tracteur, la moissonneuse-batteuse. On voit le recours à un emploi du temps organisé collectivement par les autres et par le déploiement de l'énergie. Aujourd'hui, avec l'avancement de la technologie, de l'information, le salon familial et le bureau sont à la dimension de la planète terre. La génération actuelle est planétaire et les individus surinformés consomment biens et services à un rythme dépassant leurs besoins fondamentaux, s'engageant dans une recherche à un « qui plus plus » à un « qui mieux mieux », où le temps n'est plus maîtrisé. Les gens dits occupés cherchent des moyens permettant de gagner du temps sur des activités « chronophagiques ». On coupe désormais sur le sommeil, l'hygiène, la durée des repas, le temps de réflexion, la vie de famille ou les sports. Plongé dans une société qui produit et qui consomme, l'être humain est à la recherche du temps, une denrée rare, pour atteindre les normes socioéconomiques et culturelles véhiculées par le monde moderne.

Un peu plus tard dans la vie, ce n'est que lorsque nous évoquons en notre mémoire les images, les événements, les expériences, que nous nous disons « *comme le temps a passé* » ; le dialogue avec le temps se fait plus actuel, pressant, voire urgent lorsque arrive l'âge des nouvelles directions, comme le départ à la retraite. Il m'est donné d'entendre ces expressions : « J'ai hâte d'avoir du temps à moi », « je n'ai pas assez de temps » ; « le temps me manque » ; « il me faudrait une journée de 48 heures » ; ou autrement, « je m'ennuie, le bon Dieu m'a oublié », « qu'est-ce que je fais encore sur la terre ».

Joël de Rosnay[3] ajoute :

« Nous sommes enfermés dans la prison du temps et dans la prison des mots. Notre logique, nos raisonnements, nos modèles et nos représentations du monde restent désespérément teintés de « chronocentrisme », (ou du syndrome du chronomètre).

Combien de mes amies d'âge avancé me demandent ceci : est-ce que tu peux m'expliquer comment il se fait que je manque de temps pour faire tout ce que j'ai à faire, lorsque j'étais plus jeune, il me semble que j'avais la vie devant moi, et j'en avais du temps ; ou encore, le temps passe plus vite maintenant, que lorsque j'étais jeune. En visitant les amies âgées dans les maisons de long séjour, certaines me disent que le temps passe lentement, il me semble que Dieu m'a oubliée me dit l'une d'elle. Que dire de ma sœur Madeleine, alitée les 10 dernières années de sa vie, qui s'exprimait en ces mots à elle, « hâte voir maman », pour nous dire enfin que ça prenait du temps pour être délivré de ce corps de souffrance dont elle était prisonnière. Elle s'ennuyait de sa maman et elle avait hâte d'aller la rejoindre. Ce sont ces demandes répétées qui m'ont incité à poursuivre la réflexion sur le rapport entre le temps et le vieillissement humain.

---

3   Joël de Rosnay, *Le macroscope, vers une vision globale*, Seuil, collection Points, Paris, 1975, p. 206.

Combien de temps me reste-t-il à vivre ?

« *Combien me reste-il de temps à vivre ?* », c'est en ces termes que s'exprimait mon frère Jean-Paul à son fils Robert, quelques semaines avant sa mort.

Il y a une dimension affective liée à la perception de la durée du temps vécu. Je voyais ce midi à la télévision des campeurs sous la pluie, qui attendaient patiemment toute la nuit pour l'achat des billets pour la saison de hockey.

La joie, l'attente du plaisir, la passion du sport font oublier à certains, l'inconfort causé par dame température. Plus loin de nous, les cousins de la Louisianne vécurent des heures d'horreur, au passage de l'ouragan Katrina. Qu'elles ont été longues les minutes, les heures, les journées qui suivirent le passage de l'ouragan, et pourtant le temps fit là aussi son œuvre en y laissant ses empreintes, par un événement que l'on voyait venir. Que dire des familles d'otages ; qu'elles ont été longues ces heures, ces journées, ces semaines. Visitant un centre de réadaptation ou les personnes atteintes d'un accident cardiovasculaire réapprennent à marcher, à parler ou à utiliser une main, ou un bras, le temps est le facteur important dans la durée, pour récupérer en partie la fonction paralysée. L'on met tout l'espoir dans le temps et les exercices de rééducation.

Il y a le **temps objectif**, qui est affaire de mesure et de grandeur. On se sert de l'horloge, du calendrier. Or, chez les aînés, le **temps subjectif** peut être défini comme **l'altération psychologique du temps objectif.** Ce qui fait qu'en « temps subjectif », comme nous le verrons par les exemples, les secondes peuvent paraître des heures et les heures des secondes. Conclusion : la **durée** (l'impression subjective du temps) dépend particulièrement des émotions ressenties par la personne qui l'évalue.

Le temps s'immortalise lorsque le bonheur est au rendez-vous

L'on sait par expérience que lorsque nous vivons des moments heureux, nous souhaiterions que le temps s'immortalise[4], que ces moments de plaisir, de joie, de bonheur durent toujours sans s'arrêter, comme si l'être humain voulait retrouver ce paradis perdu, du temps où il était bien, en sécurité, aimé et protégé, comme un état fantasmatique d'un lieu protecteur[5] regretté et recréé.

D'autre part, lorsque le malheur frappe à la porte, lorsque les épreuves s'accumulent, le temps devient à la fois l'ennemi et l'espoir, à l'exemple de mon frère qui s'interrogeait sur le temps qui lui restait. Il semble que le destin de l'être humain tourne autour de cette conception du temps. J'ajouterais aussi que le temps qui s'est écoulé depuis la naissance, ou l'entrée dans la vie active, n'a pas eu le même contenu d'une personne à l'autre ; certains ne l'ont pas vu passer ; d'autres, au contraire, ont trouvé le temps long.

Gabrielle Roy[6] nous relate son combat avec le temps lorsqu'elle apprit par télégramme que sa mère était morte.

« Combien de temps avait donc passé depuis cette illusion d'un cœur qui toujours oscilla entre l'exaltation la plus enivrante et

---

4   Ah ! ce « fameux » sentiment lamartinien : « Ô temps, suspends ton vol... »

5   Certains psychanalystes n'hésitent pas à parler de l'utérus, ce nid douillet (où le fœtus et la mère ne faisaient plus qu'un), en termes de paradis perdu et constamment recherché la vie durant par la quête du bonheur et du plaisir.

6   Gabrielle Roy, *Le temps qui m'a manqué*, Les Éditions du Boréal, Montréal, 1997, p.13.

l'ombre la plus noire? À peine plus de cinq ans, et voici qu'en ce soir de juin, Montréal à peine quitté, le train, lancé dans la nuit lugubre, à chaque tour de roue me martelait la tête de la même phrase impitoyablement scandée : Ta mère est morte. Ta mère est morte. Ou bien il me faisait à moi-même me le dire sur un ton pareillement scandé : Maman est morte. Et je n'arrivais pas encore malgré tout à le croire tout à fait, tout au fond de l'âme. Pourquoi maman serait-elle morte avant que je n'aie eu le temps de lui rapporter la raison d'être fière de moi que j'étais allée au bout du monde lui chercher au prix de tant d'efforts? Elle si patiente, comment ne m'aurait-elle pas accordé le peu de temps qui m'avait manqué? Si peu de temps!... si peu de temps! »

Dans le continuum de la vie qui conduit de la naissance à la mort, en passant par le grand âge, l'enfant, l'adolescent et l'adulte vivront tour à tour les événements qui laisseront les traces mnésiques, en images, en émotions, en sensations de ce que la vie aura été pour eux. La mémoire sera comme le disque dur où l'on puisera, dans le réel et les rêves, la globalité de l'existence. Je propose donc un retour dans la trajectoire du temps pour situer l'enfance et l'adolescence qui conduiront à l'état d'adulte. Le rapport au temps, variera selon les époques vécues et les cultures.

L'enfance et l'adolescence et la trajectoire du temps

Lorsque le bébé observe sa mère à aller et revenir à son berceau, une minute peut être perçue, dans l'ici et le main-tenant, comme une éternité, surtout s'il a faim. C'est régu-lièrement ce qui arrive. Le bambin observe très vite les mouvements de la maman et ceux du papa. Petit à petit, il s'ouvre à son environnement - aux regards, aux touchers, à la voix, au sourire, au matin, au soir, aux éléments de la nature : le soleil qui se lève, et se couche, l'heure du bain, des repas. En somme la notion du temps s'inscrit chez lui, dans les rites associés à la satisfaction de ses besoins humains, le tout s'imprégnant dans son psychisme.

La petite enfance, l'entrée dans l'adolescence nous placent dans une trajectoire du temps, où la hâte de faire, de vivre, de se dépasser appelle et interpelle le futur. C'est comme si le futur ne venait pas suffisamment vite. Les énergies alimentées par tout le travail bio psycho hormonal, occultent le présent, pour faire entendre ces expressions de jeunesse, « *j'ai bien hâte à* », ou encore « *comme j'ai hâte de* », etc. L'adolescent vit émotivement et avec toute sa sensibilité son rapport au temps et à l'environnement. Aujourd'hui, je pense aussi que l'Internet enlève l'enfant à la communauté et son appartenance aux rituels familiaux et donc au marquage du temps dans sa vie psychique, affective et relationnelle.

Un peu plus tard, à l'entrée dans le monde du jeune adulte, une première inquiétude s'empare de l'adolescent qui ne veut plus quitter son adolescence, ni son enfance. Il s'ensuit des recherches sociologiques qui nous parlent de ces grands adolescents qui choisissent de demeurer le plus longtemps à la maison, liés par un temps plus long, nécessaire pour l'autonomie sociale et financière dû en partie aux études prolongées ; d'autre part, s'ajoute aussi, à mon sens, l'amour castrant des parents, résultante du manque et de l'insécurité du papa et de la maman qui, dans leur jeunesse, vécurent l'interdit, l'humiliation, voire la culpabilité pour des raisons socioculturelles, affectives ou économiques.

Un de mes étudiants en fin d'études du premier cycle, me dit jusqu'à quel point il est content que j'écrive sur eux, les jeunes adultes, car dit-il, nous ne voulons pas être jugés si nous choisissons de demeurer plus longtemps chez nos parents. « *Les temps ont changé* », dit-il. « *Mes parents m'ont dit, un jour, que ma grand-mère était partie dès l'âge de 12 ans, pour gagner sa vie, et ce n'est que plus tard qu'elle est revenue dans son village. Dans le temps, c'était comme cela. Nous, nous demeurons plus longtemps, et lorsque nous partons, un peu plus tard, c'est que nous sommes prêts et c'est pour de bon* ».

Les familles contemporaines ont deux ou trois enfants. On n'hésite pas à leur prêter un sobriquet, les enfants rois. On constate pour ces jeunes que le temps est nécessaire dans la durée. Tous n'ont pu développer les mécanismes d'adaptation assez tôt pour entrer dans leur propre vie. Le film « Tanguy » en fait foi et représente très justement cette nouvelle réalité de nos jeunes adultes qui préfèrent s'installer chez leurs parents.

Poursuivant sa route professionnelle, vers les 35 ans, le jeune adulte entreprend un engagement affectif et social qui le fait se réaliser et prendre progressivement sa place dans la société. Il va sans dire que les multiples changements sociotechnologiques et culturels qu'a subi la planète depuis les cinquante dernières années ont créé des besoins et des nouvelles conditions pour des apprentissages permanents, une nécessité de prendre son temps pour intégrer en soi un ensemble de choix de carrières, lié aussi à une insécurité et à l'angoisse de tailler sa place au temps voulu.

Il faut plus de temps à la maturation intellectuelle et sociale

Il nous faut, à mon sens, comprendre que le rythme d'assimilation des changements culturels dû à la prolifération des informations et des savoirs font en sorte que la maturation intellectuelle et sociale prennent et prendront plus de temps, dans la durée, pour que ce long processus d'apprentissage et d'intégration solidifie le jeune adulte dans la perspective d'un engagement définitif. Les scientifiques[7] affirment ainsi qu'en terme évolutif, le cerveau, siège de la vie psychique et des facultés intellectuelles, serait toujours en évolution, face aux intenses pressions sélectives. Ces variations coïncident avec l'arrivée des comportements dits « culturels » chez l'humain.

Au plan de l'entrée en carrière ou en profession, encore est-il que rien n'est définitif, que la permanence n'est plus envisageable pour l'adulte d'aujourd'hui. Il est certain que la polyvalence, les compétences et les connaissances « transversales », sont des atouts pour garder sa place au soleil.

Tout dernièrement, un jeune bachelier passait à mon bureau pour me partager qu'il avait choisi d'arrêter ses études une année durant, pour faire autre chose, pour trouver me dit-il le sens à sa vie, ne pouvant rencontrer les attentes que ses employeurs avaient sur lui. C'est ainsi que ce jeune recevait les pressions de ses parents pour se « ranger » le plus vite, à l'image de ceux-ci ; pour lui, il n'en était plus à cette dimension, et à cette dynamique, c'est-à-dire de remplir les trois temps de la vie, l'étude, le travail, la retraite, cette chronologie représentant la formule de ses parents et grands-parents pour réussir sa vie. Je connais nombre de jeunes qui reçoivent ces pressions parentales, pour sécuriser ces derniers ; en effet, les parents souhaiteraient voir enfin le grand gars se fixer pour de bon, comme à l'exemple de la plus jeune sœur, qui est mariée, a une maison et un travail fixe. C'est stabilisant et sécurisant pour les parents.

---

7   Institut médical Howard Hughes - communiqué concernant les travaux du Dr Bruce Lahn sur l'évolution du cerveau humain, Radio Canada, 15 septembre 2005.

Tailler sa place dans la mondialisation des marchés

Il n'en est pas ainsi pour le jeune adulte[8] d'aujourd'hui qui tente de tailler sa place dans un contexte de mondialisation des marchés, la communauté se désengageant de plus en plus. Le jeune vit dans un contexte familial et social par lequel les attitudes par rapport à la performance sont grandissantes. L'écart des opportunités au plan travail et capacité d'adaptation est de plus en plus considérable entre les riches et les pauvres.

Les classes moyennes et riches sont obsédées par le développement de l'enfant; l'emphase est mise sur l'individuation : elle demande d'être superriche, beau, intelligent, en somme le nouveau narcissisme contemporain. Lorsque nous assistons aux événements médiatiques liées aux manifestations des milliers de jeunes qui s'opposent au contrat « premier embauche », en France[9], cela en dit long sur le malaise de ces jeunes qui souhaitent tout simplement avoir un travail dans une entreprise. Ils désirent être respectés comme citoyens et collaborateurs à une économie mondiale, en manifestant pour le droit au travail et le droit à un avenir.

8   Au moment d'écrire ces lignes, je viens d'assister à un colloque pédagogique où l'on fait état du QE (ou quotient émotionnel), le cœur et les sentiments qui retrouvent un peu droit de cité. S'ajoute le QR (le quotient relationnel), l'art de nouer et de préserver des relations mutuellement enrichissantes, ainsi que la capacité de gérer les désaccords ou les conflits autrement que par la violence. C'est aussi changer sa relation au monde, c'est vouloir modifier sa dynamique relationnelle, afin d'affecter celle de la société, en commençant par son entourage immédiat. En somme le QR est un concept fondamentalement démocratique.

9   Guy Decroix ajoute : « La revendication majeure en France à propos du "contrat premier embauche" était "contre la précarité"... Même si ce terme masquait d'autres malaises, il m'apparaît que les jeunes ne voulaient pas être vécus, réduits à un "déchet jetable" après son utilisation d'un ou deux ans ! ... société du jetable ! ... En écho profond peut-être à ce "sans domicile fixe" réduit à un signe ... SDF ... occupant la place de la déchéance ... privé d'un abri avant tout symbolique, d'un contenant, d'un lien soutenant. »

Le temps pour l'adulte au mitan de la vie

Chez l'adulte arrivé au mitan de la vie, le temps aura un autre sens. Prenant conscience qu'il a vécu tout au plus dans les règles de l'art, la moitié de sa vie, son regard va se tourner, maintenant vers l'autre cap, vers demain, vers le futur. Dans un empressement existentiel, il va s'opérer chez lui tout un travail pour **donner un sens** à ses choix d'ordre affectif, social et professionnel. Tout en réévaluant ses options et décisions, il sent que quelque chose est en train de lui échapper, c'est-à-dire, le contrôle total de sa vie. Il entre dans une phase de **rupture des rôles.** Au plan *familial*, l'arrêt des fonctions de reproduction du couple ; au plan *professionnel*, le départ à la retraite- une dimension de rupture en soi et les conséquences de désorganisation temporo-spatiale. Une enseignante à la retraite à qui il restait deux années à enseigner s'est laissée convaincre qu'elle devait accepter l'offre de départ. Pendant ces deux années qui suivirent, elle fut désorientée, car dans sa tête, se disait-elle, il lui restait deux années à travailler. « *Je me sentais perdue* » étaient ses propos.

En plus, en cette période cruciale, tant pour la femme que pour l'homme, c'est l'entrée dans les manifestations et les changements hormonaux qui chez l'un ou l'autre, présenteront des modifications au plan des humeurs, des attitudes et des comportements.

Le couple renégocie ses engagements

Il n'est pas rare à cette période de l'existence de voir le couple renégocier leur engagement ou simplement quitter une relation insatisfaisante. Les performances sexuelles sont une source de préoccupation pour l'homme alors que la femme fait son entrée progressive dans la ménopause, prenant conscience de la finitude du cycle procréatif qui s'annonce. Cette saison fait miroiter une nouvelle forme de liberté au plan de l'expression de sa vie sexuelle.

Le processus du deuil aura sa place d'honneur

On peut supposer que le deuil, terme nouveau ou occulté par la force de la trentaine et les grands projets, aura sa place d'honneur désormais pour le reste des années à venir. Les épreuves au plan de la santé psychique ou spirituelle, organique ou fonctionnelle, le départ des adolescents pour les études avancées, la mort de ses propres parents très âgés, sans ajouter les modifications physiologiques, par exemple, le blanchiment des cheveux, l'apparition des plis, la nouvelle fatigue inconnue jusqu'alors, alertent ces adultes de l'âge moyen à l'idée qu'il est temps de **repenser les priorités.**

Le vieillissement est un processus qui débute à la naissance et se poursuit la vie durant.

Il n'est pas subi, il ne prend pas son hôte par surprise.

Il le fréquente aux travers les multiples changements, altérations, pertes, diminutions, gains et métamorphoses.

Voilà donc, où nous en sommes, 55 et 60 ans, le « renouveau ou la résignation », expression emprunté à Gail Sheehy[10], période où l'adulte se stabilise dans une dynamique nouvelle où il continue à se développer ; elle peut aussi devenir une période de résignation, d'inertie, de défaitisme.

---

10 Sheehy, G., *Passages : les crises prévisibles de l'âge adulte*, Presses Sélect, Montréal, 1978.

C'est une période où la personne pose un geste ultime en vérité avec son être. Il a progressivement quitté le paraître pour rencontrer le soi. C'est une **période d'introspection,** de grand ménage, pour les décisions fondamentales, en harmonie avec la nature profonde du sujet vieillissant. Michèle Roberge[11] emprunte aux saisons la symbolique des transformations. Je me permets de la citer :

> « Et dans le silence, dans l'ombre, dans l'hésitation, dans le chaos, dans le prélude à la création, dans l'incubation, dans le féminin, dans la dormance, dans les retraits, dans les seuils initiatiques, dans le vide, dans l'abîme, dans la brume et dans le brouillard s'installent l'hiver, le long hiver…, la froideur, la blancheur et la poudrerie… Dans le tant d'hiver, 'quand il neige à plein temps comme du silence qui tombe…' comme l'écrivait Félix Leclerc, dans ce tant de l'hiver… enfin surgira la lumière. »

Un bon matin, il y a comme une urgence pour la personne humaine de vivre ce qu'il a à vivre, en ne faisant l'économie de rien, comme une **urgence d'être ce qu'elle veut être,** c'est-à-dire, non plus le personnage, mais l'homme et la femme qu'il ou qu'elle est devenu(e) aujourd'hui.

La retraite, un temps pour l'introspection

Carl Jung (1962) nous rappelle que cette période est faite aussi d'introspection, comme la saison du soleil couchant ; c'est le crépuscule, là où la lumière permet encore de se regarder en vérité.

---

11   Michèle Roberge, *Tant d'hiver au cœur du changement – Essai sur la nature des transitions,* Les Éditions Septembre, Québec, 1998.

Étant étroitement et intimement lié à la notion du temps – un déterminisme qui a fait de sa vie ce qu'il est : une succession d'événements, de circonstances, d'influences qui l'ont créé, transformé, recréé, l'être humain est appelé à s'arrêter et à réfléchir sur ses transformations pour intégrer la nouvelle personne qu'il est devenu. En effet, à la retraite, le soi, cette dimension silencieuse de l'être ne sera pas reconnu d'emblée par la société. Je dirais que le lien que j'avais avec l'environnement est en train de subir les premières perturbations rythmiques, temporelles et situationnelles. Je ne me sentirai plus faire partie de, je serai retiré des affaires du monde, mon identité sera en train de changer. J'aurai quitté un édifice, une bâtisse, un bureau, des collègues, des amis, un horaire[12] pré-établi de travail. Quels nouveaux rôles vais-je adopter ? Le soi, en mon essence, aura besoin des échanges humains pour me maintenir comme une personne vivante et participant à la communauté humaine[13].

Dans un dossier intitulé, *Réconcilier l'âge et la vie*, Jean Proulx[14] ajoute « *qu'il importe de toute évidence, de réconcilier l'âge, et particulièrement le troisième âge, (et j'ajouterais le 4ᵉ et le 5ᵉ âge) avec la vie* ». Il continue en disant, « *il s'avère urgent de retrouver les conditions mêmes de la vie au cœur de ce temps spécifique.* »

---

12 Dans le cadre d'un souper soulignant le départ à la retraite d'une professionnelle en services familiaux et communautaires, un rite initiatique est lancé : une table, celle de la « retraitée » entourée des membres de son équipe ; au centre de la table, un réveille-matin ; on remet à la dame un marteau, des lunettes et un casque protecteur avec la mission suivante : briser le réveille-matin.

13 Un homme d'affaire accompli, âgé de 75 ans, me disait récemment ceci : « Qu'est-ce que je peux faire autre que de vouloir encore travailler ? C'est tout ce que j'ai connu dans ma vie. Ne me demandez pas d'aller jouer au golf, ou de faire du sport, ça je ne connais pas. Lorsque j'en parle avec vous, j'en ai encore les larmes aux yeux, personne ne sait ce que je vis, en dedans de moi, et ma famille ne peut pas me comprendre. Je n'aurais pas dû prendre ma retraite trop vite. »

14 Jean Proulx, (Ex-secrétaire général du Conseil supérieur de l'éducation du Québec), collaborateur régulier de l'Agora, l'auteur résume le colloque L'*âge et la vie*, tenu à Montréal à l'automne 1976..

L'urgence de réinterpréter sa vie

D'autre part, un philosophe et gérontologue mondialement connu, le Professeur Michel Philibert[15] précisait en déclarant :

« Plus notre vie a été longue, plus nous avons fait et subi, appris et oublié, et plus aussi s'accroît la quantité et la disparité des matériaux et des séquences dont s'est faite notre vie. Plus aussi s'accroissent la nécessité et l'urgence de la réinterpréter, pour y trouver ou y mettre du sens, pour en réorienter le cours, pour mieux jouir ou mieux jouer du temps, certainement plus bref, qui nous reste à vivre ».

Le temps qu'il nous reste à vivre : voilà la question. Dès que quarante ans frappe à la porte, on dit communément que c'est le temps de la sagesse qui débute, et puis tout ce qui s'ensuit. Pour ma part, j'interprète le temps de la sagesse, comme étant un état éclairé de la conscience. En exemple, pour la première fois, je me rappelle avoir posé mon regard sur l'avant, et l'après. Je réalisais ce matin-là en 1986, alors que j'étais aux études de doctorat à Grenoble, que j'avais vécu la moitié de ma vie, en gros. Je regardais sommairement les quarante premières années et je me réajustais, je faisais le bilan au plan personnel, familial, professionnel, et spirituel. Je n'avais pas vu le temps passer; là, je le regardais en face, j'étais dans ma plénitude de l'âge et de mes réalisations. Je m'interrogeais sur la notion du temps qui passe. Pour certains, le temps est plus lent, pour d'autres il est plus rapide, selon les époques et les cultures. J'observais toutefois que plus les gens avaient de trucs à s'occuper, plus ils s'affairaient, plus ils couraient, moins ils avaient de

---

15 Michel Philibert, « Le Statut de la personne âgée dans les sociétés antiques et préindustrielles », in *Sociologies et Sociétés*, vol. XVI, n° 2, octobre 1984, p.24.

temps à eux et ils manquaient de souffle. Déjà mes enfants et ma conjointe me faisaient remarquer que j'avais adopté une attitude «lente» genre zen pour davantage goûter à la vie. **La vie dans sa plénitude était ma nouvelle priorité.** Je ne voulais pas passer à côté. Je prenais conscience tout d'un coup que l'accélération de la machine économique, l'explosion des découvertes avaient conduit les personnes à un accroissement de la consommation des savoirs, des biens et des services. Il est certainement juste de dire que l'abondance de biens à consommer crée une pénurie de temps, à l'effet que nous manquons constamment de temps pour jouir des objets que nous achetons, car à chaque bien est attachée une durée minimum de consommation.

Est-ce que le temps est un concept pour l'esprit humain, une réalité palpable, une dimension scientifique insaisissable? Voilà l'origine de mes recherches. Je sais aussi que l'être humain tient mordicus à la notion du temps et de l'espace. Il en est constitué. Il est difficile voire dangereux de s'attaquer à ces notions sans ébranler ou déstabiliser la personne; nous sommes reliés au fil vital du temps; nous nous raccrochons à ce fil comme s'il maintenait tout le reste de l'univers, le nôtre[16]. S'il fallait casser ce fil, ce sont nos mailles du futur, tissées par les générations qui nous ont précédés qui seraient brisées.

Une amie d'école me partage son désarroi devant le temps qui file.

« *J'ai perdu ma vie à vouloir la gagner. Lorsque je vais à Cuba, en vacances, en prenant un petit deux semaines par année, je prends*

---

16 Mon oncle, hospitalisé après un accident de voiture, me dit : «On vient au monde, on travaille, et puis après on part.» Âgé de 94 ans, il me dit : «J'ai beaucoup travaillé», signifiant ainsi l'orientation donnée à sa vie.

alors conscience que je ne me suis pas suffisamment occupée de moi. J'ai tout mis dans mon travail. Lorsque je serai arrivée à la retraite, est-ce que j'aurai encore la santé[17] ? »

Le temps organique et le temps sidéral

En poursuivant mes lectures, je suis venu à la rencontre de cette analyse du temps mis en avant par Lecomte du Noüy lorsqu'il fait la différence entre le **temps organique** et le **temps sidéral**. Le temps sidéral est basé sur les révolutions des astres que mesurent nos horloges ; c'est un temps uniforme, indifférencié et mathématisable.

Il me faut plus de temps pour accomplir mes tâches

Alors que le temps organique ou dit différemment, le temps psycho-physiologique de la durée humaine est un temps différencié, rythmé, brisé, interrompu, de valeur inégale, selon les âges de la vie. C'est ainsi qu'à un âge avancé, il faut un temps différent pour accomplir le même travail. Selon Lecomte de Noüy[18], le temps pour un homme de cinquante ans s'écoule quatre fois plus vite que pour un enfant de dix ans. Ce dernier a aussi démontré la valeur inégale du temps

---

17 Un collègue ajoute : « C'est aussi parce que je me sens en bonne santé que j'ai décidé de m'arrêter pour mieux profiter de mon temps, de ma vie, jusqu'à ce jour axée sur le professionnel ».

18 Pierre Lecomte de Noüy naquit à Paris en 1883. Il fit ses études supérieures à la Sorbonne et à la Faculté de Droit. En 1915, il rencontra le Dr Alexis Carrel, biologiste et philosophe des sciences de la Vie. En étudiant l'expression mathématique du processus de guérison des blessures, il arriva à une conception absolument nouvelle du « temps biologique », distinct du temps physique de la matière inerte, s'écoulant à un rythme différent et suivant une loi différente (logarithmique et non plus arithmétique), d'où cette conséquence philosophique essentielle : le temps n'a pas la même valeur pour l'enfant que pour l'adulte. Cet ouvrage révolutionnaire fut publié en France en 1936 sous le titre *Le Temps et la Vie*, à Londres et à New York en 1937.

aux différents stades de la vie, en prouvant la vérité de ce sentiment de fuite toujours plus rapide du temps à mesure qu'on vieillit. Les étudiants à l'Université du troisième âge au Nouveau-Brunswick, (Canada), ou dans les instituts universitaires québécois et les Universités tous âges en France ne cessent de dire, « *je manque de temps, je voudrais du temps* ».

Comme le temps passe vite

J'entends aussi cette expression, « comme le temps passe vite, je n'ai pas vu la semaine, ou l'été ou les vacances ». Il est écrit que plus il y a d'activités à l'agenda, plus la perception du temps que je me fais est un « temps qui passe vite » ; la perception du temps qui passe, n'est-elle pas liée au mouvement des corps ou de la matière dans l'espace[19] ? Tout à fait, et cet activisme, ou ces agendas trop remplis, d'ailleurs, me laissent perplexe. Demeurer dans cet état d'esprit ne peut qu'engendrer une guerre entre le mental et ses scénarios du faire ; d'autre part, le corps et l'être profond qui disent non, c'est assez, je veux prendre le temps de voir, de vivre, de goûter mes moments précieux, par l'émerveillement, la lecture, la réflexion, la détente, la méditation, la marche, et le temps d'accueil et d'écoute auprès de ceux que j'aime : mes petits-enfants, etc. Un étudiant du Québec sortant du bureau de son médecin, me dit : « *Je n'ai que 50 ans, le médecin m'a mis sur un moniteur cardiaque. Je vis des angoisses, et parfois, en conduisant, cela me prend ; je dois alors m'arrêter au bord*

---

19 Il m'est donné de m'asseoir face à la fenêtre, au crépuscule – entre chien et loup –, laissant mes yeux jouer avec la perspective des objets, regardant de près ou de loin. Lorsque la lumière à la base du jour miroite sur les arbustes, à l'orée de la forêt qui m'entoure, j'ai cette sensation de vivre ces minutes qui me paraissent des heures, comme si le temps s'arrêtait pour moi. C'est agréable... je réalise ainsi que le temps peut être au ralenti, même si j'avance inexorablement vers une autre journée, demain.

de la route, pour attendre que cela se passe ». Je l'interpelle en lui disant : « *Qu'est-ce qui fait que tu te sens angoissé comme cela ?* » « *J'ai trop à faire. Je visite ma mère, qui a besoin d'une présence depuis la mort de mon père ; j'ai le gazon, le mien et celui du voisin, j'ai les entretiens de ma maison, les imprévus, mon travail, etc, etc. J'en ai trop je sais, je ne sais pas comment faire* ». Voilà la problématique de ce monsieur. Il ne sait pas dire non, ne sait pas placer ses priorités, et choisir, en écoutant son corps, en adoptant un nouveau rythme de vie. En fait, Hubert est prisonnier des rythmes temporels fixés par l'extérieur et n'arrive pas à se donner un rythme biologique et psychique à sa mesure.

Il y a urgence à agir

Il faut l'avouer, pour certaines personnes, il se présente une urgence à réaliser quelque chose d'important, d'essentiel, lié à un désir d'être plus, de vivre intensément sa vie, comme une poussée, pour certains à rattraper le temps perdu. C'est le prolongement et l'expression des habiletés insoupçonnées des personnes qui découvrent à ce temps-ci de leur vie ce qu'elles auraient dû faire et accomplir. Il n'est donc jamais trop tard pour se réaliser dans des activités et des projets qui continuent à donner un sens à sa trajectoire de vie[20].

Une dame de Laval me disait à peu près ceci sur le temps :

« *Oui le temps passe vite, car j'effectue mes mouvements avec plus de lenteur qu'avant ; je ne suis plus autant pressée que du temps de mes années actives en enseignement ; il me faut plus de temps pour accomplir mes tâches et c'est ce qui fait pour moi que j'ai*

---

20 C'est ainsi qu'un enseignant retraité sollicite de la part de l'Université des contrats pour observer et accompagner les nouveaux stagiaires en sciences de l'éducation. Il ajoute : « c'est la plus belle activité que je me suis donnée, en ces temps disponibles. »

besoin de plus de temps, que le temps me manque et qu'au fait ça passe vite car je suis trop occupée à faire ce que j'ai à faire ».

Voilà ici le témoignage d'une personne qui démontre bien que le temps est rompu par l'âge. En effet, le rythme physico-biologique vient moduler le rapport du corps dans l'espace ce que Jacques Gaucher[21] appelle les aspects rythmiques des modifications bio-temporelles. Le chercheur continue en disant :

« *De même que nous constatons une structuration de l'espace écologique par l'espace corporel, nous pouvons affirmer que l'être humain est dirigé vers un vécu temporel par la rythmique originaire du biologique.* »

Sollicités par les informations de tout genre !

À cet égard, deux messieurs de la région de Montréal, rencontrés sur la route vers Tunis, me partageaient leurs impressions sur la notion du temps qui passe si vite. Ils me disaient :

« *Nous sommes tellement sollicités par les informations de tout genre, il y a tellement de stimulations venant de toute part, que nous avons peine à tout suivre, et le rythme est rapide, car tout est vite, personne ne veut attendre pour rien, et c'est comme si le courant qui nous emmène ne nous permettait pas de nous arrêter; oui, ça passe vite, car tout est vite* », me disent-ils.

Ces deux amis confirment, à mon sens, que nos raisonnements, nos modèles et nos représentations du monde

---

21 Jacques Gaucher, Extrait de sa thèse de 3e cycle *Les aspects psychologiques du vieillissement pathologique* (première thèse de Psychologie clinique en gérontologie soutenue à Lyon II), 1982.

restent désespérément teintés de « chronocentrisme » (ou du syndrome du chronomètre). La croissance économique a fait glisser l'être humain, du moins en Occident, dans les valeurs du monde matériel par lequel le savoir et l'avoir sont du même ordre. Le temps est un produit consommable. Aujourd'hui, les gens actifs, à la cinquantaine, cherchent pour du temps, ils donneraient tout pour du temps. Pourquoi ? Sont-ils prisonniers de l'avoir ou bien sont-ils dans la course sans en être pleinement conscient, donc, moins libres pour choisir et agir avec discernement ? En effet, plus l'on sait, plus l'on a, plus l'on se voit important, voire évolué, pour la reconnaissance sociale. Du reste, la société voit les acquisitions matérielles et cognitives au détriment de l'être, de ce que nous sommes. Nous avons peine à quitter le modèle rationnel pour aller vers la subjectivité et l'être. C'est ainsi qu'Edgar Morin[22] ajoute :

« La vraie rationalité connaît les limites de la logique, du déterminisme, du mécanisme ; elle sait que l'esprit humain ne saurait être omniscient, que la réalité comporte du mystère. »

L'auteur nous fait voir le mythe de la toute-puissance de la raison et celui du progrès garanti au sein des aveuglements paradigmatiques que l'Occident a privilégiés. À la lumière d'une re-lecture de son œuvre intitulée, Les sept savoirs nécessaires à l'éducation du futur, j'ai compris plus que jamais que je devais **faire la rencontre de mon humanité** pour être en mesure d'humaniser le monde autour de moi dans la perspective d'une globalisation de notre planète terre qui est à la fois notre maison et notre jardin.

Lorsque je rencontre les gens, il m'arrive de leur demander à brûle-pourpoint, « comment ça va avec toi » ? Ou encore

---

22 Edgar Morin, Les sept savoirs nécessaires à l'éducation du futur, Seuil, Paris, 2000.

« comment ça se passe pour toi ? », au lieu de l'expression passe-partout, « qu'est-ce que tu fais ces temps-ci ». Je pourrais entendre, « ça va, mais ça pourrait aller mieux », ou encore, « ça ne va pas comme je souhaiterais », ou encore, « ça va doucement, pour moi, aujourd'hui », et finalement, « non, ça ne va pas pour moi ». Se peut-il que pour entretenir une image sociale, pour rester dans le personnage, on accumule les connaissances et les biens matériels sans les confronter à ce que l'on est, à ce que l'on sent, à ce que l'on intuitionne.

Une dame ajoute, « *entre les hobbies et le bénévolat, je n'ai plus assez de temps* » ; et une autre d'ajouter, « *le temps passe trop vite, et je ne m'ennuie pas* » ;

La perception du passage du temps semble être liée à la dimension affective du plaisir ; l'être humain lorsqu'il est dans un processus d'agir où ses potentialités sont investies, se prolonge dans le mouvement dans un espace donné ou le temps, c'est vrai n'a plus d'emprise, comme si la présence dans le plaisir était le temps éternel, le plaisir ou la joie d'être deviendraient le nouveau temps.

Mais il y a plus subtil. J'ai observé également la tendance de certaines personnes à vouloir faire encore plus de choses et que les journées soient plus longues. Je ne leur ai pas demandé pourquoi elles voulaient ou souhaitaient que les journées soient plus longues ; je crois profondément que chez l'être humain il y a cet engouement à laisser sa marque à la postérité ; nous en avons parlé précédemment, que ce soit au travers des arts ou des œuvres écrites, des actions sociales. Il y a à un moment donné une urgence à laisser quelque chose de soi aux survivants. Une tante que j'aimais beaucoup me disait, « *je n'ai pas assez d'une vie pour faire ce que j'ai à faire* ».

Plus l'être humain s'élève dans l'échelle des besoins fondamentaux, plus il va vers l'expression de soi, vers la transcendance ; on y trouve alors l'expression de la personne sous plusieurs facettes : bénévolat, créativité, spiritualité, voyages, lectures, temps à soi, aux autres, le tout vers le plus d'humanisation de sa vie.

Une observation intéressante d'une autre dame, ajoutant, « *je me demande si le temps qui reste me permettra de réaliser les autres rêves* » ; il peut y avoir un empressement aussi pour certaines personnes à faire le plus possible, à accomplir les projets qui sont là en attente ou qui ont attendu trop longtemps ; lorsque j'entends l'expression « il me manque du temps pour faire autre chose », cela m'invite à la réflexion suivante : est-ce que la personne peut choisir ou a appris à **se fixer des priorités dans ses goûts**, ses besoins, pour **penser à elle-même** à ce moment de sa vie ; il n'est pas rare de voir ces gens qui continuent à vivre que pour les autres, en fonction des autres, ayant une difficulté à se choisir, car ayant peur d'être jugé, de ne pas être aimé, ou être apprécié à leur juste valeur. Le verbe « faire » est enraciné dans les expressions de la vie, car il renvoie à l'image valorisée d'être reconnu et vu pour ce qui est « observable ». Le devenir humain en ses caractéristiques d'être n'est pas quantifiable ni valorisé.

Travail personnel

1. Qu'en est-il pour vous, présentement ?
2. Quelles prises de conscience êtes-vous en train de faire en lien avec votre rapport au temps ?
3. En avez-vous assez ?
4. Avez-vous l'impression de courir toujours ?
5. Avez-vous du temps pour le plaisir, la recréation ?
6. Est-ce que votre rapport au temps est lourd ou léger ?
7. En avez-vous à donner, à partager ?
8. Vous sentez-vous utile ?
9. Sentez-vous l'urgence ?
10. À quoi donc ?
11. Et pourquoi ?

Une étudiante ajoute : « *j'organise mon temps de différentes façons : bénévolat, loisirs, activités physiques et sociales* » et pour cette dame, vivant seule, le temps passe vite. « *J'aime la vie que je fais* » est une autre référence à la notion de joie et de plaisir qui donne au vécu la perception que le temps passe vite ; le rapport à la satisfaction et au plaisir est bien explicité dans cette locution : « *quand on fait des choses qu'on aime, ça passe vite, quand on a rien à faire ou quand on est obligé de faire des choses qu'on ne veut pas faire, c'est plus long* » ; une dame ajoute : « *j'ai plein d'idées et de choses à faire* » ; je crois que la créativité est au rendez-vous de la personne lorsqu'elle a atteint une confiance en elle, une juste perception de soi et de la connaissance qu'elle a de ses capacités ; comme les couleurs de l'arc-en-ciel, nous sommes plus qu'un, plus que ce que j'ai démontré, vécu, ou exercé. Il y a un monde en moi à découvrir. Un monsieur à la retraite depuis cinq années ajoute : « *il me manque du temps, ça passe vite* ». Un autre d'ajouter : « *je n'ai pas le temps de tout faire, le temps passe trop vite* » ; serait-ce lié au fait que nous serions aussi plus disponible, car sans trop de contraintes, et qu'à la différence de l'époque où les autres décidaient pour moi, me voilà donc investi d'une nouvelle liberté que j'apprends à gérer petit à petit, créant ainsi mon propre équilibre tout en me donnant un rythme par lequel je me sens bien.

Quel est donc le bon équilibre entre le « faire et l'être ». Un grand ami à moi vivant à la frontière entre le Québec et le Nouveau-Brunswick, s'exprime en ces termes :

« *Puis il ne faut pas oublier qu'un retraité n'a plus de vacances, plus de journées de maladies, etc, mais le temps coule que c'en est étourdissant. J'espère que quand tu seras retraité, tu seras heureux comme je le suis. Même dans la maladie, j'avais un sentiment de contentement d'avoir accompli une belle étape.* » Il me dit que la saison de l'hiver vient en quelque sorte tempérer son rythme de vie. Écoutons-le : « *Quand l'hiver arrive, c'est comme si je traverserais un long désert de glace. Donc, il faut que je réchauffe mes idées, mon cœur et bien sûr mon appétit, et c'est le moment de la réflexion, de la tranquillité, tout ce que je n'ai jamais pu faire durant les années de travail, imagine-toi, c'est le paradis, l'âge d'or.* »

Voilà une autre réalité commune à d'autres personnes et non moins réalistes. Une dame ajoute : « *j'ai perdu le concept du temps, chaque jour apporte ses petits bonheurs et quand je regarde le calendrier, ça m'étonne de voir comment le temps passe vite* ». Bien entendu, la personne est libérée des horaires de travail, un nouveau rapport au temps fait son apparition, celui-ci rythmé au gré des événements et loisirs choisis ou rencontrés. Une porte-parole au questionnaire de la recherche nous dit : « *j'aimerais faire encore plus de choses et que les journées soient plus longues* » ; j'y vois une dame motivée, impliquée à faire ; la caractéristique ici, c'est qu'elle est demeurée dans le mode « faire » ; qu'est-ce que ce serait si elle décidait d'en faire moins, ou autrement, en goûtant, en appréciant, en adaptant un autre rythme pour plus d'harmonie. Un monsieur nous répond :

> « Je crois que si j'apprenais à observer le soleil dans son parcours, le vol des oiseaux, les fleurs, les arbres, le départ des navires, et autres, en somme si je m'y arrêtais, je risquerais de voir autre chose que l'action. Certes, je verrais les autres merveilles qui m'entourent et hélas qui m'échappent dans la course à vouloir 'faire encore plus'. »

Jean-Paul, un touriste de Montréal, en visite chez nous est assis sur un banc à l'extérieur de l'Université. Il me dit :

> « Je me surprends à observer les nuages, le ciel, et je trouve que c'est beau, moi qui suis un homme d'atelier et qui ai besoin d'actions. »

Voici l'expérience d'un autre homme retraité qui réussit bien à conquérir une liberté de choix. Il dit :

> « J'ai de la difficulté à remplir mon programme de la journée. Quand une chose m'intéresse particulièrement, je reste 'accroché'. »

En effet, j'aime bien cette expression, je reste 'accroché' ; elle signifie pour moi que ce monsieur se choisit selon ses intérêts, en s'investissant, en se donnant également une importance face à sa valeur.

Ma réflexion sur la notion du temps dans ma vie

Ce matin, marchant le long de la grève entre Hamma-met et Yasmine, je réfléchis sur la finitude du temps, dans la continuité de celui-ci, étant arrivé sur la planète terre, un 15 novembre 1946; j'y ai laissé des traces, comme ces pas dans le sable que j'observe. Sauf que ceux-ci disparaîtront, mais non pas mes actions, mes souvenirs, d'où l'impor-tance du passé comme structurant de l'identité, pour celui qui sait qu'il lui reste moins de temps à vivre que ce qu'il a vécu. Je me dis que ces milliers de gens de passage qui y ont marché et laissé leurs empreintes que les marées et les vagues emmèneront dans l'oubli ont quand même façonné leur existence et celles de bien d'autres[23]. Ainsi, me dis-je en est-il de nos vies, un passage, dans l'infini du temps donné. Je prends conscience soudainement que ma vie, à 59 ans, a vu ces dernières années, plus de départs que d'arrivées. Je m'habitue petit à petit à l'absence des êtres que j'ai profon-dément aimés. Il y a ma mère décédée un jour de printemps à l'âge de 79 ans, ma sœur Madeleine, à 49 ans, la suivra; il y eu mon frère cadet, Jean-Guy, parti à 43 ans et un frère bien-aimé, Jean-Paul, âgé de 62 ans. Je me rends compte que ces départs ont laissé des empreintes, des souvenirs qui me remontent à la mémoire, à la surface de la conscience.

Quittant le monde des humains, je vois défiler les grands moments de ma vie, les dossiers importants que j'ai conduits à l'Université, les réalisations au plan social, et personnel, les défis de taille rencontrés au plan familial; en effet, en 1992, je prenais la difficile décision de quitter une relation

---

23 Je suis très reconnaissant à l'endroit d'un collègue à l'enseignement, Jean Gau-vin, député à l'Assemblée législative du Nouveau-Brunswick de 1978 à 1987, ardent défenseur de la langue française, décédé le 7 juin 2007. Il m'exhorta à poursuivre mes études doctorales en France, ma mère patrie.

pour vivre seul ; le rituel de la marche, ce matin, me conduit à mes souvenirs affectifs, mes premiers amours, mes rêves d'adolescents, le premier, celui de devenir prêtre, et ensuite enseignant, et celui de bâtir une famille à l'instar de mon père ; et puis, il y aura l'arrivée de mes deux enfants, Nicolas et Mara, qui marquèrent ma vie de papa à jamais en me faisant vivre les plus doux moments de ma jeune vie d'adulte.

Cette activité de rétrospection se présente ce matin, alors que le soleil donne sa lumière sur la Méditerranée, en ce lieu que j'ai choisi pour venir écrire. Plus que jamais, j'ai besoin d'espace, d'anonymat et de silence pour écouter ma voix intérieure et inventer ma vie pour les années qu'il me reste. C'est la priorité de mes 59 ans ; je sais aussi que ma longue carrière universitaire se profile vers la fin, et quelque chose en moi me dit de ne pas la quitter trop vite. Après la publication de ce livre, j'ai le projet de parcourir la francophonie et les pays anglophones pour dispenser des enseignements et donner des conférences sur les thématiques que j'ai approfondies, et ainsi contribuer à ma manière à l'éveil des consciences pour plus d'harmonie intérieure et d'humanisation.

Mais plus encore je peux comprendre l'urgence de ces retraités qui veulent vivre ce qui leur reste à vivre, en vérité et selon leurs besoins et nature profonde. C'est peut-être là aussi ce qui explique ou justifie chez moi **l'importance du moment présent** et la réponse au projet que je me suis donné de venir en Tunisie. Les obligations familiales et les responsabilités professionnelles qui étaient des engagements et des obligations laissent la place désormais à la **créativité,** et à la **liberté d'être.** J'observe la mer ce matin, j'écoute sa chanson, en me fermant les yeux un long moment, et puis, je regarde au loin les immenses cactus qui m'entourent et le rythme lent, modéré que je souhaite vivre, car à nul autre moment dans mon existence, ai-je le besoin d'être là avec moi, dans ces espaces temps qui viennent nourrir mon âme. C'est en ce sens que Pierre Dommergues[24], dans une réflexion sur les « nouveaux temps de la vie » ajoute ce qui suit :

> « Les temps individuels se fragmentent et s'accélèrent. Au même moment, on perçoit la volonté d'inscrire le temps vécu dans une continuité qui chaîne le passé, le présent et l'avenir. On sent naître la résistance à l'accélération des temporalités, le rejet d'un présent envahissant, le refus de la dictature des temporalités, le refus de la dictature de l'urgence. Ainsi se dessinent simultanément l'exigence d'un 'droit à la mobilité', et celle d'un 'droit à la lenteur'. »

Refuser d'être dans un état d'urgence

De même, j'ai observé auprès des amis à la retraite, ce refus d'être en état d'urgence ; au contraire, on semblait vivre un rythme bien personnalisé, au lever le matin, et en fin de journée, en se donnant un temps pour lire, marcher, regarder et prendre l'apéritif avec des amis, de manière à favoriser les échanges et nourrir les liens si indispensables avec les autres.

De ce fait, je vous convie donc à un exercice en rapport avec la dimension du temps, telle que vous la vivez dans le quotidien de vos vies.

---

24 Pierre Dommergues, « Les nouveaux temps de la vie : les espaces au quotidien », in Les Actes du Festival International de Géographie Saint-Dié-des- Vosges, 2001 pages 1 et 2, (http//fig-st-die. education. fr/default. htm).

Travail personnel

J'ai besoin du temps

Vous prenez conscience après la lecture de ce chapitre que vous êtes à court de temps pour vous-même. Vous êtes insatisfait d'être encore et toujours à courir après le temps. Vous devenez essoufflé et parfois frustré. Voici l'exercice que je vous propose de faire.

Le matin, en prenant votre breuvage préféré, prenez une feuille de papier et énumérez les activités que vous avez prévues pour aujourd'hui. À quel moment de l'avant-midi, ou de l'après-midi, vous êtes vous mis en priorité, exemple,

1. un temps de lecture;

2. une marche solitaire;

3. une séance de natation;

4. une tournée en bicyclette;

5. un temps pour admirer, regarder, observer la nature autour de vous;

6. un temps pour une activité à soi.

Le fait de vous choisir, vous fait vivre quelle émotion? De la culpabilité, de la honte, de la peur, de l'ennui? Un contentement, de la joie, une satisfaction profonde? En vous donnant rendez-vous avec vous-même d'abord, vous risquez d'être disponible aux autres avec plus d'aisance ou d'harmonie. Quel est votre rapport avec le fait d'être seul pour un moment, pour une heure, pour une journée, pour une semaine?

Le passage du temps dans mon corps

Ce n'est qu'une première étape : on a beaucoup parlé du temps. La perception que j'en ai ou comment il passe dans ma vie est liée aux changements observables que mon corps présente. Lorsque je regarde mes cheveux qui deviennent graduellement grisonnants, la forme de mon visage qui porte des rides un peu plus marquées – au bas des joues, la nouvelle rondeur autour de ma taille, et j'en passe, je constate que dans la durée, mon corps a subi des transformations.

C'est la seule manière dont je peux me rendre compte du passage du temps. D'innombrables événements simultanés se sont suivis à la chaîne sur le chemin du temps- l'avant, l'après, et l'en même temps. Si le temps existe pour lui-même, il en est autrement pour la matière qui vit dans l'espace physique. Selon Albert Einstein, le temps, l'espace et la matière ne peuvent exister l'un sans l'autre. Nous vivons dans l'espace par notre corps. Si l'adulte retraité prend conscience du passage du temps, c'est que les observations sur son propre corps viennent lui en donner la mesure. Pour ma part, je constate que mes enfants sont devenus des adultes, qu'ils se sont mariés, qu'ils ont déménagé ; au plan professionnel, j'arriverai au terme de ma carrière universitaire dans deux ans.

Quoique ma santé soit excellente, ces événements de ma vie me font prendre conscience de la précarité du temps, et qu'effectivement oui, le temps a passé vite parce que j'ai aimé ce que j'ai fait ; il n'en demeure pas moins que le temps est irréversible. Or, lorsque mes activités s'inscrivent dans le présent, que mes journées sont vécues selon l'expression de mes besoins, de mes désirs, eh bien le temps devient un cadeau, un temps disponible pour moi, pour vivre les situations que je choisies avec une liberté renouvelée, sur une route éclairée par ma vision intérieure et l'intégration de mon vécu.

Et puis, le temps n'est que dans la mesure où il est présent : le présent du passé, c'est la mémoire, le présent de l'avenir, c'est l'attente, le présent du présent, c'est **la perception.**

Tout compte fait, l'autre jour, une amie de longue date que je revois à l'Université, me dit : « *quand est-ce que quelqu'un va écrire sur la retraite pour faire valoir que c'est aussi une très belle période de la vie* » ? Des amies me disent, « tu es à la retraite », comme si je devais présenter un visage morose, ou teinté de déceptions, de frustrations ou que sais-je encore. Quelle est cette image que la société a encore des retraités ? La réflexion d'Anita m'a interpellé. Je reprends donc la suite de ma route du temps.

Naturellement, ma vie s'est déroulée selon le temps cyclique, les années, les saisons, et le temps linéaire, où ma personnalité a subi une évolution, une transformation irréversible par des passages, depuis ma naissance, me conduisant vers ma finitude, qui arrivera un jour du temps dont j'ignore le comment et l'heure, et ce sera mon envolée définitive. Ma fille, Mara, en visite hier, me demandait où allais-je mourir ? Je lui en ai parlé ; j'ai ouvert une porte avec elle et je la garderai ouverte à ce sujet. J'aime en parler, comme étant un autre processus de croissance, dans l'attente d'une amie qui va, un jour, me rendre visite. Elle sera à elle-même une visiteuse, comme St. François d'Assise l'appelait. J'y ouvrirai la porte, ou c'est elle-même qui le fera. Je n'en sais rien. J'y entrerai, je voudrais être le plus léger possible, ayant déposé les armes et distribué au préalable, si je puis le faire, tous mes biens, tel que le dit Antony de Mello[25] : « *Laissez-vous entraîner par le courant de la vie, sans armes, ni bagage* ». C'est ainsi que je voudrais me sentir. Je souhaiterais être en amour avec les êtres qu'il m'a été donné de rencontrer dans ma vie. Je voudrais encore et toujours **célébrer l'Amour** sous toutes ses formes d'expression, car c'est la seule valeur qui vaille. Mon départ de cet univers qu'est la Terre, sera le voyage par excellence ;

---

25 Antony de Mello, (1931-1987), prêtre jésuite, est un des grands maîtres spirituels de notre temps.

je souhaiterais même y préparer le rituel, et choisir les gens en présence desquels, je ferai l'entrée dans cet autre espace-temps, où je crois, je vivrai le temps infini du parcours en route vers l'Amour.

L'humain est temporel, c'est-à-dire voué à la mort, à la finitude. Qu'est-ce qui fait donc dire à ces adultes à la retraite que le temps passe vite ou encore qu'ils n'ont plus de temps? Je crois que l'homme et la femme, une fois libérés d'une tâche professionnelle, voilà qu'apparaissent les loisirs, la créativité, les voyages, comme si, disponible à elles-mêmes, les personnes entraient dans la satisfaction des besoins d'où les multiples actions de tout genre. Voici une autre explication sur la notion du temps qui passe : alors qu'au travail rémunéré, quelqu'un d'autre gère mon temps, en raison des contraintes professionnelles qui viennent en quelque sorte moduler le temps horaire, à la retraite, je deviens le gestionnaire d'une liberté retrouvée, à l'exemple de l'adolescent. Cet adolescent, dis-je, souhaite explorer l'univers à un moment où il a les ressources financières et la santé; en conséquence, il vit pour combler les soifs de toutes sortes, liées aux aptitudes qui tendent à s'actualiser chez lui, conscient de sa culture et de son éducation.

En me promenant dans les bois cet après-midi, il se trouve que je revivais le même émerveillement pour les oiseaux, les arbres, les couleurs, les parfums que du temps de mon adolescence. C'est si agréable de le vivre cette fois avec tout le film de mon existence. À 14 ans, je grimpais dans les arbres, pour me placer au niveau des oiseaux dans le but de mieux les voir : aujourd'hui, je n'aurais pas la même agilité. C'est pourquoi j'ai l'intention de débuter un nouveau passe-temps, celui de l'observation des oiseaux avec méthode et rigueur au moment où j'aurai terminé l'écriture de ce livre.

Les retraités qui ont trop d'activités

Aussi d'autres retraités qui ont trop d'activités ne voient pas le temps passer et ils entreprennent beaucoup comme au temps de leur carrière, sauf que c'est sous un autre registre appelé « temps personnel et social » et non plus « temps professionnel ». Ces personnes manquent du temps pour faire ce qu'elles ont à faire. C'est la caractéristique d'une mentalité « occidentale », où la journée pour certains demeure structurée autour du temps horloge, héritage d'une idéologie industrielle des deux derniers siècles. Le **nouvel apprentissage** au temps de la retraite, est l'apprivoisement du « temps de l'être », celui-ci n'ayant pas d'attentes pour le « faire », la « production », ou « l'occupation par obligation ». Le **« temps de l'être »**, fait en sorte que le mental ou l'ego cède le pas à l'être et que la peur d'être jugé sur l'utilisation de son temps fait place au bonheur d'être juste là dans l'ici et le maintenant, observant, prenant le temps d'habiter l'espace par le regard et le geste. Dans cette perspective de l'être en soi, Benoit Lacroix[26] met en avant sa propre conception du temps qui passe en faisant l'expérience du temps comme « l'instant en lutte contre la course du temps ».

> « La vitesse, écrit-il, fuit le temps ; l'instant le récupère. Plus la vie paraît aller vite, plus l'instant devient important. On l'a répété : chaque heure blesse, la dernière tue. Seul l'instant dit la vraie vie et sa richesse ».

---

26 Benoit Lacroix, G.P., « L'instant d'une fête », in *Le Devoir*, Montréal, 24 décembre 1987, p.50.

On nomme aussi cette expérience, le **temps-kairos**, expression remontant à la Grèce antique. En effet, le temps-kairos correspondrait à l'expérience de ces instants remplis de plénitude ou d'intensité, alors que le temps-chronos, est celui dont nous avons à nous départir parfois, car il est ancré en nous, de par nos conditionnements psychoculturels.

Dans mon village, il m'arrive très souvent que des personnes m'arrêtent sur le trottoir ou à l'épicerie pour causer, elles ne le savent pas, elles viennent mettre une pause à mes automatismes du mental (temps-chronos) qui travaillent sans cesse, je leur suis reconnaissant, elles me rendent service car je m'offre avec elles un moment de bien-être.

Une dame de la banlieue parisienne me disait au petit déjeuner. *Le monsieur au bas de l'immeuble avec qui j'évitais de parler trop longtemps, car le métro m'attendait, eh bien aujourd'hui à la retraite, je m'arrête et nous avons de belles et de longues conversations.*

Il est donc amusant de choisir « le temps de l'être » qui peut aussi vouloir dire, regarder « la mer qu'on voit danser » comme nous l'a si bien chanté Charles Trenet. C'est redevenir poète, c'est libérer l'enfant en soi pour contempler les scènes de la vie des minutes durant : c'est réaliser que l'on fait partie de la planète Terre, comme les Amérindiens nous le disent ; Vivre le « temps de l'être » c'est choisir de **laisser libre cours à son affectivité et à sa créativité**, dans un lâcher-prise, l'acte d'abandon dans la confiance de ce qui est. C'est vivre sa vie.

En tout cas, j'observais cette semaine, chemin faisant, en route vers l'Université que les corneilles se prélassent à un endroit bien précis : le petit cimetière de l'église protestante. J'en ai vu une prendre un bain de soleil, tout près d'une pierre tombale. Je voyais les autres, manger les toutes jeunes fleurs de trèfle. C'était une nouvelle observation du monde des oiseaux, une activité que j'aime bien.

D'ailleurs vivre, n'est-ce pas respirer, sentir l'air pénétrer dans ses poumons, marchant le long des champs, en bordure des forêts, ou au bord de la mer ou en montagne ; c'est aussi sentir les mouvements de son corps se déplaçant, ou encore, entrer dans l'eau laissant aux muscles et aux membres la liberté d'expression qu'ils ont envie de ressentir.

Je n'arrive pas à m'arrêter

Lorsqu'une personne retraitée me dit qu'elle ne peut pas s'arrêter, qu'elle ne peut demeurer toute seule, cela peut dissimuler un symptôme plus important, celui de la **peur d'être avec elle,** avec son destin, son histoire, et sa fin éventuelle. Il est bon d'accueillir cet état d'âme. Passer du temps avec soi, c'est déjà exprimer de l'amour pour soi. Je crois aussi qu'il y a de ces personnes avec un très grand champ d'intérêt qui ont le goût de relever de nouveaux défis, qui ressentent le besoin de se dépasser, de bouger, de battre des records du monde, tous ces programmes personnels souvent liés à l'histoire psycho-affective et culturelle de chacun, je dis que oui, il y a de la place pour cela. Quand l'être humain a en lui les ressources et à l'extérieur de lui, les économies, la santé, la confiance, l'ouverture sur le monde, pourquoi pas, pour autant qu'il vive de la joie et des moments de plénitude. Personnellement, je souhaite faire la route de Saint-Jacques de Compostelle, seul. J'ai ce rêve depuis longtemps. Ce sera pour moi, à la fois une expérience de mise à jour au plan spirituel en même temps qu'une épreuve d'endurance physique que j'ai le goût de vivre.

Je veux certainement me prouver que je suis en bonne santé, j'aurai alors 62 ans bien sonné. Je réalise aussi que ce sera un nouvel apprentissage pour le temps-kairos, et la poursuite de mon intérêt pour l'histoire et la géographie humaine.

Or, le temps passe vite lorsque le plaisir, la satisfaction, liés à l'investissement du corps et de l'esprit dans un espace environnement procure un sentiment de **réalisation de soi**, contribuant à mon sens à maintenir et à construire l'idéal du moi, rétabli, ou si vous voulez une « valeur à soi » nécessaire à un moment où le corps, dans son image a perdu la force, la beauté extérieure, selon les modèles véhiculés par les visuels cinématographiques, ou autres revues publicitaires.

Le temps dans le plaisir ou la souffrance

D'autre part, le passage du temps dans le plaisir ou la souffrance, dans la quiétude ou l'inquiétude va présenter une « perception du temps qui passe », ou du « temps qui s'arrête ou qui ne passe plus », qui est éternel, tant le mal-être perdure.

Permettez-moi de relater avec vous une expérience humaine et son rapport au temps. C'est en ces termes que s'exprimait Thérèse Martin en 1897, (Sœur Thérèse de l'Enfant-Jésus[27]) aux dernières heures de sa vie.

L'Angelus sonne. Elle trouve encore la force de tourner les yeux vers la statue de la Vierge. À sept heures et quelques minutes, elle promène autour d'elle un regard qui se voile. Elle demande et c'est presque une supplication : « *Ma Mère, n'est-ce pas encore l'agonie ? Ne vais-je pas mourir ?* »

---

27 Maxence Van Der Meersch, La Petite Sainte Thérèse, Éditions Albin Michel, Paris, 1950, p. 224.

Dans un autre contexte social, une expérience m'a été racontée : ce jeune alpiniste presqu'au sommet d'une montagne se croit arrivé à destination. Une tempête se lève, et il se voit, avec son compagnon, prisonnier dans une caverne durant quatre longues journées – nuit et jour –, pendant lesquelles ils vécurent le froid et la faim. Vous avez ici un « temps horloge » qui devient un « temps psychologique » intenable, si dur à porter et à vivre que le temps est devenu un ennemi, non plus un allié. Ces jeunes ne pouvaient se voir ni se recevoir dans cette espace-temps où l'immobilisme régnait en maître.

Le temps en maison de long séjour

Quant à l'arrivée en milieu de long séjour d'une personne âgée, c'est rarement une destination acceptée et désirée par la personne elle-même. Je m'attarderai à réfléchir sur certains aspects vécus en institution en lien avec le temps. Il y aura d'abord le déracinement d'un milieu naturel, là où les repères ont été intégrés et maîtrisés. À la maison, les odeurs, les aires de déplacements, les couleurs, le mobilier, les accessoires, bref, tout l'environnement matériel est inscrit dans les mécanismes affectifs, cognitifs, et sont utilisés dans les mouvements psychomoteurs de la personne. L'aîné sait par instinct le temps qu'il lui faut pour remplir ses besoins et vaquer à ses occupations dans sa demeure. Le jour où il entre en institution, fragilisé, bien certainement, l'insécurité s'installe pour un temps variable, laissant à la personnalité une période d'adaptation et d'apprentissage nécessaire à la survie. Le présent, le passé seront les deux dimensions du temps qui auront le plus d'importance pour la personne. Le passé, les antécédents, les réalisations, serviront à préserver l'identité de la personne. Il arrive si souvent d'entendre les résidants nous parler de leurs réalisations, et parfois, d'assister, à un retour du passé comme moyen de demeurer quelqu'un de valable et d'important. Si la personne n'a pas de visites, si elle ne peut être stimulée par le présent, le quotidien, la vie communautaire, provenant du dehors de l'institution, la personne aura recours à sa mémoire du passé pour maintenir son identité et le sens de sa continuité, dans le monde des vivants. Un chercheur[28] ajoute ceci :

> « Lorsque le cerveau n'est pas stimulé, il fait certaines choses bizarres ; et même, à long terme, il en arrive aux hallucinations. L'un des pires châtiments qu'on puisse infliger à une personne est le confinement solitaire, à cause de l'ennui ».

C'est ainsi que le temps présent, vécu au moment des soins du corps, des repas, des rares visites, ou des périodes de lecture ou de télévision seront investis pour s'agripper à la vie. Une recherche sur le concept du temps vécu tout au long de la vie[29] fait ressortir l'importance accordée au passé et au présent par la personne âgée. Le passé a une valeur intégrative et adaptative pour l'individu. Le futur, étant retenu comme une valeur très importante pour les adolescents continue son ascension pour diminuer en importance vers l'âge de 64 ans.

---

28 Estelle Ramey, citée par O. Santinel, dans « Why Boredon is Classified as a Disease », in The Gazette, Montréal, 24 septembre 1984, p. C2. (cité par Jacques Laforest, Introduction à la gérontologie, Montéal, Hurtubise, 1992.

29 Jacob Lomranz, Ariella Friedman, George Gitter, Dov Shmotkin, Gedon Medini, « The Meaning of time-related concepts across the life-span ; an Israeli sample », in The International Journal of Aging and Human Development, Tel-AVIV University, Vol. 21 (2), East Coast Relais Consortium, 1985.

Le temps dans la nuit

Qu'en est-il du vécu nocturne ?

Il arrive que dans la nuit certains résidants soient agités, désorientés : ils délirent et hallucinent tandis que d'autres, aux prises avec une angoisse, au cœur de leur solitude, demandent à être écoutés. N'allons pas penser qu'il y a ceux qui dorment et ceux qui veillent, le personnel infirmier. Une vie se déroule dans le temps et l'obscurité. C'est dans la nuit que l'intériorité du sujet âgé va le plus souvent émerger. Les difficultés à se repérer face à la réalité extérieure risquent d'accroître sa confusion. Attali[30], ajoute :

« … *Le temps fabrique le passé, et le rêve fabrique le souvenir.* »

C'est dans la nuit, en ces moments de rêve éveillé que la personne âgée choisit parfois de se remémorer et se raconter. La nuit, dans les maisons de long séjour, est faite de contrastes – les émotions, les moments de révolte, les questions sans réponses, le temps pour vivre et le temps pour mourir aussi.

Pour ceux qui sont demeurés chez eux, le futur a peut-être toujours sa place, inscrit dans le projet et le de-venir de ceux qui y habitent. Pour les aînés qui vivent en leur domicile, le présent est aussi habité par les va-et-vient des personnes et l'horaire au quotidien et des uns et des autres.

J'ai cette impression que lorsque l'on a rencontré dans sa vie une véritable passion[31] pour le métier, la profession, ou

---

30 Jacques Attali, *La vie éternelle*, Fayard, Paris, 1989.

31 Lorsque j'observe mon père, âgé de 90 ans, il a une telle ambition à terminer la « courtepointe » pour une dame du village, qu'il remettra à plus tard l'heure du bain, sa passion l'emportant.

l'art, chaque jour a été vécu comme un cadeau de plus à déballer, et comme Charles Trenet[32] le disait :

> *« Quand on a rêvé sa vie, il nous reste à vivre son rêve »*, *et malgré les cauchemars qui se présenteront, nous aurons toujours le goût d'aller de l'avant pour goûter encore plus aux plaisirs attendus. C'est lui qui disait aussi, « je n'ai pas vu passer le temps ».*

C'est pourquoi donc, le temps, cette dimension relative, grâce à ma passion, ne m'aura pas permis de voir ma vie passer. Selon qu'il a été pêcheur, ouvrier, artisan, artiste, cadre supérieur, enseignant, avocat, etc., chacun ne partagera pas la même notion du temps quotidien, car chaque perception est le fruit de ses exigences propres. Il reste que les bases culturelles joueront un rôle très important dans la perception globale du temps, comme rythme de vie. Mes observations m'ont amené à penser aussi qu'au temps de la retraite l'homme et la femme essaient de **gagner un contrôle sur ce temps vécu,** d'où les expressions, « perdre son temps », ou « prendre son temps ».

Nous avons beau réfléchir au temps, les mots sont trompeurs et ne nous disent pas ce qu'est le temps. Pour l'heure, c'est la flèche du temps qui porte le concept moderne du temps aussi bien en sciences qu'ailleurs. Le temps n'est pas dans nous, mais hors de nous. La science propose un temps existant pour lui-même. L'homme continue de subir le temps : il en a une vision schématique entre le passé, le présent, et le futur. Les disciplines modernes tentent de répondre en présentant un temps pluriel, physique, biologique, psychologique, sans pour autant donner une définition claire, et contrôlée. L'être humain, parce qu'il perçoit au

---

32 Émission sur TV5 (mars 2006) sur la vie de Charles Trenet.

travers le prisme de sa sensibilité, est touché davantage par la durée que par la direction du temps. On peut conclure en disant, que les êtres humains deviennent, et les phénomènes, eux, adviennent.

Henri nous parle de lui

Allons voir ce qu'Henri nous dit sur le temps qui passe…

Henri, septuagénaire, me dit : « *Comme ça passe vite* ».

Je suis en file d'attente à une banque de mon village, je vois entrer un monsieur. À mon avis, il est septuagénaire. « Comment ça va avec vous aujourd'hui ? ». « Très bien » me répond-il. Souriant, dégageant une tranquillité d'esprit, il ajoute, « qu'est-ce que tu veux de plus, quand t'as la santé, et surtout quand tu dors toutes tes nuits. Pour moi, c'est le principal ». Oui, de répondre, c'est vrai, lorsque l'on peut dormir c'est bien important, c'est là qu'on récupère ses forces pour la journée à venir. Il ajoute, « pis, ça passe si vite ». Y me semble que quand j'avais 8 ans, je rêvais d'avoir mes 20 ans, asteur, à mon âge, ça passe trop vite. Si vous me permettez, quel âge avez-vous ? « Soixante-quinze ans » me répond-il. Ah, comme ça pour vous ça passe vite. Eh oui, trop vite. Qu'est-ce qui fait que ça passe vite pour vous ? C'est drôle, mais c'est comme si je ne veux pas mourir, et puis je ne veux rien manquer.

Cette rencontre, chemin faisant, me faisait réfléchir, à la notion du temps, et à sa relativité. Pour l'enfant, c'est une chose, pour un septuagénaire, c'en est une autre. Je me disais, d'où vient cette force de vivre, cet empressement, ce goût à ne rien manquer, d'être vivant, à tout prix, particulièrement lorsque la santé est au rendez-vous ; l'image des besoins de Maslow me revenait à l'esprit. Georges La Passade[33] ne dit-il pas aussi que « l'homme (et la femme) est 'totalisation en cours' sans jamais être totalité achevée ». Howard McClusky[34] en reprenant la description de la hiérarchie des besoins de Maslow, nous parle des **besoins d'adaptation**, comme les besoins physiologiques : respirer, manger, boire, etc, les besoins de sécurité, comme se sentir en sécurité, à l'abri des dangers, et tout en nous invitant à une étape plus haute, il nous invite aux **besoins d'expression personnelle et de contribution sociale** qui se résument par le besoin d'appartenance et d'amour : se lier aux autres, se sentir aimé et accepté, le besoin d'estime : réussir, être compétent, se respecter et être respecté ; en continuant à monter dans la pyramide, il nous introduit aux **besoins d'influence sociale**, qui sont ni plus ni moins que les besoins cognitifs de savoir, de comprendre, d'explorer… Voilà, je comprends un peu mieux la dynamique d'Henri. La vie l'appelle, un peu plus haut, un peu plus loin, comme si des lois biologiques et psychiques justifiaient cette poussée pour vivre plus, vivre intensément, particulièrement dans la période des 70 ans, alors que le grand âge n'est pas encore apparu, et que chez Henri, par exemple, je pouvais observer sa vivacité d'esprit, son corps alerte et vif dans ses mouvements, et puis je ne sais quoi de beau, de juvénile qui rayonnait. Au-delà des besoins d'influence sociale, apparaissent les besoins esthétiques : de trouver l'harmonie, l'ordre et la beauté, et au sommet de la pyramide, les quelques rares choisis, dit-on un 7 pour cent de la population s'engagent dans l'actualisation de soi, par l'expression des

33 G. La Passade, *L'entrée dans la vie*, Éditions de Minuit, Paris, 1963, p. 244.

34 H. McClusky, "Education for Aging : The Scope of the Field and Perspectives for the Future" *Learning for Aging*, Stanley M. Grabowski and W. Dean Mason (Adult Education Association), 1974.

potentialités, des capacités créatrices de réaliser pour soi son potentiel. Est-ce qu'Henri était à se sommet de la trans-cendance[35] de lui-même; je l'ignore, car je ne le connais pas suffisamment. Je sais une chose, il dégageait le bonheur, et c'était déjà, à mon sens l'harmonie au rendez-vous de sa vie.

Eh bien sachez qu'à l'automne dernier, j'invitais Henri à venir causer avec mes étudiants dans le cadre d'un cours sur le vieillissement des personnes. Surprise, consternation, il anime une causerie qui durera une bonne heure et demie, en présence de mes étudiants, et cela sur deux sites diffé-rents, appelé « enseignement à distance » en multi-média. Nous sommes loin de l'amphi traditionnel. Cet homme trace un tableau de ses réalisations, et il termine en laissant sa propre philosophie de vie, que mes étudiants appelleront, « son héritage ».

Au terme de cette réflexion sur le temps, je vous propose de prendre un moment pour réfléchir sur les questions sui-vantes en annotant vos réponses ci-après ou à la toute fin du chapitre.

---

35 Ma recherche des années 1990, m'avait démontré que « l'adulte retraité, mem-bre d'un Club de l'âge d'or, souhaite participer à des activités sociales, éduca-tives, et culturelles qui favoriseraient soit l'alphabétisation, soit la découverte, l'ouverture et la réalisation de soi », (Thèse Doctorale, 1990, p. 220).

Travail personnel

1. Comment puis-je avoir plus de temps pour moi?

2. Est-ce que j'ai besoin d'être toujours occupé? Est-ce que je fuis quelque chose, quelqu'un, en voulant comme cela être toujours occupé à quelque chose?

3. Qu'est-ce que j'aurais le plus besoin à ce moment-ci de ma vie, en lien avec le temps? Prendre un moment pour accueillir ce qui se dit en moi.

4. Y a-t-il toujours des peurs, des craintes liées au temps qui passe?

Épilogue

« La croissance est plutôt une ouverture à soi, en ce sens qu'elle rend possible la connaissance de soi et permet, selon Carl Rogers (1972, p. 42), 'de faire l'expérience de ce qui se passe à l'intérieur.' Elle doit également permettre à l'adulte une réflexion toujours grandissante de ce qui le définit comme être au monde ».

RENÉ BÉDARD[36]

L'examen du temps a été abordé par bien des philosophes et des psychologues pour tenter de donner un sens au parcours humain. Une approche gérontologique du temps pose d'emblée le problème de la mort et de la place qu'elle occupe dans la construction ou la représentation du temps pour la personne vieillissante. Chez l'adulte arrivant tout juste à la retraite, ce dernier aura à s'approprier son propre rythme en contrepoids des rythmes institutionnels construits par l'homme. Ces rythmes qui ont régularisé

---

36 René Bédard, « La nature de la croissance de l'adulte », *Revue des sciences de l'éducation*, Vol. XIII, n° 3, 1987, p. 471.

sa vie sociale, pendant au moins trente ans, deviennent envahissants, excessifs, et viennent masquer les rythmes naturels de l'être biologique et psychique. Ils peuvent même porter atteinte à la santé. Un **nouvel apprentissage pour une écologie temporelle** est à encourager.

Les quelques exemples illustrés ci-avant dévoilent la nature intime du temps : il est le fruit de la perception que j'en ai, liée à l'époque historique et culturelle dans laquelle j'ai baigné. On peut d'ailleurs relever différentes interprétations du temps selon la vie sociale des uns et des autres qui s'est organisée en fonction des contraintes temporelles dictées par le genre de travail, l'industrie, le domaine halieutique, l'agriculture, le service militaire, les activités commerciales… et les lieux de vies : le littoral, la forêt, la pleine nature, les parcs industriels avec la discipline des usines ou autres.

Sans aucun doute, le passage à la retraite entraîne une redéfinition de l'emploi du temps. L'aspect cyclique du temps : cycle des jours et des saisons reprendra sa place d'honneur au gré des projets créatifs, des loisirs et des nouveaux engagements sociétaires, facilitant le concept « d'une retraite solidaire » car le vécu de l'individu s'inscrit au sein de la communauté humaine.

Quoi qu'il en soit, Jean Guillaumin [37] précise qu'avec l'âge, le temps, en quelque sorte se retournerait, se renverserait donnant lieu à une intériorisation nouvelle et remarquable, prélude à une seconde existence et j'ajouterais, à une « seconde naissance ». Cette nouvelle existence s'inscrirait dans un **nouveau projet pour devenir,** donnant un sens nouveau à mon évolution humaine.

---

37 Jean Guillaumin et Hélène Reboul, *Le temps et la vie*, Chronique Sociale, Lyon, 1982.

Et pour terminer par un retour sur le sens du temps, si celui-ci demeure si difficile à imaginer, et à conceptualiser, se peut-il qu'il ne peut être examiné que sous l'angle de notre propre expérience sensible dans l'avant, l'en même temps et l'après, sachant que la durée d'un événement n'est pas la même pour tous. Le temps serait considéré donc sous deux aspects :

- **L'aspect cyclique** : cycle des jours, des saisons, de la vie : la maladie, les voyages, les deuils, les déplacements, les réalisations…

- **L'aspect linéaire** : l'évolution, la transformation irréversible du corps, les changements cognitifs, les passages de la naissance à la mort…

Nous savons aussi qu'avec les mutations technologiques, économiques, institutionnelles, la globalisation des marchés et la mondialisation des rapports humains, le cycle de vie instauré par les sociétés industrielles est en train de se défaire peu à peu. On voit le temps de travail se transformer dans sa nature, (conditions, technologie), dans son aménagement (horaires…), son rythme, sa durée (retraite anticipée, avancée et le chômage). Le temps libre augmente de durée et le temps de formation devient permanent et dure toute la vie de l'individu. Il y a donc là un tout **nouveau paradigme pour les temps sociaux, les temps personnels et les âges de la vie.**

Avec ces dernières mentions, il est primordial pour la personne d'entrer dans ce que j'appelle une **démarche du sens** pour apprendre à vivre ces temps de transition selon les significations trouvées conformes aux valeurs, aux croyances tout en essayant de situer le besoin d'agir pour une **nouvelle création de l'homme à venir**. Voilà, ce à quoi vous convie le dernier chapitre.

Chapitre 5

La quête du sens au-delà du mitan de la vie ou la route de la spiritualité

« Celui qui a une raison de vivre peut supporter presque n'importe quelles conditions de vie. »

FRIEDRICH NIETZSCHE (1844-1900)

Pour une définition de la spiritualité

L'on prêtera au terme «spiritualité» ce qui équivaut à la «vie intérieure», dans son sens le plus large. C'est dans cette perspective que la spiritualité, au sens étymologique (latin), «soupirer», de *spirare*, signifiant «souffler, respirer, vivre, s'offre à nous. Dérivé du latin, la spiritualité signifie aussi «esprit». Je m'inspire entre autres des travaux de Michel Foucault[1] qui voit la spiritualité comme une éthique de soi, une tâche essentielle aujourd'hui en ces temps de grands changements.

La vieillesse en tant que processus croît avec nous et la qualité de celle-ci dépendra entre autres de notre capacité à saisir son sens et sa valeur tant au plan humain, qu'au plan de la spiritualité et de la foi. Nous voilà donc au rendez-vous de deux dimensions : la spiritualité et la foi. Et pourquoi pas ajouter la religion comme une dimension intégrante. L'on peut être spirituel sans pour autant avoir la foi. L'un peut avoir la foi sans être relié au sacré (religion) par des actes, des rites et une appartenance à une communauté de croyants.

Lors des enseignements dispensés dans le cadre d'un cours sur la spiritualité et le vieillissement, j'ai cru qu'il était de bon augure de faire la distinction tout d'abord entre ce qu'est la spiritualité, la foi et la religion. Nombre de mes étudiants, de tradition judéo-chrétienne me disent ne plus être pratiquants et avoir la foi. D'autres sont profanes dans le sens «d'absence de l'idée de transcendance ou de Dieu». Qu'est-ce que ces mots, ces états d'être peuvent traduire dans la réalité contemporaine? Faisons un petit retour en arrière.

1   Michel Foucault, L' *herméneutique du sujet*, *Cours au Collège de France*, 1981 -1982, Gallimard/Le Seuil, Coll. Hautes Études, Paris, février 2001 (rapporté par Philippe Filliot, étudiant en doctorat en sciences de l'éducation, professeur agrégé d'Arts plastiques en IUFM, le 31 juillet 2006).

Il est juste de dire qu'en Occident, depuis les quarante dernières années, nous assistons à une floraison de mouvements spirituels, en passant par les groupes de méditations zen, le yoga, le bouddhisme tibétain, l'hindouisme, le soufisme et les sagesses antiques. Or, il se trouve aussi des petites communautés chrétiennes de base, qui poursuivent des buts sociaux, thérapeutiques, écologiques, et religieux dont l'idéal est de transformer la société et le monde en rejoignant la personne au cœur de sa vie.

Les années 60 et 70 ont vu la forte diminution des pratiques religieuses, voire des valeurs spirituelles. Au plan anthropologique, et à travers les cultures, on sait que le besoin d'approfondir sa vie intérieure, ou la quête spirituelle ou la recherche du divin en soi a toujours préoccupé l'être humain. Tous les hommes, où qu'ils soient sur la planète, ont une vie intérieure et des questionnements existentiels, de l'athée au religieux. Tous ont un **idéal de réalisation personnelle.** L'avènement de la psychologie transpersonnelle, vers la fin des années 1960, a donné les fondements pour une voie psycho-spirituelle laïque en Occident. Un pont est jeté entre l'Orient et l'Occident donnant accès aux philosophies antiques et aux voies ésotériques des religions du monde. Un exemple, Pythagore[2] (580 av. J.-C.) et la musicothérapie orphique, créateur de la gamme, pensait que certaines mélodies pouvaient provoquer des états supérieurs de conscience. Aujourd'hui, les recherches sur le bienfait des ondes, sur la transformation du rythme cérébral de veille (onde alpha et thêta), sont reconnues. La psychologie transpersonnelle considère l'humain comme un être sensible doué d'une intuition créatrice infinie.

---

2   Pythagore, né en 580 av. J.-C., mort en 490, était mathématicien, philosophe et astronome de la Grèce antique.

« Tous les espoirs de changements demeurent
et rien n'est jamais définitif dans la vie de l'homme. »
MICHEL LOBROT [3]

La société de consommation prônant les valeurs matériel-les et ludiques à un niveau superficiel a conquis les individus. Elle n'a pu répondre toutefois aux besoins profonds d'inté-riorité, de liberté, et de créativité que ressentent les êtres humains. C'est toute mon humanité que j'aurai à conquérir. C'est en ces termes que Charles Hadji [4] s'exprime en disant :

« C'est ma propre nature d'être humain que je dois conquérir, en la réalisant. Je n'ai pas ici à sortir de moi, à quitter le même pour aller vers l'autre. L'autre est en moi, en tant qu'il n'est pas encore. Que je ne suis pas encore ce que je pourrais être. C'est mon être que je dois conquérir, en le développant. »

En présence d'un vide ressenti par les personnes où qu'elles soient, il est probable que toutes sortes d'expérien-ces aient été initiées manifestant une aspiration à la vie in-térieure, liée à l'insécurité et au manque d'emprise sur sa vie. Je nommerai entre autres, le recours à l'occultisme, les pratiques spirituelles orientales ou autre appartenance et animations. Dans la perspective gérontologique, et les ré-flexions qui entourent le passage à la retraite, comme une phase de transition, un passage de la vie, la spiritualité prendra une nouvelle importance. Elle sera religieuse ou non religieuse, elle prendra la route de l'Être.

Le travail qui attend ces adultes est justement de montrer aux générations par leurs valeurs, leurs attitudes, leurs ac-tions que le sens de leur âge va au-delà de l'auto-isolement,

---

3   Michel Lobrot, *Priorité à l'éducation*, Payot, Paris, 1973, p.52.
4   Charles Hadji, *Penser et agir l'éducation*, ESF, Paris, 1992, p.80.

de la résignation, du sentiment d'inutilité et du désespoir. La spiritualité, dans le sens de Michel Foucault[5], est « un travail de soi sur soi, une élaboration de soi sur soi (…) dont on est soi-même responsable ».

Jérémie nous introduit au cœur de son propre cheminement vers une retraite progressive. Il démontre que l'équilibre est fragile en ces moments de transitions. Écoutons-le !

La chance de diminuer ma charge de travail

Jérémie nous dit qu'il a pensé diminuer sa charge de travail par étapes, graduellement et non pas subitement. Il travaille comme coordonnateur dans un établissement de soins de longue durée auprès des aînés. « J'ai vu ma charge de travail diminuer en intensité, en me disant, que demain ce ne serait pas fini, car quel choc ce serait alors. Je pense que cette démarche par étapes, c'est très aidant dans la dynamique du changement et de la perte, car c'est une perte, un deuil, la retraite, c'est GROS, y faut pas se le cacher ou se raconter des histoires à l'eau de rose… Se « re-traiter » contient aussi l'idée de se traiter autrement, or pour cela il y a peu de modèles… retraiter ses propres valeurs, son propre regard des choses, de la VIE, un second regard, quoi. Un re-trait d'une dynamique qui fut la pierre angulaire de nos vies signifiantes… si on touche sans précaution à cette pierre angulaire, il y a plein de dangers que la bâtisse s'écroule ou du moins une bonne partie du mur, ou de la porte d'entrée, si je regarde la construction ancienne des portes des grands monuments… j'aime bien cette image.

Danger de devenir aussi in-signifiant, c'est une de mes grandes peurs et en écrivant, je pleure, tellement c'est là au fond… dans une souffrance que je viens de mettre le doigt dessus … oui, être insignifiant pour moi et pour les autres, ouf, ça fesse en clissse… voilà ma grande peur de vieillir … du corps et de l'esprit. »

5 *Ibid.*, p. 17.

« Ne plus se faire reconnaître par le travail, ce n'est pas une mince affaire tu sais. Toute la vie est axée sur la valeur du travail, selon moi à 90 %, et c'est comme ça que je me voyais dans la trentaine... moi dans la quarantaine ça changeait enfin du tout au tout ; c'est là que je démissionnais en tant que directeur, je m'en allais sur ma petite fermette pendant deux années. Et puis on éduque aussi les enfants comme ça... c'est notre modèle de société... ».

Jérémie a gardé jusqu'en ce jour de ses 63 ans son travail à temps partiel au sein de la coordination d'une maison de personnes âgées. Il y vient à raison d'une fois par quinzaine, en remplacement du personnel. Il me dit sa joie de revoir le personnel médical qui voit en lui une personne d'expérience et de savoirs. J'observe ici, par l'expérience de Jérémie, que la retraite est un processus et elle devient plurielle en ce sens que les temps sociaux, les temps professionnels peuvent s'entrecroiser, à l'exemple de Jérémie. Pour citer Xavier Gaullier[6],

> « *la vieillesse s'allonge comme la jeunesse professionnellement et socialement, elle va de 50 à 90 ans, même si les handicaps du vieillissement sont reportés à un âge plus avancé qu'auparavant se pose le défi d'être âgé sans être vieux.* »

On assiste à un phénomène nouveau, celui d'une « retraite active », d'un « vieillissement actif », en somme d'une retraite plurielle. Il y a plus encore, la présence de Jérémie, à l'intérieur des rouages administratifs et parfois décisionnels contribue à la poursuite d'un modèle gérontocratique, la présence de nos aînés au sein de nos communautés

---

6   Xavier Gaullier, « Retraites, Préretraites et temps de la vie », in *Gérontologie et société*, Fondation nationale de gérontologie, n° 102, Paris, septembre 2002, p. 81.

humaines avec leur vécu expérientiel, si important pour les générations montantes.

Les adultes du mitan de la vie et au-delà ont une nouvelle responsabilité envers les générations futures celle d'humaniser la société[7], pour aider l'homme d'aujourd'hui à **retrouver le sens de la vie** qui dépasse les significations et les contraintes attribuées à la performance et aux avoirs matériels. En fait, les personnes âgées fournissent du soutien parental, gardent les tout-petits, amènent les enfants plus vieux pour une marche ou le cinéma. Il y a plus, selon Andrew Aitkens[8], elles prêtent leur voiture, accueillent un visiteur ou aident même à organiser un potager ou la chambre à coucher d'un nouveau-né. Ce sont là des activités plus communes que nous le pensons. Parfois, elles paient les frais de scolarité d'un enfant, achètent un appareil ménager et fournissent des soins et du soutien dans les situations difficiles. Elles offrent une affection sans borne et un amour à leurs enfants et à leurs petits-enfants.

Anne-Marie Guillemard[9], après avoir largement contribué à l'étude de la retraite, et avoir publié aux alentours des années 1972, *La retraite, une mort sociale* nous revient trente ans après. Ses recherches tentent à démontrer la « montée de la participation associative des retraités ». Ces néobénévoles

---

7   « Oui, mais cela m'apparaît de plus en plus difficile dans le « jeunisme » ambiant de notre société puéri-centrée au point où un philosophe actuel Alain Finkielkraut enseignant à la Polytechnique se demandait non pas « quel monde nous allons laisser à nos enfants » mais ... « quels enfants nous allons laisser à ce monde ! ».... » réflexion partagée par un collègue universitaire français.

8   Andrew Aitkens, « Une société pour tous les âges, un portrait des aînés au Canada », in *Le Magazine Transition*, Vol. 28, n° 2, décembre 1998.

9   Anne-Marie Guillemard, « De la retraite mort sociale à la retraite solidaire », in *Gérontologie et société*, Fondation nationale de gérontologie, Paris, no102, septembre 2002, p. 62.

s'engagent dans les mouvements associatifs, découvrent de nouveaux rôles sociaux en dehors des activités marchandes et retrouvent ainsi une utilité sociale et économique. Elle ajoute, « *ils veulent continuer de demeurer socialement actifs et utiles, afin de conserver en retour un rôle d'acteur social et de citoyen à part entière*[10] ». Les analyses ont aussi démontré jusqu'à quel point l'espace de la retraite s'est élargi. Elle débute plus tôt qu'avant, et en raison de l'espérance de vie aux âges élevés, elle se prolonge jusqu'à la grande vieillesse.

Lorsque je dis à mes étudiants qu'il est utile parfois de prendre le fauteuil avec une tisane ou un café pour simplement s'arrêter et être là, dans le moment présent, certains esquissent un léger sourire. Il est difficile pour des gens qui ont été actifs toute leur vie de prendre ces moments pour faire ce que j'appelle une relecture de la journée, de la semaine, ou simplement de leur existence, de leur chemin de vie. Ce que les gérontologues appellent la « réminiscence » (se souvenir), nous l'avons évoqué précédemment, permet de laisser monter à la conscience les images, les personnes, les événements, pour mieux se les approprier et y donner le sens, l'importance ou la signification qu'ils méritent. N'est-ce pas là une route à parcourir. C'est ainsi que Philippe Filliot[11], ajoute, « *la spiritualité vient modifier le mode d'être du sujet, son rapport à lui-même et plus généralement le rapport aux autres et au monde* ».

Ce temps ou mes enfants jouaient dehors

Je me rappelle de ce temps où les enfants, très jeunes, jouaient avec moi dehors, dans la neige, et je goûtais à ces

---

10 *Ibid*. p. 65.

11 Philippe Filliot (le 31 juillet 2006) étudiant en doctorat en sciences de l'éducation, professeur agrégé d'Arts plastiques en IUFM., dans *Éducation et spiritualité* à partir de Michel Foucault

moments comme à des perles de vie ; je savais que ces moments étaient précieux. Ils ont passé hélas trop vite. Je revois ma fille Mara, assisse sur la laveuse à linge, avec ses calepins, afin d'y prendre des notes, ou encore en train de répondre au téléphone. Je la revois devant le petit miroir elle est en train de se faire peigner par sa maman, elle n'a que 5 ans ; mon fils grimpe dans un arbre, comme un petit singe, ces images sont imprégnées en moi, et de temps en temps, elles viennent colorer les paysages de ma vie intérieure. Il se projette sur le grand écran[12] ces images, recréant ainsi le film de ma vie. Revoir ou laisser monter ces photos souvenirs, font jouer et vivre en moi des sentiments, des émotions, et c'est aussi cela pour moi, le deuil, c'est-à-dire revoir ma vie, en accueillant, que tout est arrivée et départ, instant après instant et que la vie est présente dans la mort, c'est-à-dire, dans les allers et venues de ces instants de mon existence.

Une connaissance de longue date me parlait en ces termes :

Je n'ai rien à dire….

J'ai quitté ma profession quelque vingt années passées pour cause de maladie ; j'ai voué ma vie pour les autres, les élèves, mes parents, et autre, maintenant, seule, outre les quelques bons voisins, je m'occupe à lire ; je suis une femme qui pense beaucoup.

Ma peur, ou mon malaise, c'est que je n'ai rien à dire, lorsque je rencontre les gens.

---

12 « Je re-vis aussi fréquemment ces images de bonheur dans la réminiscence des moments partagés avec mon grand-père durant de longues semaines préautomnales, campant au bord d'un étang noyé dans la brume du petit matin... Matrice émotionnelle... enracinement affectif... », paroles partagées par mon ami et collaborateur français.

Loin de sa profession enseignante, à l'époque où les activités auprès de ses élèves remplissaient ses journées, cette dame est seule, à un tel point qu'elle ne parle plus, sinon, à quelques bons voisins des alentours. J'y vois tout cet immense besoin d'affirmation et l'espace pour un nouvel apprentissage social en accueillant ses besoins et les peurs qui les accompagnent.

La solitude, un rendez-vous

Au temps de la retraite, et dans les années qui suivront, il se peut aussi que la solitude soit au rendez-vous de nos jours, particulièrement lorsque les dépendances de toutes sortes feront leur apparition. De même lorsque les contacts seront perdus, à la suite d'un divorce, d'un événement douloureux, le décès d'un conjoint, l'entrée en maison de long séjour, laissant ainsi des êtres sans famille[13], sans ami. La question qui se pose, est la suivante «Lorsque s'impose la solitude, comment la supporter ou la porter?».

André Gide, notre grand écrivain a écrit un jour «**La solitude n'est supportable qu'avec Dieu!**». J'ai rencontré un jour Martha dont je relate une situation tirée de son vécu. À quelle réflexion son vécu vous conduit-il?

Martha, 97 ans n'a à qui téléphoner. De plus, elle perd la vue petit à petit et ne peut lire les numéros de téléphone. La télévision ne lui sert plus à rien. Elle habite le septième étage d'un immeuble. Comble de malheur, elle est atteinte de surdité chronique. Vivant l'insécurité, elle n'ouvre la

---

13 Au moment où j'écris ces lignes, je ne puis m'empêcher de penser au drame de Cana, au Liban, où plus de 30 enfants ont trouvé la mort dans les raids israéliens. La Communauté internationale, sous le choc, demande un cessez-le-feu immédiat.

porte de son logement que pour l'auxiliaire de vie sociale qui vient la voir une fois par semaine.

Il est juste de dire que Martha nécessite la présence de l'autre pour remplir ses besoins les plus fondamentaux d'amour, de sécurité, d'humanité, de faim, de soif, en somme tout ce qui permet à l'humain de demeurer dans le monde des vivants. Pour Martha, la solitude arrivée à travers les circonstances de la vie est faite de désolation. Pour d'autres adultes, la solitude est un trésor, une Présence, une respiration, une source d'inspiration et de création. Nous savons que la solitude ne veut pas dire l'isolement. On peut être seul et produire de la beauté. Mais à côté de ces descriptions de sens, Boris Cyrulnik[14], neuropsychiatre dit que la solitude forcée peut aussi être un « merveilleux malheur ». En effet des êtres qui traversent les épreuves de la maladie vont changer leurs valeurs. Quelqu'un d'autre est en train de naître. Ce processus nous conduit à des nouvelles prises de conscience pour accueillir la vie dans son ensemble, celle-ci tissée par tant de changements et d'imprévus- les fins de relations, un grave accident[15], la vente d'une maison, le départ d'un travail, d'un quartier, la perte d'amis, etc. Les débuts et les fins font vivre toutes les gammes d'émotions. Lorsque je pose un regard sur ma propre vie, cela ne s'est pas passé comme prévu, tant au plan affectif que professionnel.

---

14 Boris Cyrulnik, propos cités par Édouard Clivaz, dans « La solitude forcée - appel à un sursaut de vie ! », in *Annales d'Issoudun* (Revue de Notre-Dame du Sacré-Cœur), Issoudun, France, février 2006, p.16.

15 C'est ainsi qu'une connaissance à l'hôtel vivant à Trinidad, me partage ce coup heureux du destin. Un jour, un accident tragique de motocyclette va changer sa vie du tout au tout. « Aujourd'hui, me dit-il, ce que je vis, ce que je suis devenu, et les projets que je porte, sont la résultante de la grande épreuve que mon corps a subie... je dois aussi, maintenant, écouter mon corps, en prendre soin, car sa mémoire n'a pas oublié le trauma. »

Il y a un début, il y a une fin

Nous sommes là dans la sphère du temps à nous interroger. C'est comme si nous, les êtres humains, nous étions attirés par cette pulsion de vie qui nous fait vouloir demeurer vivant, éternellement; hélas, le temps horloge ouvre le chemin pour que tous les temps s'installent et s'envolent.

Un ami arabe me disait comme le soleil se lève le matin, ainsi ce soir il se couchera et ce sera la fin d'une autre journée.

Ainsi en est-il du temps social qui se rétrécit au fur et à mesure que les âges évoluent, et une fois arrivés au temps de la retraite, mes amis et mes connaissances vont prendre le relais des collègues que j'ai laissés à l'Université. Je réalise, à 59 ans, que ce sont les relations que j'aurai nourries par le téléphone, le courrier, les visites, qui vont se maintenir. Certaines autres relations mourront par elles-mêmes car elles sont devenues au fil des années, distantes ou non signifiantes.

Il est illusoire de compter uniquement sur les nouvelles rencontres réalisées lors des voyages-vacances, car il est rare que ces relations se développent et se maintiennent. Il m'arrive parfois de repenser à ces personnes rencontrées et avec lesquelles j'ai vécu des moments authentiques. Or, j'ai réalisé que c'était moi qui souhaitais maintenir la relation, alors que je ne recevais pas la réciprocité. J'ai alors accepté que la relation s'éteigne par elle-même.

D'autre part, le temps psychologique, implique un investissement dans le présent. Je souhaite beaucoup plus, pour ma part vivre l'instant présent, là, ici et maintenant, que d'investir mon énergie dans le regret, la culpabilité, les « j'aurais dû » ou encore les ressentiments.

Eckhart Tolle [16] nous dit :

« *que s'accrocher au passé provoque une accumulation du passé dans la psyché. Cela contribue, dit-il, à renforcer un faux sentiment de moi et peut contribuer à accélérer le processus du vieillissement* ».

J'observe parfois ces personnes dont le regard semble fuir l'autre, pressées à partir, ou préoccupées peut-être, incapables d'être présentes aux êtres qui les entourent. Je m'interroge : Est-ce qu'elles sont absorbées par les inquiétudes, les soucis, enfermées dans une prison intérieure ? Sont-elles épuisées par le ressentiment, la culpabilité, la peur ?

La peur

Or la peur est une part très importante de notre vie et est très négligée selon Ruth Rendell [17]. La plupart des gens ont honte d'en parler. On essaie de vivre avec ça. Elle ajoute « *Moi-même, je suis très consciente que la catastrophe peut surgir d'un instant à l'autre, la perte, la mort, même si ça ne m'oppresse pas.* »

On a peur de la mort, on a peur d'avoir une maladie grave, on a peur de mal vieillir, on a peur des accidents, on a peur de tout ce qui peut nous arriver. On a peur des autres, peur d'un regard, peur de l'étranger. Notre instinct de survie est tel que nous prévoyons, nous anticipons, nous nous protégeons, et c'est tant mieux. Or, arrivé au seuil de la soixantaine, pour ma part, je pense à ma mort, à la mort des proches, je pense à mes enfants, à mes petits-enfants à venir. Je pense au lieu où je souhaite terminer mes jours, je pense à la souffrance, à la

---

16 Eckhart Tolle, *op.cit.* p.81.

17 Ruth Rendell, dans « Rencontre », in *le Monde*, le 21 janvier 2006, n° 18976, p. 12.

douleur, je pense à mes fragilités présentes et à venir. Je vois mon corps prendre les apparences de l'âge, quoique jusqu'à aujourd'hui, j'ai l'impression avoir bien traversé le temps. Avec la conscience et les connaissances que j'ai sur les enjeux du vieillissement, j'avoue ne pas connaître la peur. Je me sens en sécurité avec cela. Par ailleurs, il arrive parfois qu'un sentiment d'appréhension, de doute, ou d'incertitude me rende visite, car je ne peux maîtriser le monde de la forme, le matériel. Ai-je un pouvoir sur l'imprévisible, le destin, le hasard, ou quoi encore? Quand il y a la peur, je trouve qu'elle est plus gérable que l'angoisse. La peur a un objet, l'angoisse n'en a pas. Comme je ne peux pas me représenter ma mort, ne l'ayant jamais vécue, et mon inconscient même ne pouvant me la suggérer, n'ayant aucun modèle à suivre, à copier, oui, elle est unique et imprévisible, il se peut donc, que des êtres (moi inclus) vivent de l'angoisse, juste à y penser. Je ne sais pas ma mort. Je ne crois pas aussi que je puisse m'y préparer. Je la vivrai, dans l'ici et le maintenant lorsqu'elle me fera signe. C'est humain, très humain. Sachez aussi que la peur, l'angoisse, la révolte, la colère, sont des émotions saines et n'ont rien à voir avec la morale ou encore le jugement de Dieu. C'est de la façon dont je vais me responsabiliser en présence de celles-ci qui sera important. Est-ce que je veux trouver un coupable, un bouc émissaire à mes déboires, ou humainement entrer dans mon vécu et l'assumer jusqu'au bout comme un homme? C'est à y voir!

À quel moment de la vie d'une personne l'intériorisation prendra-t-elle de plus en plus de place? Jeannine Guindon[18] ajoute «*il atteint un niveau d'intériorité qui aiguille toutes ses décisions importantes*». En effet, c'est dans la période des 58 à 68

---

18 Jeannine Guindon, *Vers l'autonomie psychique*, Éditions Science et Culture, Montréal, 2001, p. 117.

ans, les frontières étant malléables que l'intériorisation chez la personne prend de plus en plus la place sur le faire. La croissance de la personne se fera à plus d'un niveau.

Le vieillissement humain

Le vieillissement humain, sera donc vécu comme un véritable processus faisant appel à l'harmonisation à la fois psychique, physique et spirituel. La personne aura besoin de ces plages de tranquillité pour maintenir à niveau le système immunitaire, l'énergie et la vitalité dont la vie pleine a besoin.

Lorsque je pense à mon frère Jean-Paul, atteint d'un cancer, admis en « soins palliatifs », des souvenirs de mon passé vécu avec lui ressurgissent. Je le revois, tout jeune, dans la force de l'âge ; j'ai assisté à l'évolution de sa vie professionnelle et familiale. Je suis fier d'avoir eu un frère autant doué pour les grands dossiers que les ministères du gouvernement lui confiaient. Ce matin, je suis envahi par une nostalgie. Je suis loin de lui, je l'aime d'autant plus en ces temps de fin de vie, car je sais que je ne serai pas là le jour de sa mort ; c'est ça aussi le deuil, c'est accueillir les grandes choses, qu'il a réalisées, et c'est aussi voir mon impuissance à ne pas pouvoir être à ses côtés. C'est en mon coeur profond que je puis le rejoindre et demeurer en communion avec lui.

Les arrivées, les départs, les séparations temporaires ou définitives, viennent faire vibrer mon coeur ce matin ; elles me disent que la vie est espérance et que si je connais la peine de la séparation aujourd'hui, demain, d'autres personnes viendront combler mon coeur tout en gardant le souvenir des êtres aimés. Un ami de la région du Québec, Daniel, me fait voir qu'au début de la vie adulte, il y a plusieurs arrivées, à savoir, l'université, le marché du travail, les diplômes, la relation amoureuse, l'engagement, les enfants, les débuts de la carrière, les promotions, les acquisitions, et soudain, au milieu de la vie, les départs qui arrivent successivement, enfants, déménagement, retraite, maladie, hospitalisation parfois, et le tout conduisant au grand âge où l'être humain entre dans les périodes de grande liberté et aussi de fragilités.

Ce chapitre me semble être central à la réflexion poursuivie jusqu'à maintenant. On ne vient pas à sa rencontre, sans s'arrêter, sans prendre un temps, repenser sa trajectoire, refaire ses calculs ou son devoir pour rebondir à nouveau. La connaissance de soi est moins une étude qu'un art de vivre, selon Marie-Magdeleine Davy[19]. Dans ce travail sur soi, le moi est transcendé, dépassé, et comme remis en perspective pour arriver à un niveau supérieur de la conscience.

Je fais à ce moment-ci la distinction entre ce qu'est la spiritualité, la foi et la religion à l'intérieur d'un tableau qui vous est présenté.

Le tableau est divisé sur trois colonnes (voir page suivante).

---

19 Marie-Magdeleine Davy, *La Connaissance de soi*, Quadrige PUF, France, 2004, p.22.

La spiritualité

1. Le mot spiritualité vient du latin spiritus (esprit) ou encore « soupirer » ; la spiritualité peut être religieuse (marcher selon l'Esprit saint de Dieu et porter du fruit) ou non-religieuse (une expérience personnelle et intérieure en laissant de plus en plus de place au Soi intérieur qu'à l'ego) ; l'ego s'ouvre à l'altérité.

2. Qualité de ce qui est dégagé de toute matérialité.

3. L'essence de la personne, intrinsèque à l'être humain.

4. La recherche d'un sens profond à la vie et aux événements de la vie.

5. La recherche d'une énergie créatrice.

6. La spiritualité m'apprend à la fidélité, à l'aspiration profonde de mon être.

7. La spiritualité appelle à découvrir en nous l'être que nous sommes au-delà de notre moi.

8. La spiritualité agissant comme une motivation et un engagement envers les valeurs telles que l'amour, l'espoir, la beauté, le bien, le bon, le juste, le vrai.

9. La spiritualité propose de regarder l'être que nous sommes comme un don de l'amour de Dieu.

10. La spiritualité: Être esprit conscient ici et maintenant sans référence à aucune croyance, à aucune identification.

11. La contemplation, l'admiration, l'accomplissement nous donnent l'inspiration au-delà de la vie quotidienne.

12. Elle est une partie de ce qui nous constitue humain.

13. Elle est une source d'inspiration, tout comme l'art.

14. Pour vivre une vie spirituelle, nous devons trouver le courage d'entrer dans le désert de la solitude[20][22]

15. La spiritualité se retrouve sous beaucoup de formes. Certains la trouvent dans l'art, en lisant un roman, en écoutant de la musique, en contemplant un tableau ; l'art nous donne un élan d'émotion qui est souvent « spirituel ».

La foi

1. La foi[21], confiance, (du latin (idere, avoir confiance), mise dans une, personne, dans son engagement, dans sa parole donnée.

2. Un éclairage intérieur, un éclairage d'amour qui nous fait entrer dans l'intimité d'une personne.

3. La foi est une lumière du cœur, c'est une lumière d'amour comme le mot « croire » lui-même veut dire : donner son cœur.

4. La foi, en tant qu'adhésion personnelle et intérieure à un appel de Dieu, est un fait relativement récent ; chrétiens, juifs, musulmans voient en Abraham le premier des croyants, c'est-à-dire le premier qui a répondu à un appel personnel de Dieu et engagé toute sa vie dans cette réponse.

5. « c'est le cœur qui sent Dieu, et non la raison. Voilà ce que c'est que la foi, Dieu sensible au cœur, non à la raison. » Blaise Pascal (1623-1662).

6. La foi est une démarche, un cheminement, une recherche constante, une progression, une quiétude, une quête.

7. La foi, c'est croire que l'on crée ce en quoi l'on croit.

8. Au plan de sa réalisation personnelle, nous sommes le produit de ceux qui ont cru en nous, de ceux qui nous ont fait confiance.

La religion

1. La religion (du latin religare / relier) est le lien qui relie l'homme au sacré ; il se manifeste par des actes, des rites, des cérémonies.

2. C'est l'ensemble des croyances et des dogmes définissant le rapport de l'homme avec le sacré.

3. L'ensemble des pratiques et des rites propres à chacune de ces croyances (les chrétiens, les musulmans, etc.).

4. La religion est un phénomène sociologique et culturel général, dont les origines se perdent dans l'obscurité des commencements humains.

5. La religion risque d'être vécue comme une manière de s'approprier la relation au sacré et d'en disposer, en ne s'intéressant en outre qu'au sacré (et non à la personne de Dieu).

---

20 On parle souvent de la genèse de la foi à partir de la première relation créée avec sa mère et son père, selon si cette relation a été signifiante ou non.

21 Michel Foucault, *op.cit.résume*: « la vie toute entière devrait être exercée, pratiquée comme une épreuve. » p.435.

22 Colette Portelance, *op. cit.*

En relisant le tableau, en ses trois entrées, *la spiritualité, la foi, et la religion*, j'invite le lecteur à prendre un temps de réflexion tout en notant les éléments qui caractérisent sa démarche.

Travail personnel

1. Quelle est la porte que je privilégie à ce moment-ci de ma vie ?

2. Quels éléments me sont familiers ou correspondent à ma réalité ?

3. Quel bel échange ce travail de relecture pourrait susciter au sein d'un groupe de réflexion, voire entre les conjoints, ou les amis.

Je crois que la phase de spiritualité vue comme une relation avec soi-même, les autres, et l'environnement, en somme à ce qui est plus grand que soi débute vers la quarantaine. La foi et la religion prendront plus tard vers la soixantaine et en montant des formes d'expression pluriculturelles selon les âges et l'histoire sacrée de chaque personne. Elles peuvent aussi être présentes et actualisées chez les uns et les autres à tout âge. La spiritualité, par exemple, peut être vécue comme une conception d'une éducation généralisée où la vie entière jusqu'à la mort appelle sans cesse la personne à se connaître, à se découvrir, à se former, se transformer et progresser.

Pour le moment, je m'attarderai surtout à la dynamique du « sens de sa vie » comme porte d'entrée sur la « spiritualité au temps de la retraite ». Dans un premier temps, réfléchissons à ce que l'on entend par l'expression « sens de sa vie ».

Le thérapeute de la vitalité, Viktor Frankl[23], s'est penché sur les raisons de vivre de l'homme. Il développa la « logothérapie » ; son postulat, il faut, avant toute chose, trouver un sens à ses actions. Il ajoute « *chaque sujet doit trouver et se donner une raison d'exister, une raison unique et singulière* ». Il termine en disant, « Elle seule (*en parlant de la raison de vivre*), comble l'exigence existentielle et spirituelle de l'âme humaine. Un autre philosophe, Friedrich Nietzsche (1844 à 1900) ajoutera que celui qui a une raison de vivre peut supporter presque n'importe quelles conditions de vie. Lorsque Martin Gray était en visite en la Péninsule acadienne du Nouveau-Brunswick, une dame lui demanda, après sa conférence, quelle était sa référence intérieure pour avoir pu supporter de telles épreuves. Il répond à peu près en ces mots « la force de vie intérieure »… il s'est accroché à cette force intérieure, qu'il nomme « force de vie ». C'était chez lui l'écho de cette force qui donnait le sens pour continuer à vivre.

Les composantes du sens de la vie

Pour s'aventurer sur cette nouvelle route du sens de la vie, nous regarderons d'un peu plus près les trois composantes qui contribuent selon Paul Wong[24], à déterminer le sens de sa vie. Il y a d'abord les **valeurs intellectuelles**, puis la **motivation** à poursuivre des buts qui sont compatibles avec ses valeurs, et enfin la **satisfaction émotive** d'avoir une vie qui vaut la peine d'être vécue.

---

23 Viktor Frankl, « Le thérapeute de la vitalité », *Psychologies Magazine*, septembre 2005, n° 244, p. 98 et 99. C'est dans l'horreur d'Auschwitz qu'il se confrontera à ce qui devait devenir sa pensée propre : quel sens trouver à la vie pour nous donner l'envie, le courage de continuer ? Il survécu cinq années dans ce camp de concentration avec l'espoir de revoir sa femme et d'écrire un livre.

24 Paul Wong, "Personal meaning and successful aging", *Canadian Psychology*, 30, 3, 1989, p.516-525.

Au chapitre des **valeurs intellectuelles**[25], j'ai pensé laisser la parole à ces adultes retraités pour lesquels les témoignages sont éloquents, démontrant ainsi leur sentiment d'avoir gardé une raison de vivre.

Tous les matins, il savoure ce moment. Il lit tranquillement son journal et prend son temps pour déjeuner en compagnie de son épouse. Il souligne aussi combien c'est important pour lui l'habillement à sa retraite ; il trouve que c'est un privilège de pouvoir toujours s'habiller chic.

Vous constaterez par vous-même ici que les vêtements chics, comme le dit le monsieur, représentent toute la place dans l'image de soi. C'est le rapport à la beauté qui est déployé ici. Ceci vaut pour les hommes et pour les femmes. Cela peut vous sembler être une banalité ; j'ai découvert, pour ma part, le bien-être du lin, au cours des dernières années ; c'est une fibre naturelle qui me procure un réel confort, particulièrement en temps chaud.

Une étudiante nous livre ses réflexions :

À mesure qu'il avance dans sa retraite, il développe de nouveaux goûts, surtout la lecture et la musique. Il s'est même découvert du talent pour le chant et il joue très bien du piano. Il adore aussi bricoler avec le bois. Il fait de très belles choses à ses petits-enfants. Il s'adonne à bien des choses avec son épouse comme faire des promenades en forêt, parfois même des pique-niques, des marches au bord de la mer, ou tout simplement passer des journées entières à son chalet, car pour lui, c'est encore un privilège de pouvoir rester là à ne rien faire. Il réalisa même un rêve de longue date, celui de retourner aux études.

---

25 Les valeurs intellectuelles contribuent à mon estime, dans le sens du vrai, du bon, du beau, dont je suis conscient, servant de référence à mes jugements et à ma conduite (Petit Robert, 2004).

Ce monsieur démontre bien par ses valeurs, le goût d'apprendre, de créer, tout en laissant aux petits-enfants quelque chose de lui-même, faisant référence à la notion de « générativité » si chère à Erik Erikson.

En rendant visite à un couple âgé, au cœur d'un petit village acadien, voici ce que notre étudiante observe :

> M. et Mme Ha. étaient en train de préparer de très beaux légumes venant de leur magnifique jardin. Ils étaient tellement heureux de se préparer pour l'exposition agricole de Saint-Isidore. Le couple me partagea que cela ne leur donnait rien au point de vue argent, mais leur apportait une très grande satisfaction personnelle et leur faisait rencontrer d'autres gens. Pour eux, c'était plus valorisant que d'avoir un travail rémunéré.

> M. et Mme Ha. ont des projets plein la tête. Le projet qui les intéresse le plus est de voyager. Ils font de deux à trois gros voyages par année.

C'est ainsi que ce couple exemplaire a un réel bonheur à rencontrer des gens. Le réseau social est primordial. Il permet de maintenir les liens sociaux, d'où le sentiment d'appartenance à la communauté humaine pour les moments de fragilité, de dépendance, qui peuvent survenir. De même, le projet devient le prolongement de son identité, de son histoire pour poursuivre son devenir.

Enfin deux autres témoignages de la recherche viennent donner support à la **motivation des aînés** à poursuivre des activités qui donnent sens à leur vie. Il s'agit ici d'une institutrice. Elle ajoute :

> « J'aimerais pouvoir donner ou continuer à enseigner à des personnes qui désirent s'améliorer, car cela me procurerait une grande satisfaction personnelle ».

La satisfaction personnelle évoquée par cette dame fait certainement référence à son besoin de donner un sens à sa vie.

Regardons maintenant ce que peut être un autre exemple de motivation tiré du vécu d'adultes qui sont à la retraite. On se rappelle que les motivations sont la deuxième composante pour donner un sens à sa vie.

La santé sera de premier ordre, le critère autour duquel tournera la vie de l'adulte retraité. Tous, nous dirons, sans la santé, nous ne pouvons rien faire. La santé contribuera à assurer le revenu, le travail, les loisirs, la continuité. Lisez avec moi ce témoignage relaté par une autre recherche gérontologique. Monsieur Hu. a perdu sa santé, et voyez le lien avec le sens qu'il essaie de donner à sa vie.

Obligé d'arrêter de travailler à cause de la maladie, son seul revenu est d'avoir trente dollars par mois du bien-être. Cela se passe dans les années 1970. « On ne peut pas nourrir quinze bouches à table avec ça ». Ses deux filles, plus âgées qui travaillent à l'extérieur doivent leur venir en aide en payant les factures d'électricité et de téléphone. Même avec toute cette bonne volonté, ce n'est pas suffisant pour arriver à joindre les deux bouts. Alors sa femme doit aller travailler dans les restaurants comme cuisinière pour réussir à payer les factures qui s'accumulent. « J'avais neuf cent piastres de crédit au magasin à Donald »...À la retraite depuis huit ans, M. Hu. a maintenant une vie paisible et sans trop de problèmes. « Je suis heureux, il me manque seulement un peu d'ma santé ».

On constate ici que Monsieur Hu. malgré son état de santé diminué a quand même une satisfaction relative d'être utile à ses enfants. Il dira, « *je suis entouré de mes enfants et je me sens en sécurité* ».

En terminant cette partie sur les composantes du sens de la vie, nous allons aborder le dernier élément, soit, **la** *satisfaction émotive d'avoir une vie qui vaut la peine d'être vécue*. On observera au travers de trois témoignages puisés à même nos recherche que ces adultes du 3e et du 4e âge, parce qu'ils sentent que leur vie a une raison d'être, ont un meilleur moral, souffrent moins de solitude et adoptent une attitude plus positive à l'égard du vieillissement.

1. *« Non, vraiment, me dit M. Ha., je ne m'ennuie jamais; je suis comblé; j'ai une très bonne santé; je fais beaucoup d'exercices, de la marche, de la bicyclette, du camping l'été et des voyages dans le sud l'hiver. J'ai aussi une belle philosophie; je ne m'inquiète jamais du lendemain. Je prends ça comme ça vient. »*

2. *« C'est sûr que je ne suis pas heureuse d'avoir eu cet accident qui m'a obligée de mettre fin à l'enseignement à 50 ans, mais je remercie Dieu d'être encore de ce monde et j'espère pouvoir un jour donner des cours aux personnes qui le désirent. Je suis toujours en train de m'adapter à ma nouvelle vie, mais je pense que tout être humain doit s'adapter au fil des ans. »*

L'on peut ajouter ici, à la suite de ce témoignage, que cette personne a un sentiment profond du sens de la vie. Elle était enseignante, et elle le demeure toujours dans son cœur. Le CCNTA[26] a découvert, lors de ses consultations auprès des personnes du troisième âge pour surmonter les obstacles à l'autonomie, que plusieurs d'entre elles priaient pour obtenir des forces ou bien elles s'efforçaient d'accepter certaines épreuves comme étant la « volonté de Dieu ».

---

26 Conseil consultatif national sur le troisième âge, « Pour mieux comprendre l'autonomie des aînés(e)s, 2e Rapport. Leurs stratégies de prise en charge », in *Le vieillissement et le sens de la vie*, vol. 8 n° 4, Ottawa, Canada, 1990.

L'on poursuit la lecture d'un dernier témoignage en lien avec la satisfaction au temps de la retraite.

> 3. *Ils sont très heureux d'être en retraite aujourd'hui, c'est-à-dire ne pas être sur le marché du travail rémunéré et enfin faire les choses qu'ils aiment. Pour eux (la dame, enseignante, et le monsieur, conducteur d'autobus scolaire), ils n'ont pas eu de temps d'adaptation, car ils ne se disent pas être à la vraie retraite. M. et Mme Ha. me disent que les jours ne sont pas assez longs pour faire tout ce qu'ils aimeraient faire. Mme Ha. me dit remercier le bon Dieu tous les jours pour la bonne santé.*

Selon les chercheurs Dan Blaze et Erdman Palmore[27], le lien entre le bien-être émotif et l'engagement religieux est particulièrement fort chez les personnes âgées de 75 ans. D'autres chercheurs, Harold Koenig[28], James Kvale et Carolyn Ferrel renforcent l'idée qu'à mesure que déclinent la santé et les ressources sociales et financières, chez les aînés de 75 ans et plus, la religion contribue au bien-être de ceux-ci.

À partir de cette prise de conscience sur les composantes du sens de ma vie, je propose la question suivante, en dehors de tout dogme ou de toute religion.

Travail personnel

Qu'est-ce qui me procure de la joie? Une joie qui dure, qui me projette en avant, qui me nourrit?

---

27 D. Blazer et E. Palmore, "Religion and aging in a longitudinal panel", in *The Gerontologist*, 1976, 16, l, p. 82-85.

28 H. Koenig et al. « Religion and well-being in later life », *The Gerontologist*, 1988, 28, 1, p.18-28.

La spiritualité peut se retrouver chez les incroyants comme chez les croyants. Pierre Hadot[29] ajoute, « *la notion de spiritualité n'est donc pas liée à la religion mais permet d'englober plusieurs significations sans se limiter à une vision fragmentaire de l'individu* ». Il n'en n'est pas de même pour les deux autres la foi et la religion. Or chez l'incroyant, ce sont autour de ses valeurs que la spiritualité peut donner sens à sa vie. Le respect de la vie, la défense des droits fondamentaux des enfants, l'alter mondialisation, le travail pour la paix, le développement communautaire, et j'en passe sont les démarches d'un parcours spirituel.

L'expérience du sacré, peut aussi se traduire pour quelqu'un qui est sensible à une dimension qui le dépasse, à quelqu'un pour qui le doute permanent anime son esprit. Un jour, un collègue de l'Université me dit « *J'espère ne pas te blesser, mais je tiens à te dire que je suis athée* ». Je lui réponds, que je n'ai pas de difficulté avec cela. C'est toi. Et c'est important que je te reconnaisse comme étant toi. Si tu me permets, lui dis-je, « *est-ce que tu crois en la personne* » ? (*Dans le sens d'avoir confiance, mettre ta confiance en…*). Ce dernier, me dit, « *oui, bien sûr* ». J'ai aimé connaître un peu plus mon collègue dans sa vérité. Reconnaître la différence, c'est déjà à mon sens, une première démarche de la foi en l'autre.

D'autre part, lorsque quelqu'un vit l'expérience du sacré, lorsqu'il est à la recherche du sens de sa vie, il ne découvrira pas nécessairement Dieu ou Jésus-Christ, comme St-Paul qui, sur le chemin de Damas, tombe de son cheval, aveuglé par cette Lumière trop grande qui l'enveloppe. Même chez les agnostiques, pour qui le monde de la métaphysique est inconnaissable, non maîtrisable, ceux-ci peuvent se sentir

29 Pierre Hadot, *La philosophie comme manière de vivre*, Albin Michel, Paris, 2001, p.141.

dépassés par quelqu'un ou quelque chose dont les contours leur échappent.

Enfin, comme le précise Laurent Laplante[30], journaliste,

« *l'expression de la spiritualité peut venir de n'importe quelle conscience, croyance ou pas, elle peut aussi se cacher discrètement dans une émotion, un projet, une fidélité à des valeurs généreuses* ».

La littérature en sciences humaines nous indique qu'entre quarante et cinquante ans va s'opérer une crise, dans le sens de perturbations, de ruptures, (le sens grec, *krisis* - décision) qui sera constructive car observée dans la perspective d'un potentiel en devenir au sein de la personne qui la traversera. Françoise Millet-Bartoli[31], psychiatre, psychothérapeute et enseignante à la faculté de médecine de Toulouse, a publié un ouvrage au titre évocateur, *La crise du milieu de la vie, une deuxième chance.*

La crise du milieu de la vie

C'est en lisant l'histoire de Robert interviewée dans le cadre de mes recherches que je vous invite à venir avec moi dans une autre réalité, celle qui se présente au plein mitan de la vie.

---

30 Laurent Laplante, journaliste, « Blizzard sur le spirituel - l'accalmie, puis l'essentiel », in *Revue Notre-Dame*, Québec, décembre 2001, Vol. 99, n° 11, p.13.

31 Françoise Millet-Bartoli, *La crise du milieu de la vie, une deuxième chance*, Odile Jacob, Paris, 2002.

Retaper sa maison. Et après???

Robert est âgé de 55 ans; il a été comptable durant les 25 dernières années de sa vie. Il a prévu suffisamment d'économies pour volontairement arrêter de travailler à l'âge de 55 ans; ses deux enfants ont tout récemment terminé leurs études et son épouse, Bernadette, a aussi prévu d'arrêter en même temps que son mari. Ils ont comme projet de repeindre la maison, tant à l'intérieur qu'à l'extérieur. Le projet dure un an. Ce n'est qu'après le projet, à l'aube de ses 56 ans que Robert réalise l'ampleur de sa décision. « Je n'ai que 56 ans, qu'est-ce que je vais faire de tout ce temps? » Pour son épouse, il semble que le processus soit plus facile. Elle a son réseau d'amies, son bénévolat, ses associations, bref, il lui manque du temps, elle ne s'ennuie pas. Bernadette est même contente de réintégrer sa maison, sa cuisine, ses affaires. Pour Robert, la situation se présente différemment. Il a de la difficulté à trouver sa place dans cette maison vide. Avant, il y venait après ses heures de bureau, il retrouvait une maison propre, les repas avaient été préparés la veille par Bernadette; en somme, tout coulait comme par magie. Or, maintenant, les repas sont à préparer, la lessive à compléter, les courses à faire, il a l'impression d'être le servant de Bernadette et pire encore, il n'a pas libre accès à la cuisine, le royaume de Bernadette. Ce n'est que dans le sous-sol qu'il retrouve une certaine tranquillité, un lieu bien à lui. Il se dit, « je n'ai pas travaillé toute ma vie, pour la finir dans un sous-sol. » C'est alors qu'il décide de retourner au travail en offrant à sa société comptable de travailler au moins 10 heures semaines, soit le mercredi et le vendredi. Il est heureux de cette initiative, Il continue à voir des gens, à rire, à retrouver son groupe d'amis. Il a l'impression que son identité se remet en place. Il se voit comme un homme en transition, qui est toujours en forme et en mesure de donner de lui-même.

*« C'est la relation entre les hommes qui détermine
la personnalité de chacun et finalement son histoire. »*

MICHEL LOBROT[32]

Je vous propose la réflexion suivante, en empruntant un espace à la toute fin de votre chapitre pour y annoter vos découvertes.

Travail personnel

1. Et comment cela se produit-il pour vous ?
2. Avez-vous vécu quelque chose de similaire à Robert ?
3. Comment cela s'est-il transformé ?

Robert est revenu à son groupe social d'appartenance. Il s'est donné un temps-horaire qui lui convient. Quand est-il pour les millions de jeunes retraités qui arriveront à ce tournant ? Nous avons un bon indice d'un changement de paradigme. On préconise les horaires flexibles, le temps partiel. J'ajoute un troisième facteur, celui d'un retour au travail pour mettre fin à l'ennui[33], à la solitude, tout en élaborant un travail de **maintien d'une identité sociale.** Oui, les adultes, à tous les âges, selon les cultures et les occupations exercées auront de plus en plus de possibilités de réintégrer les rouages de la société en contribuant aux valeurs de progrès, d'avenir, et d'humanisation[34] de celle-ci. Le temps leur sera

---

32 *Ibid.* p.6

33 Un fonctionnaire nouvellement à la retraite est embauché dans une entreprise de pièces d'auto. « J'aime aller vers les gens, me dit-il, je ne vois pas le temps passer, ce sont des vacances ! ».

34 C'est ainsi qu'un prêtre, arrivé à soixante-dix ans, décide de se retirer. Je le revois récemment. Il me dit être revenu à un ministère partagé entre l'accompagnement des jeunes et l'assistance aux autres confrères.

donné pour revaloriser l'image des aînés et redéfinir une identité laissée pour compte.

L'être humain est ainsi inscrit dans le temps et nous l'avons largement développé. Ce temps qui file, peut être à son service dans de nouveaux engagements qui donnent une orientation à sa vie. Il peut aussi s'y perdre s'il demeure dans un train de vie où tout tourne trop vite, il peut parfois rencontrer des moments où l'angoisse, l'insécurité ou l'in-satisfaction se donnent tour à tour rendez-vous. Ce sera là, le signe que la personne est en train de passer à côté de l'essentiel, c'est-à-dire de s'occuper de ses besoins, d'être à l'écoute de son vécu. Avant cinquante ans, c'était l'ascension dans tous les domaines- affectif, intellectuel, social, profes-sionnel, et physiologique. Aujourd'hui, le temps est venu pour la grande récolte. Bien plus, il y a la liberté et le temps pour engranger la moisson, pour s'en nourrir et en jouir. La saison d'un prochain printemps pourrait être plus distancée pour les uns que pour les autres.

Prendre le temps, prendre son temps, laisse supposer que je suis prêt à faire face à ce que Jean Monbourquette[35] appelle les ombres, ces côtés mal aimés de soi, pour en faire de nouveaux amis ou alliés. L'accueil de ce qu'a été ma vie, les expériences positives ou négatives, les soi-disant échecs, les essais et les erreurs, les refus, les deuils réussis ou manqués, les trahisons, les déceptions, comme les bons coups, les réussites, les réalisations, les fiertés, toutes ces particules ont tissé ce que j'appelle la toile de mon exis-tence. Dans cette période de la retraite vécue pour certains comme une phase d'inactivité pensionnée, il y a lieu de se récupérer pour rétablir ses valeurs, sa nouvelle identité.

---

35 Jean Monbourquette, *Apprivoiser son ombre – le côté mal aimé de soi*, Novalis, Ottawa, 2003, p.7.

En ce mitan de la vie et aux abords de la retraite précoce, Madame Millet-Bartoli[36] nous parle d'une « *nostalgie associée à cette crise, une sensation de malaise, inexplicable, un ennui de tout, de soi, des autres, un besoin de retrait, et des impressions de vide en soi...* »

Voici l'exercice que je vous propose à ce moment-ci :

Travail personnel

En fermant les yeux, je tente de visualiser la toile de ma vie ; je puis même saisir un crayon et une large feuille ou une page blanche pour y inscrire les grands moments, les réalisations, les expériences et le vécu facile ou difficile, comme un immense jardin parsemé de roses, de fleurs, de coins d'ombre, et de lumière. Quel est donc votre jardin ? À quel endroit de votre jardin préférez-vous vous asseoir ou vous bercer ?

Autrement, un autre exercice peut être le suivant : je puis m'imaginer être assis dans mon navire, la main au gouvernail ; je visualise les îles de ma vie, là où je me suis arrêté, les détours entrepris, en raison des fortes brises marines, des tempêtes ou des courants sous-marins. Heureusement que j'ai toujours maintenu la main au gouvernail, et que je n'ai pas échoué. Peut-être ai-je été secouru à temps par un navire de passage, que sais-je ? Peut-être aussi me suis-je arrêté dans un port pour attendre que la tempête s'apaise. Reproduisez sur une grande pancarte ou une page blanche votre navire, et les petites îles visitées, ou encore les courants marins et les brises contraires rencontrés. Et avez-vous l'impression d'être toujours en voyage sur l'océan de la vie ? Ou, avez-vous décidé d'amarrer votre navire le long de la berge ou du quai ?

---

36 Françoise Bartoli-Millet, « Bien-être », (http ://www.avenirsdefemmes.com)

Chaque toile et chaque voyage est unique avec ses intensités, ses couleurs, ses mouvements, et pour entrer dans le grand âge, pour réussir son vieillissement, il est primordial de se réconcilier avec ce qu'a été sa vie, sa toile, c'est-à-dire l'accueillir comme tel. Comme le dit Pierre Hadot[37], « *le principal n'est pas de savoir mais d'être, comme le souffle est toujours présent et ne fait qu'un avec la vie* ».

La cinquantaine appelée communément le « coup de la dernière chance » est aussi le moment venu de se vivre en vérité, fidèle à son cœur. C'est ainsi que Colette Portelance[38], nous invite à cette rencontre dans la vérité, lorsqu'elle dit et je cite :

> « *Être vrai ou être soi, c'est apprivoiser sa vérité profonde, c'est-à-dire ses besoins, ses désirs, ses émotions, ses sentiments, ses opinions, ses valeurs, ses croyances, pour agir en accord avec ce qui habite chaque individu et le constitue plutôt que de prendre ses points de référence à l'extérieur de lui et d'agir en fonction des valeurs, des jugements, des critiques et du regard des autres.* »

Un jour, au sortir de l'église, tout en me dirigeant vers mon bureau, à l'Université, une connaissance que je croise et à qui j'adresse le bonjour suivi d'un « comment ça va », profite de cet instant pour me dire qu'elle a beaucoup de peine. Nous prenons un temps, à l'écart, pour causer. Dans ce temps de partage, elle me confie qu'à l'arrivée de sa retraite, ce qu'elle avait occulté pendant des années durant où elle avait été la femme forte, active au travail, choisissant les horaires de nuit, pour éviter d'être à côté d'un mari jaloux et possessif, voilà,

---

37 *Ibid.*

38 Colette Portelance, *Éduquer pour rendre heureux*, Éditions du Cram Inc., Montréal, 1998, p.14.

qu'au retour à la maison, tout cela la rattrape, et elle ne peut plus désormais se sauver de la situation. « *Je voudrais, me dit-elle, suivre mon cœur, m'occuper de moi, car je ne suis pas heureuse présentement. Mes amies m'appelaient la femme forte, c'était un écran, un masque que je portais pour ne rien laisser paraître* ». J'ajoute que cette apparence extérieure d'être forte aux yeux des autres, est simplement un mécanisme de défense et pour la dame, en l'occurrence, de ne pas se laisser aller à l'expression de ses émotions, à l'accueil de ses besoins et de sa fragilité ; pour l'instant, elle n'est pas heureuse avec un mari jaloux. Il arrive donc un moment dans la vie, et c'est souvent aux alentours du départ d'une carrière que le corps, le psyché, voire l'essence même de la personne, ne peuvent plus faire semblant et se défendent artificiellement par des comportements sociaux qui ne sont pas réellement la vraie nature de votre vécu. C'est à ce moment donc, qu'il est important de s'arrêter pour se donner beaucoup d'amour et s'occuper de ses besoins. Il arrive qu'en ne respectant pas son corps, une mesure d'auto-protection, une intelligence innée de l'organisme prendra les choses en main selon Eckhart Tolle[39] et créera une maladie pour obliger la personne à s'arrêter, donnant ainsi le temps nécessaire à l'organisme de se régénérer.

Par ailleurs, la docteure Millet-Bartoli résume très bien ce bilan. La personne vient questionner son identité constituée jusqu'à ce jour. Elle[40] ajoute :

« *Il se formule souvent par un inventaire des choix effectués. Ont-ils été de vrais choix ? Pour qui ? Ont-ils été les bons ? Qu'ont-ils permis ? Qu'ont-ils permis de réussir ? La personne passe en revue ses relations familiales (parents, enfants, vie de couple), amicales,*

---

39 Eckhart Tolle, *op. cit.*
40 Françoise Millet -Bartoli, *op. cit.* p.3.

sociales, professionnelles, et interroge ainsi la cohérence entre les différentes facettes de sa personnalité... »

Travail personnel

1. Pour ma part, ai-je fait l'inventaire de mes choix ?
2. Si oui, où en suis-je ?
3. Si non, qu'est-ce qui m'en empêche ?

C'est ainsi qu'un fil conducteur est recherché pour donner sens à son parcours ; voilà, à mon avis, où s'insère la première démarche pour une quête spirituelle. Il est plus que probable, selon mes observations, que ce parcours s'étende au-delà de la cinquantaine. La personne est renvoyée au sentiment ou au constat suivant :

Suis-je maître de ma vie ?

Suis-je passé à côté de celle-ci ?

Ai-je vécu en vérité avec mon être profond ?

C'est un mouvement de retournement vers l'intérieur qui s'opère (et de détournement vers l'extérieur). Le moi laisse plus de place pour la transcendance de soi.

L'intégrité ou le désespoir

Cette évolution vers le soi nous amène à un auteur bien connu, Erik H. Erikson[41] qui nous parle des deux axes, « intégrité et désespoir ». Nous l'avons évoqué dans les chapitres précédents. En effet, c'est par l'acceptation de sa vie

---

41 E. H. Erikson, *The Life Cycle Completed* : a Review, Norton and Co. 1982, p.67, cité par Renée Houde, *Les temps de la vie*, Gaëtan Morin éditeur, 1986, p. 34.

que peut se terminer le dernier parcours. Ce dernier stade coïncide avec la vieillesse, dans le parcours humain. La personne prend alors conscience de la finitude de sa vie et de l'éventualité de sa mort. Ayant agi sur les choses et sur les gens, ayant connu des succès, des échecs, des espoirs et des déceptions, l'adulte regarde l'ensemble de sa vie et tente d'en dégager un sens, d'en prendre la mesure. **Le sentiment d'intégrité** correspond donc à l'acceptation profonde de sa vie comme ayant été à la fois inévitable, appropriée et pleine de sens. L'intégrité repose aussi sur le sentiment de permanence à l'effet que la personne a laissé à l'humanité quelque chose d'elle; son destin personnel s'inscrit dans un ordre cosmique qui l'englobe. C'est la prolongation pour ainsi dire de son identité qui s'est réalisée.

À défaut de rencontrer cette sérénité, la personne connaîtra un **sentiment de dégoût**, ou de désespoir, sera insatisfaite de sa vie passée et présente et fera face à sa mort avec anxiété. Les « j'aurais donc dû », les « j'aurais pu », ou les comparaisons avec le voisin, conduisent au regret, à la morosité, au passé, pour lequel il n'y a plus d'emprise possible. Y demeurer, pour ressasser ces manques ou échecs, porte à la culpabilité, au ressentiment, à la perte d'énergie et finit par porter atteinte à l'estime de soi, à sa valeur, voire à sa santé. D'autre part, demeurer très actif, donner son nom à outrance pour le bénévolat, les associations, et j'en passe, n'est pas l'idéal pour approfondir son parcours de vie. Un programme trop rempli peut laisser transparaître la peur de s'arrêter pour rencontrer un état de vide, de non-sens, d'inutilité. L'image de soi construite en fonction de mon travail et de mes activités sociales est certes à nourrir, je l'entends bien. L'être humain a aussi le besoin d'être vu, entendu, apprécié traduisant son besoin d'être aimé par les autres.

Un cousin pour qui j'ai beaucoup d'admiration rend visite aux résidants d'une maison de soins de longue durée de mon village. Ayant une formation en théologie, il est attentif aux personnes âgées. Je suis toujours très touché par sa bonté lorsque je le rencontre.

> La spiritualité, au temps de la retraite
>
> C'est l'heure du bilan, du questionnement
>
> Pour donner un sens, une valeur
>
> À sa vie, et tenter encore si possible
>
> D'en corriger le tir !

Un collègue à l'enseignement me disait ce matin, « *outre les deux associations pour lesquelles j'agis en tant que président, je ne sais pas où je vais, qu'est-ce que je vais faire de moi, de ma vie, pour ces nombreuses années qu'il me reste encore à vivre* ». Qu'est-ce que ce monsieur voudra encore risquer ? Quels nouveaux défis aura-t-il le goût de relever ? Quels sont les choix qui l'attendent ? Est-il un de ceux-là qui croit que tout s'arrête, que le travail est une honte, une punition, voire une activité inutile ! Comment peut-il s'engager à nouveau, avec ses propres forces, son identité renouvelée ?

Travail personnel

1. Quelle est ma réaction à la suite de la déclaration du collègue en enseignement ?

2. Quelle importance ou quel sens a le travail en ce moment-ci de ma vie ?

Je ne rejette pas l'idée du bénévolat ou d'un engagement qu'il soit de l'ordre du loisir, de la créativité ou d'un nouvel engagement sociocommunautaire. Je me rappelle de cet auteur, Georges La Passade[42] qui nous disait que **« l'on entre dans la vie chaque jour »**. Cette entrée dans la vie correspond à l'être de désir que nous sommes. C'est en ce sens que Benoît Garceau[43] parle d'une spiritualité du désir lorsqu'il dit :

> *« Cette recherche d'une spiritualité a son origine dans le sentiment que nous avons d'être plus que notre corps et ses besoins, plus que notre âme et la conscience de nos besoins et de nos devoirs. Nous sentons en effet qu'en nous, au-delà du corps et de l'âme, il y a une dimension plus profonde, mystérieuse et sacrée, que nous appelons l'esprit. Nous sentons cette dimension comme l'appel à dépasser les besoins de notre corps et les devoirs de notre âme, comme la possibilité en nous de respirer librement et de vivre intensément. »*

Faut-il s'étonner du parcours des uns et des autres ? Un grand ami de l'Université, ayant rempli son dernier mandat en tant que vice-recteur et arrivant au terme d'une carrière universitaire florissante n'a pas pris plus que quelques mois d'arrêt avant de poursuivre sa route et de s'orienter vers un autre champ d'action, celui de la direction d'une presse francophone. Je ne puis que m'émerveiller pour ce qu'il lui a été donné de vivre et de réaliser au chapitre de l'éducation supérieure. Il poursuit sa route en donnant encore quelque chose de lui-même aux autres, pour plus d'humanité, élargissant son influence sociale chez nous en Acadie.

C'est dans le même ordre que je parle d'un ami, grand éducateur, qui, au terme d'une féconde carrière en

---

42 *Ibid.*
43 Benoît Garceau, *La voie du désir*, Médiaspaul, Montréal, 1997, p.8.

enseignement s'est engagé au vice-rectorat de l'Université (Campus de Shippagan) dans le contexte minoritaire acadien. Sa route n'allait pas s'arrêter là. Épris pour la cause de la francophonie, il siège présentement en tant que président de la fédération des communautés francophones et acadienne du Canada, tout en présidant le projet du quatrième Congrès mondial acadien qui s'est tenu en la Péninsule acadienne en 2009. Lorsque je le vois aller, il demeure pour moi une inspiration. Il me disait tout récemment « *Pourquoi s'arrêter….il faut aller au bout de ses intérêts et ce à quoi l'on croit…* » ; quelle belle réalisation de soi, n'est-ce pas là aussi l'expression de la foi engagée dans un besoin d'agir selon ses croyances et ses valeurs.

> « *Le droit naturel à l'éducation et au développement de la personne sont au cœur de toute la pensée sur l'éducation permanente et en constituent le fondement ; il ne s'agit pas ici d'un individu désincarné et irréel, mais d'un individu en situation, membre d'un groupe social lui-même en situation. L'actualisation de la personne doit être pensée dans ce cadre.* »
>
> René Hurtubise[44]

C'est ainsi que l'auteure Jeannine Guindon[45] précise la nouvelle orientation de ces jeunes retraités, appelée la cinquième phase de la vie adulte, de 58 à 68 ans. Elle dit « *Quand intervient la retraite, l'adulte se retire d'une fonction et non d'une contribution personnelle. Il se donne la possibilité de choisir davantage ses activités et de prendre en main de nouveaux défis.* »

L'adulte quel que soit son âge devrait décider quand et comment il souhaite se désengager d'un travail, d'une

---

44 René Hurtubise, L'*Université Québécoise du proche avenir*, Hurtubise, HMH., 1973, p.50.
45 *Ibid.*, p.117.

responsabilité, d'un engagement communautaire. Je crois en partie que c'est parce que la société n'attend rien des adultes âgés (appelés les vieux) que la crise de l'identité apparaît. Cette personne ne voit pas de possibilités d'actualiser son potentiel. Elle a donc peur de vieillir, peur de la retraite, peur du vide et du non sens.

Lorsque je pense à l'expression d'un « temps pour retraiter sa vie », je ne peux qu'emprunter l'image du Village Acadien[1]. Effectivement, lorsque vous visitez le Village Acadien, à Caraquet, au cœur de la Péninsule acadienne au Canada, ne prenez-vous pas le temps de vous asseoir aux différents relais qui se présentent pour vous reposer, prendre un souffle, goûter une petite bière, admirer les paysages, les gens, les objets, les animaux, écouter le vent, tout en vous laissant émouvoir et toucher par le vécu de ce peuple – premiers arrivants Français d'outre atlantique, au tout début du XVIIe siècle ; n'êtes-vous pas aussi rejoint de l'intérieur par ce que la nature vous offre au travers les personnes rencontrées dans un lieu où les rythmes changent et la musique du silence vous enchante parfois. La randonnée reprise, vous voilà plus en forme, rafraîchi, pour poursuivre la route, plus léger, avec de moins en moins de soucis ou de préoccupations. La démarche sera désormais ajustée à vos intérêts, à vos capacités, à vos humeurs, à vos énergies renouvelées. Vous aurez le choix de poursuivre votre randonnée à pied ou à la charrette tirée par les chevaux. Vous venez d'assister avec moi à une allégorie du processus de la retraite.

---

1 Expression pour signifier la reconstitution de la vie des Acadiens et Acadiennes entre 1770 et le début du XXe siècle, peu de temps après la Déportation de 1755.

Hélène Reboul[2] parle de la retraite comme étant un projet pour vivre. «*Se préparer à vivre le temps de la retraite, c'est donner sens à ces prises de consciences progressives, bien avant la retraite*». Dans ce travail de rétrospective de sa vie, une grande question surgira. Elle précise en disant «À *ce moment de ma vie, qu'est-ce que j'ai envie de vivre?*»

Travail personnel

Quelle réponse monte ou émerge de mon intérieur lorsque je lis cette question?

Les premières prises de conscience se feront une fois que je serai de retour chez moi. Je réaliserai que ma vie active a été ritualisée par le lever, le coucher et l'entre-deux vécu dans la perspective d'un temps chronométré, et que la rencontre de collègues et d'amis, les tâches à accomplir, le salaire rétribué, les vacances annuelles, bref, tout cet ensemble d'expériences auront laissé chez moi des traces, dans ma vie psycho bio affective, voire mes schèmes de pensées, d'action réaction. J'aurai besoin d'un temps d'adaptation pour de nouveaux apprentissages pour la redécouverte d'un Moi désencombré- vers une identité qui restera à désombrager. La spiritualité en ces temps de la vie sera essentiellement un retour sur, ou à soi, en mettant la raison au service d'une pratique de soi.

C'est ainsi que l'institution ou l'entreprise pour laquelle j'ai travaillé a emprunté mes plus belles années lorsque l'énergie, la créativité, et la santé étaient au rendez-vous.

---

2 Hélène Reboul, «Vieillir projet pour vivre», in *Annales d'Issoudun*, Fraternité Notre-Dame du Sacré Cœur, Issoudun, novembre 1992, p. 334.

Ces instances ont bénéficié de mes ressources pour leur réussite, celle des autres, peut-être et sûrement, je l'espère aussi, pour le bien-être de ma communauté et du monde. Certes, j'ai beaucoup reçu, et ces interactions m'ont construit et permis un épanouissement tout en y gagnant ma vie. Je me rappellerai toujours de ce jour où j'étais avec mon père, à l'extérieur de la maison, par une belle journée de juin. Nous étions debout et regardions les champs et les arbres, et causions un peu de tout et de rien. Soudainement arrive dans la cour de la maison une voiture, un monsieur descend et s'approche. Mon père le reconnaît aussitôt. C'était un de ces bons salariés, comme il me le disait, qui venait très tôt à la «shop» (*l'usine d'apprêtage de poissons*) pour débuter sa journée de travail. Il dit à mon père à peu près ceci «*Vous êtes le meilleur boss qu'on ait jamais eu. Vous en avez fait du travail, vous commenciez aux petites heures le matin, pour terminer très tard le soir, et cela pendant les saisons qui débutaient de mai à octobre*». Ça a duré des années. Mon père, d'un regard serein, sérieux et sensible, se tourne vers lui et lui dit «*Oui, j'ai beaucoup travaillé, c'est vrai. Mais j'aurais tant aimé parfois prendre ma voiture et aller me promener avec les enfants; je ne pouvais pas faire les deux*». Des larmes coulaient de ses yeux, et c'est la première fois que j'entendais cela de papa. À ce moment-là, toute ma vie d'enfance remontait et mon cœur à moi aussi pleurait, car je reconnais avoir manqué la présence de mon père très souvent, dans ma plus tendre enfance. Pour le rejoindre, nous nous cachions, mon petit frère et moi, à l'arrière des sièges de sa voiture, pour être sûr que l'on se rendrait avec lui, en son lieu de travail, pour passer du temps avec lui. Je suis de cette génération, où la mère gardait la maisonnée. Nous étions onze enfants. Mon père, perspicace, ne tardait pas à nous trouver blottis en arrière du siège de sa Chevrolet noire à quatre portes. Il nous prenait par le bras, nous disant qu'il fallait rester avec notre mère.

Voilà, j'ouvre à ce moment-ci de mon écriture, tout un chapitre de ma vie qui se situe aux alentours des années 1953. Mon père est avec nous, aujourd'hui, âgé de 90 ans, et j'avoue avoir le temps de goûter à sa présence et de prendre des moments pour lui parler, rire et bavarder. Je prends un petit verre de brandy avec lui, au retour de l'église, le dimanche matin, après lui avoir apporté la communion. Ce sont des moments bien précieux pour moi. Revenant à sa vie de travail, mon père n'a pu bénéficier de programmes de préparation à la retraite, sauf, qu'il s'est mis des économies de côté pour ses vieux jours. Une fois arrivé à la maison, il poursuivra ses activités dans le jardin, au bricolage, et à la confection des couvertures piquées avec maman et ma sœur. Rappelons que mon père a travaillé depuis l'âge de 13 ans pour s'arrêter à 70 ans. Il a connu plusieurs employeurs. Aujourd'hui, les entreprises autant en Amérique du Nord qu'en Europe ont pour la plupart des programmes de fonds de retraite employeur-employé. Or, on admet qu'il y a plus que de déposer de l'argent dans la réserve. Il y a un travail psychologique important à entreprendre. Nous l'avons largement rappelé tout au long des derniers chapitres.

L'employeur a la responsabilité d'affranchir son employé

Au demeurant, l'employeur a une responsabilité vis-à-vis de ses employés, celle de le **remettre à lui-même,** comme à une nouvelle naissance, favorisant un temps de préparation réflexion et cela quelques années avant le départ définitif pour la retraite. Il est connu en France, là où j'ai vécu sur une période de deux années et plus, pour y effectuer mes études doctorales, que les employeurs contribuaient à une caisse de retraite, offrant à leurs employés des séances de réflexion et de réorientation professionnelle. Le centre pluridisciplinaire de gérontologie sociale de Grenoble conduisait ces formations.

Je suis de plus en plus touché par l'importance que revêt le questionnement, la recherche continue, en somme le bilan humain de cette autre étape du cycle des âges. C'est cela, selon moi, la spiritualité au temps de la retraite, empruntant la route de l'Être. La spiritualité, dans cette perspective, est une porte d'entrée pour mieux saisir, accueillir, accepter, comprendre peut-être, ce qu'à été l'ensemble de ma vie et cela dans l'unité bio psycho sociale. Ce long travail devrait, à mon sens amener la personne à vivre une certaine qualité de l'être avec un **sentiment de béatitude, de tranquillité et de sérénité.** L'issue est fondamentale. Je crois que l'absence du sens ou l'errance peut conduire au mal à l'âme, un diagnostic reconnu dans le domaine des soins infirmiers, au même titre que les troubles physiques, sociaux et psychologiques[3]. Carl Gustav Jung[4] (né en 1875 en Suisse), éminent psychiatre, étudia de près les maladies mentales et les voies spirituelles. Il énonce ceci « *la névrose est la souffrance d'une âme qui a perdu son sens* ».

Donner un sens à sa vie

Je souhaite apporter un ajout au travail du sens, car là aussi, selon les personnes et leur histoire, il y a des variabilités.

---

3   Peterson, E., "Physical and spiritual, can you meet all of your patient's needs?" in *Journal of Gerontological Nursing*, 11, 10, pp. 23 -27, 1985.

4   C. G. Jung, *Les racines de la conscience*, Buchet/Chastel, Paris, 1971.

Pour certain, les relations humaines sont importantes au quotidien. Pour d'autres, le travail, les objectifs individuels, les causes sociales, le bénévolat, le travail artistique, ou encore la réalisation d'une œuvre quelconque sont autant de sources, qui dans le quotidien donne un contenu et contribue à mieux suivre le fil conducteur de sa vie.

Travail personnel

Pour ma part, qu'est-ce qui est important à ce moment-ci de ma vie, qui lui donne un sens ?

Dans une société ultrarapide, ultracompétitive, l'être humain est souvent éloigné de la nature, la vitesse des actions et le mouvement ne correspondant plus aux rythmes biologiques naturels. Moi, j'ai ce besoin de plus en plus grandissant de prendre le temps. Il est si bon de marcher le long de la mer, ou emprunter la passerelle dans ma ville ; je regarde la nature, j'observe les oiseaux et de temps en temps je prends conscience du bien-être d'être là, marchant, écoutant, tout en admirant les couchers du soleil. Je fais des liens entre les besoins que j'ai dans le moment, de ralentir mon rythme, et cela me renvoie aux images de mon enfance, où sur la petite ferme, les champs cultivés, les volailles, les moutons, les pigeons, étaient des pauses de vie. Une grande amie me partageait ceci « *as-tu remarqué qu'il n'y a plus d'écho comme au temps de notre petite enfance* ». Le soir, avant de rentrer à la maison, pour réciter le chapelet avec maman et papa, nous nous attardions pour faire l'écho, quelqu'un au loin nous répondait, et parfois, nous nous faisions dire que c'était le bonhomme Sept-Heures qui viendrait nous voler si nous ne rentrions pas aussitôt. Quel beau folklore amusant !

Par ailleurs, trop de gens happés par le courant rapide d'un monde matérialiste, distancé de leur monde intérieur, demeurent des orphelins du sens.

Des amis du troisième et du quatrième âge me parlent de leurs deuils. Je voudrais m'y attarder quelque peu.

Les deuils successifs

Par un beau vendredi ensoleillé, de février, alors que la température était montée à 18 degrés Celcius, vers les onze heures de l'avant-midi, un autobus approche de la porte centrale de mon hôtel, à Hammamet, Tunisie. Une connaissance partait pour l'Allemagne, Leipzig, la ville natale de Bach et de Beethowen. La réceptionniste de l'hôtel est debout, son regard est à la fois souriant et grave, empreint de tristesse, lorsqu'elle assiste à la montée des vacanciers dans l'autobus qui les ramènera à l'aéroport, la plupart étant des touristes allemands. J'interviens, en lui disant, « vous assistez à un autre départ » ! Elle ajoute, « oui, c'est cela la vie, il n'y a que des arrivées et des départs ». Le conducteur de l'autobus, d'ajouter, « c'est que ça la vie, mon cher Monsieur ». Le cœur serré, je laissais partir une connaissance. J'étais momentanément plongé dans les situations de ma vie où j'avais vécu des départs douloureux. Ceux-ci arrivaient beaucoup plus vite que les arrivées. Un auteur avait écrit un jour que la plus belle pièce que pourrait comporter une maison, serait la salle d'attente. C'est vrai que le bonheur est souvent dans **l'attente** ; celui-ci nous inscrit dans le projet, nous lance en avant pour structurer et préparer la prochaine arrivée, la prochaine joie, construite dans l'illusion, bien sûr, mais ne sommes-nous pas aussi et surtout des êtres du désir, de l'illusion, du plaisir, de la rencontre ?

Un jour un ami à la retraite m'écrivait pour me partager ses états d'âme. Il révèle tout le travail intérieur qui s'installe une fois rentré chez soi, autant en sa demeure, qu'en soi-même, car le quotidien nous rejoint dans ces temps de disponibilité à nous-mêmes et aux autres.

Voici le courriel que je recevais de cet ami à la retraite.

Encore un chemin de deuil...

« Après s'être parlé mercredi, je recevais un message de ma grande amie Marise, qui m'annonçait son compte à rebours pour la vie ou pour la mort ; rien n'a donné de résultat pour son cancer...

Je suis dans un état lamentable de souffrance de la perte d'une si grande amie depuis 1970...

Encore un chemin de deuil. .. encore une perte tellement signifiante pour moi…

J'ai tellement perdu d'amis autour, j'ai les bras plein de ça et le cœur si à vif de ces absences...

Je touche à des fragilités en mon âme... des marques au fer rouge comme on en identifie les animaux pour les reconnaître ; jamais ces marques ne disparaissent, à chaque perte de mon monde, c'est un vide, enfin la Vie va…

Je suis très touché par cette confidence de mon ami. Il est en train de vivre une « grande perte ». Il m'en a parlé à plusieurs reprises. Cette amie et lui ont longtemps travaillé ensemble. Ils ont créé des liens. Mon ami voit quelqu'une partir petit à petit. Quelque chose est en train de se passer dans sa vie intrapsychique. Est-ce qu'il est renvoyé aux nombreux départs qui ont marqué sa vie et pour lesquels le travail de deuil est réactualisé.

Si le deuil peut paraître difficile, voire négatif pour certains, il comporte aussi des chemins de liberté. Il conduit à un travail du **lâcher prise** par l'accueil et l'acceptation de la peine, de la perte de l'affect, et du sujet ou de l'objet d'affection. Il n'y a pas de développement humain possible et je dirais même de possibilité de construire son bonheur sans rencontrer en soi, ces moments d'ombres et de vérité. Pour moi, le deuil, c'est accepter de laisser aller aussi, par des choix assumés, les personnes et les situations qui ne me procurent plus de bonheur. Le deuil, c'est accepter aussi qu'il y a un temps pour chaque chose. Le livre de la Sagesse nous fait voir un temps pour semer, un temps pour récolter, un temps pour rire, un temps pour pleurer, etc.

Travail personnel

1. Pour ma part, dans ma propre vie, y a t-il des êtres partis que je retiens encore par peine, par colère, par déception profonde, par la non-acceptation ?

2. Y a-t-il dans ma famille des événements douloureux que je n'ose même pas évoquer, exemple, la maladie d'une maman, d'un papa, un divorce, une séparation, un départ, une fuite, ou autres… ?

3. Y a-t-il une relation à un père ou à une mère qui a été souffrante, inexistante, et qui me laisse aujourd'hui, lorsque j'y pense, avec un goût amer, une peine profonde, un état d'isolement ou de tristesse ou encore de colère, de regret ou de ressentiment ? Est-ce que j'ai besoin d'en parler ? Est-ce que cela me visite de temps à autre ?

4. Y a-t-il un événement douloureux de ma vie qui me suit comme un fantôme ? Ai-je besoin d'en parler ? Ou ai-je juste envie de l'occulter, de le tasser ?

5. Est-ce que j'arrive à en parler ? Oui ? Non ? Pourquoi ?

6. Qu'est-ce que j'aurais le plus besoin, présentement, à l'égard de cet événement ?

Dans cet espace de vulnérabilité où je sens que j'ai besoin de faire référence à une transcendance quelconque, je réalise, pour ma part, que ce ne peut être dans le travail intellectuel seulement, quoique j'y retire une immense satisfaction. Je trouve un sens à ma vie et un réconfort dans la foi au Dieu de Jésus-Christ, révélé comme étant « l'Abba » le Père, L'Amour, présent et agissant au cœur de mon Être. Sans faire de prosélytisme, j'ai une très grande ouverture et un accueil inconditionnel de l'expression du culturel et donc du spirituel et des sensibilités exprimées par les personnes que je rencontre. Sous le soleil de Dieu, il y a des millions de fleurs naturelles, quelques-unes sont domestiquées, les autres, non. Elles sont toutes aussi belles les unes que les autres. Il en va de même pour nous les humains. Dans mon parcours, c'est par l'expérience, le ressenti et la relecture de mon chemin de vie que j'arrive à dégager le constat que voici : j'ai entrouvert les trois portes- la spiritualité, la foi et la religion dans un amalgame qui me fait me sentir de plus en plus libre et heureux.

L'être humain a besoin d'un cadre d'orientation

Le psychanalyste Érick Fromm[5] ajoute, pour sa part, que l'être humain a profondément besoin d'un **cadre d'orientation** et d'un **objet de dévouement**. Il ajoute que tous les hommes sont des idéalistes à la recherche de quelque chose de plus que la satisfaction physique. Nous n'avons pas besoin de savoir si ce sont les femmes qui se tournent plus facilement vers les modes d'expression de la religion, traditionnellement connues comme les gardiennes des valeurs et des principes transmis par les générations passées ou si les

---

5   Erick Fromm, *Psychoanalysis and Religion*, Bantam Books, New-York, 1967.

hommes, culturellement, sont plus réfractaires à cette acti-vité, de prière ou de groupe de soutien, en exemple. Il n'y a pas lieu non plus de tomber dans la comparaison des reli-gions, des appartenances ethniques, de mesurer la pratique des uns et des autres, ou encore de se poser la question, sur la foi en se comparant aux autres membres de la famille, ou aux voisins. Une chose est certaine, ceux et celles qui ont trouvé un sens et un but à leur vie sont généralement des gens qui goûtent au bonheur.

En m'acheminant vers la fin de ce chapitre, j'ai cette conviction que **chercher un sens à ma vie,** est la plus belle route de la spiritualité. Il s'agit selon une formule célèbre, de faire de sa vie une œuvre. Dans ce sens, on peut dire que la spiritualité est un art, un art de vivre (*tecknê tou biou*), selon Philippe Filliot[6]. Mais, nuance importante, "un art de soi-même qui serait tout à fait le contraire de soi-même" (Fou-cault cité par Deleuze[7]).

D'autre part, au fur et à mesure de l'avancée en âge, au moment où l'aîné rencontre dans sa réalité les pertes, les changements, les diverses maladies, tant au plan cogni-tif que physiologique, il a de meilleure chance de mainte-nir son moral, de moins souffrir de la solitude, s'il a la foi en quelque chose. Pour certains, la foi religieuse est une source d'aide pour surmonter les difficultés et s'adapter aux situa-tions fâcheuses et imprévisibles que la vie peut présenter. C'est ainsi que les chercheurs Dan Blazer et Erdman Pal-more[8] voient un lien entre le bien-être émotif et l'engage-ment religieux chez les personnes âgées de 75 ans.

---

6   *Ibid.*

7   Gilles Deleuze, *Pourparlers*, Éditions de Minuit, 1990, p. 156.

8   Blazer et E. Palmore, "Religion and aging in a longitudinal panel", in *The Geron-tologist*, 16, l, p.82-85, 1976.

Au terme de ce chapitre, je vous propose l'exercice suivant :

Travail personnel

1. Les temps de la retraite ont-ils été un temps de renouveau, d'abandon, de retrait, ou de déclin ? Je précise en me référant à mes propres expériences.

2. Pour vous, qu'est-ce que signifie la spiritualité ?

3. Etes-vous inscrit dans une démarche de foi ?

4. Est-ce important d'être pratiquant pour vous ?

Épilogue

Si la personne s'engage sur une voie spirituelle, elle aura besoin d'une cause, voire d'un temps d'arrêt pour rencontrer les émanations de son Être. Cela demande de la confiance et du courage. C'est ainsi qu'elle assistera à l'émergence de la conscience pour plus d'harmonisation de sa vie. Le travail intérieur conduira la personne à sa vérité en faisant des choix, en établissant des priorités, en prenant des décisions qui reflèteront de plus en plus la personne qu'elle est « aujourd'hui ».

La quête du sens entreprend une longue marche vers la route du cœur. L'équilibre est un travail au quotidien entre la satisfaction des besoins (de sécurité, d'amour, de bien-être, etc.) et la continuité de la vie à venir. La spiritualité et la religion ont à chacune d'elles une différence fondamentale. La spiritualité est de l'ordre du ressenti, de l'intuition, de la communion à soi pour une direction d'évolution de la conscience. La religion s'occupe du culte, du dogme et de la morale. Elle enseigne ce que les fidèles doivent croire à partir des livres « saints ».

La voie spirituelle est un des supports d'évolution de la conscience humaine pour plus de discernement, de liberté et de création. On a vu que ce n'est pas être faible que de donner moins d'importance au mental, à l'ego en affinant la connaissance de son être intérieur. C'est justement parce que je suis coupé de mon ressenti, de mes besoins, de ce que je souhaite être et vivre, que les maladies psychoso-matiques vont faire leur apparition. La littérature nous dit que la dépression, par exemple, toucherait chaque année dans le monde plus de cent millions de personnes, la plu-part de ces gens vivant dans les pays riches occidentaux et fortement industrialisés. Lorsque la médecine tradition-nelle, avec son dogme mécaniste du corps humain se tourne vers l'approche holistique – bio psycho sociale –, resituant la personne dans son histoire, la dépression est traitée comme une perte de l'homéostasie (équilibre bio-psycho-spirituel)[9]. Comme le psychisme est le centre primordial de l'être humain, et qu'il a des interactions avec le corps dans ses lois biologiques, et le cœur de l'être dans son senti et ses besoins, c'est l'intégralité de l'homme dont il faut tenir compte à ces temps de passage, de transitions, et de nou-velles orientations de la personne humaine aux temps de la « retraite ».

---

9   Michael Abitbol, « Humour et spiritualité », in 3ème Millénaire – l'homme en devenir, n° 76, été 2005.

Conclusion générale

Le retour chez soi pour certains est une période de « juvénilisation » par laquelle une énergie créatrice, telle une lumière surgissant de l'ombre, se donne pour explorer d'autres contrées non encore découvertes. Pour d'autres, c'est un retour en son jardin, qui attend d'être visité, le jardinier l'ayant un peu négligé, oublié, ou carrément quitté depuis le temps de sa tendre enfance. C'est alors, que des coins les plus sombres du jardin, apparaissent de nouvelles plantes inconnues jusqu'à aujourd'hui, poussant dans un sol plus riche qu'il ne le pensait. D'autres semences qui lentement ayant germé, laissent paraître ici et là des petits chefs-d' œuvre floraux, des plantes verdoyantes et des arbustes, le tout présentant un décor harmonieux. Aidé de sa pioche, il se dirige vers le côté nord battu par les vents, il y découvre un sol asséché et pauvre. Il s'y attarde quelque peu, pour y enlever les mauvaises herbes, piocher le tout et y semer de nouvelles fleurs les « naissances à soi ». C'est tout un univers de signification qui se présente sous ses yeux. Debout, s'appuyant sur son manchon, il prend un temps, refait ses énergies, pose un regard sur son jardin, et en élevant les yeux, se rend compte que celui-ci est situé au cœur d'une belle vallée, qui donne sur des collines avoisinantes. Il se dit qu'il a encore tant de choses à voir, à visiter, à réaliser et à apprendre alors qu'il arrive quelque peu au sommet de son monde intérieur. Il ne sent plus l'urgence. Tout au contraire, il retrouve sa propre présence, telle une symphonie nouvelle qui se laisse entendre. Revenant chez lui, marchant plus lentement, à la baisse du jour, il est heureux à l'idée de penser que de son jardin, d'autres plantes essaimeront pour de nouvelles pousses, de nouvelles fleurs, et pourquoi pas de nouveaux fruits.

Et chez moi, en mon jardin comment cela se passe-t-il ? Il est juste de dire que je cherche à être heureux chaque jour, en étant à l'écoute de mon ressenti et de mes besoins, en prenant mes références au dedans de moi, beaucoup plus qu'à l'extérieur. Arrivé à la soixantaine, je souhaite définir moi-même les codes de la conduite et de la morale en lien avec la vérité de mon être qui me fait signe et qui reste toujours à recevoir ou à découvrir. Je n'essaie pas d'être autre chose, ou quelqu'un d'autre, en faisant comme les autres. Il m'a fallu parfois partir, c'est-à-dire quitter mes conditionnements, mes habitudes, mes rituels, mes introjections, mon aisance, mes lieux de vie, voire mon village et mon pays pour m'ouvrir à l'appel, « désapprendre ce qu'on m'avait appris » pour m'approprier ce dont j'ai besoin aujourd'hui.

La vie me rattrape en ce sens que le monde est un village que je découvre petit à petit. À l'adolescence, si j'avais rencontré un ami avec autant d'ambition et de détermination que moi, j'aurais parcouru le monde. Comme un scout, aujourd'hui, je réalise ce rêve. Avec les yeux de la conscience, je parcours les pays en faisant des liens pour de nouvelles interprétations socio politico culturelles. Je demeure un passionné de l'autre. J'aime cette humanité en marche au travers les personnes que je rencontre. Je vis de l'exaltation, de l'admiration devant la grandeur de l'être humain et l'expression de ses espoirs, de ses attentes.

Il m'arrive aussi d'être profondément touché par les limites des peuples qui aspirent à la liberté. Un collègue de Montréal me fait l'observation suivante, au moment de son départ du Venezuela. « Tu es un missionnaire dans l'âme ». Je recevais cette phrase avec beaucoup de chaleur. Il a dit juste. Dans mes temps de lectures et d'échanges avec les gens, je fais des liens avec la grande histoire, et les mouvances du monde d'aujourd'hui. Il me reste encore vingt bonnes années pour poursuivre cette quête du savoir, dans cette Université qu'est la vie en ses manifestations culturelles au cœur d'une humanité en marche. J'observe, je fréquente, et j'écoute ces adultes de tous les âges, qui me surprennent par leurs capacités d'apprentissage, d'adaptation, et de créativité. Cela me permet alors d'écrire tout en enrichissant mes enseignements à l'Université.

Je connais donc un réel bonheur à suivre mon besoin de voir, de découvrir, de connaître le monde par l'écrit, le cinéma, les rencontres et les voyages. Je demeure à l'écoute de mes besoins de créativité. Je réalise aussi que chez moi, l'activité libre prend sa force au cœur de soi, pour faire naître la personne davantage et selon les potentialités qui émergent dans un environnement sans cesse renouvelé. C'est le bonheur à ma portée, car il prend sa source à même mes propres expériences et mes aspirations à l'amour.

Je crois que la personne, aux âges avancés, peut toujours dessiner le parcours de sa vie en risquant d'être elle-même, en s'engageant ou en se désengageant, en se construisant de l'intérieur beaucoup plus que de l'extérieur. Il n'y a pas d'âges limites, il n'y a que les limites de l'âge.

Et si je me posais la question, c'est quoi vieillir pour moi ? Voici ce que je répondrais. L'être humain commence à vieillir dès sa naissance et sa vie est parsemée d'acquisitions et de pertes. Plus il avance en âge, plus les pertes seront apparentes au plan organique et fonctionnel. Or, comme le dit Renaud Santerrel[1] (2007), ce qui compte c'est l'autonomie de la personne dans les dimensions physiques, mentales, économiques, spirituelles et affectives. C'est par un processus de connaissance de soi que l'être humain est amené à reconnaître à la fois ses limites et aussi ses forces pour continuer à être, à mon sens, **le créateur** de sa vie: n'est-ce pas là le bonheur? Madame Antonine Maillet, romancière et dramaturge nous confie sa définition du bonheur en ces termes :

« *Le bonheur, c'est dans la découverte, dans la capacité de l'être humain de rebondir sur des obstacles, c'est enfin être créateur de mondes.* »[2]

Dans la perspective de ma réflexion, vieillir pour l'homme pourrait se résumer par la nécessaire rencontre avec lui-même dans la conscience de la continuité mystérieuse de sa vie. Celui que je fus, celui que je suis devenu, celui qui dans l'ici et le maintenant se connaît avec plus de discernement et de liberté, voilà la scène où va se jouer le reste de l'œuvre de sa vie.

La vie évolue au gré d'une compréhension et d'une interprétation de son expérience qui change constamment. Elle est un continuel processus de devenir et c'est pourquoi la maturité ne serait pas le propre de l'homme. La maturité est un état dynamique, jamais atteint, nécessitant la

---

1   Renaud Santerre, (2007), « L'autonomie chez les aînés : une question de santé », in *L'Acadie Nouvelle*, samedi, le 5 mai 2007 (Gilles Duval, journaliste). Renaud Santerre, anthropologue et professeur à la retraite de l'Université Laval, Québec, Canada.

2   Antonine Maillet, « Réflexion sur le bonheur », émission de Radio Canada, *Pensée libre*, le 29 mai 2007.

présence de l'autre, d'où la nécessaire **rencontre humaine**, lieu où l'homme puise les éléments de son devenir.

Je souhaite de tout cœur que les adultes d'âge avancé réfléchissent à ce que Xavier Gaullier[3] appelait « l'institutionnalisation du cycle de vie » qui est une résultante d'un modèle dominant de la société industrielle. L'adulte au cœur des sociétés contemporaines peut contribuer de par son activité créatrice au travail bénévole, aux loisirs, à la famille, à la communauté, tout en maintenant les liens intergénérationnels, brisant ainsi l'âgisme, les stéréotypes, les mythes, les tabous que seules les sociétés non évoluées au plan humain peuvent continuer à nourrir encore.

La retraite, à mon sens, est beaucoup plus aujourd'hui un **processus** qu'un événement, un rôle ou une période de crise. Elle ouvre la porte sur des lendemains pour la rencontre de soi, dans la perspective d'une éducation permanente jusqu'aux âges avancés de la vie préservant le plus longtemps possible le droit à la cité. L'homme est un être culturel et biologique, les deux interfèrent et agissent l'un sur l'autre et parfois l'un contre l'autre.

Tel un nouveau touriste parti pour des ailleurs, je laisse les mots de Marie Carmen Cuesta Almazan[4] (2006), dans son poème intitulé « Partir... », accompagner mes lecteurs et lectrices dans leurs pérégrinations.

---

3   Xavier Gaullier est sociologue, retraité du CNRS. Il a consacré l'essentiel de ses travaux à l'organisation des âges et des temps de la vie dans les sociétés modernes. Il fait usage de l'expression « la société longévitale », la retraite concernant désormais deux âges distincts : les 50-70 ans, ceux qui sont « âgés sans être vieux » d'une part, et d'autre part, le grand âge.

4   Marie-Carmen Almazan Cuesta, « Partir... » in *Annales d'Issoudun*, Revue de Notre-Dame du Sacré-Cœur, Issoudun, France, juillet-août 2006, page 6.

PARTIR

Partir,

Oublier,
Rompre,
Me désencombrer,
Soif de nouveauté,
Me libérer...
C'est l'heure de vérité avec moi-même.
Ici ou ailleurs…
il me faut choisir.

Marcher

Être acteur,
Au carrefour,
Être en route
Sur des chemins inconnus
Forcément devant soi
Et réaliser que je marche avec ce que je suis :
Je n'y peux rien et c'est tant mieux.

Pérégriner

Partir et Marcher à la fois,
Mais au-dedans de soi,
Sans tricher.
Au prix de l'effort,
Quelqu'un à chercher,
À rejoindre pour avancer
Tous deux, non pas vers une idée, mais vers la Vie.

Bibliographie

ABITBOL, Michael, «Humour et spiritualité», *3ᵉ millénaire - l'homme en devenir*, n° 76, été 2005.

ADRIENNE, Carol, **Votre mission de vie**, éditions du Roseau (traduction de : **The Pur pose of Your Life**), Montréal, 1999.

AITKENS, Andrew, «Une société pour tous les âges, Un portrait des aînés au Canada», **Le Magazine Transition**, Vol. 28, n° 2, décembre 1998.

ALMAZAN CUESTA, Marie-Carmen, « Partir ... », **Annales d'Issoudun** (Revue de Notre-Dame du Sacré-Cœur), Issoudun, France, juillet-août 2006.

ARÈNES, Jacques, psychologue et psychanalyste, **Devenir soi**, invité de **Psychologies.com** le 18 septembre 2002.

ATCHLEY, R. c., «A Continuity Theory of Normal Aging», **The Gerontologist**, The Gerontological Society of America, Vol. 29, n° 2,1989.

ATCHLEY, R. c., «The leisure ofthe elderly», **The Humanist**, p. 14-19, 1977.

ATTALI J., **La vie éternelle**, Fayard, Paris, 1989.

BAARS, Jan, «Concepts of time and narrative temporality in the study of aging», in **The Journal of Aging Studies**, JAl Press Inc., Netherlands, volume II, Number 4,1997.

BARTH, Karl, **Dogmatique**, 3ᵉvol. tome IV; tome 16 de la traduction de F. Ryser, Labor et Fides, Genève, 1965.

BARTOLI-MILLET F., **La crise du milieu de la vie- Une deuxième chance**, Odile Jacob, Paris, 2002.

BÉDARD, René, «La nature de la croissance de l'adulte», **Revue des sciences de l'éducation**, Vol. XIII, n°3, 1987.

Bee Helen et Denise Boyd, *Les âges de la vie - Psychologie du développement humain* (Adaptation française : François Gosselin avec la collaboration d'Élisabeth Rheault), 2e édition, Les éditions du Renouveau Pédagogique, Québec, 2003.

Blazer, D. et Palmore, E., «Religion and aging in a longitudinal panel», *The Gerontologist*, 1976.

Breton ,Jean-Claude, «Quelle mission... Comment prier? Prier avec Marcel Légaut / Prier en modernité», *Présence Magazine*, février 2000.

Butler, R. N., «The Life review: An interpretation of reminiscence in the aged», *Psychiatry*, 1963.

Cariou, Michel, *Personnalité et vieillissement*, Delachaux et Niestlé, Paris, 1995.

Claudel, Paul, *L'homme et l'oeuvre*, réf. http://paul-claudel.net/œuvre/artpoetique .html. 1907.

Conseil Consultatif National sur le Troisième âge, Le vieillissement et le sens de la vie, *Expression*, Ottawa, Ontario, Canada, Vol. 8, no 4,1999.

Corneau, Guy, *Le meilleur de soi*, Éditions de l'Homme, Montréal, 2007.

Cumming, E., et Henry, W., *Growing old*, New York, Basic books, 1961, cité par Diane E. Papah et Sally W. Olds, *Le développement de la personne*, HRW, 1983.

Cyrulnik, Boris, propos cités par Édouard Clivaz dans «La solitude forcée – appel à un sursaut de vie», *Annales d'Issoudun*, (Revue de Notre-Dame du Sacré-Cœur), France, Issoudun, février 2006.

Daily News (England), Saturday, April 1, 2006.

Davy, Marie-Magdeleine, *La Connaissance de soi*, Quadrige, PUF, Paris, 2004.

De Beauvoir, Simone, *La vieillesse*, Gallimard, Paris, 1970.

De Ravinel, Hubert, «Le temps libéré (Témoignages de deux retraités)», *Vie et Vieillissement*, revue trimestrielle de l' Associaton Québécoise de gérontologie, volume 5, no 4. 2006,

De Rosnay Joël, Servan-Schreiber Jean-Louis, de Closets, François, Simonnet Dominique, *Une vie en plus - la longévité, pour quoi faire* ?, Seuil, Paris, 2005.

Delerm, Philippe, *Les chemins nous inventent*, Stock, 1998.

De Mello, Anthony, *Appel à l'Amour: Méditations sur le chemin du bonheur*, Albin Michel, Paris, 2002.

De Mello, Anthony, *Quand la conscience s'éveille*, Albin Michel Paris, 2002.

Dommergues Pierre, « Les nouveaux temps de la vie: les espaces au quotidien », *Les Actes du Festival International de Géographie*, pages 1 et 2, Saint-Dié des-Vosges.

Dürckheim, Karlfried Graf, *La percée de l'Être ou les étapes de la maturité,* Le courrier du livre, Paris, 1971.

Eckhart, Maître, de son vrai nom Eckhart von Hochheim, Référence : http://fr.wikipedia.org

Edelman, Gerald M, *Biologie de la conscience,* Odile Jacob, Paris, 2000.

Ehrenberg Alain, sociologue, dirige le groupement de recherche« psychotropes, politique, société » du CNRS. Vient de publier *la Fatigue d'être soi,* Odile Jacob, 2006, troisième volet d'une recherche qui, après *Le culte de la performance* (1991) et *La personne incertaine* (1995), s'attache à dessiner les figures de l'individu contemporain.

Erikson, E. H., *The life cycle completed a review,* Norton and Co., 1982, page 67, cité par Renée Houde, *Les temps de la vie,* Gaëtan Morin éditeur, Montréal, 1986.

Erikson, Erik H., *Identity and the Life Cycle,* W.W. Norton and Company, U.S.A., 2nd ed., 1982.

Faure, E., *Apprendre à être,* Unesco-Fayard, Paris, 1972.

Filliot, Philippe, *Éducation et spiritualité à partir de Michel Foucault,* réf. http://www.barbier-rd.nom.fr/journal/article.php3, le 31 juillet, 2006.

Foucault, Michel, *L'herméneutique du sujet, Cours au Collège de France,* 1981-1982, Coll. Hautes Etudes, Gallimard-Le Seuil, Paris, février 2001.

Frankl, Viktor, «Le thérapeute de la vitalité», *Psychologies Magazine,* no. 244, septembre 2005.

Friedman, Lawrence J., *Identity's Architect, a Biography of Erik Erikson,* Scribner, 1999.

Fromm, Erick, *Psychoanalysis and religion,* Bantam Books, New York, 1967.

Garceau, Benoît, *La voie du désir,* Médiaspaul, Montréal, 1997.

Gaucher, Jacques, *Les aspects psychologiques du vieillissement pathologique* (première thèse de Psychologie clinique en gérontologie soutenue à Lyon II), 1982.

Gaullier, Xavier, «Recherches sur les temps sociaux et les âges», *Âges et Sociétés,* l'Unité de recherche, Centre d'Études Sociologiques, CNRS, Paris, Temporalistes, 2003.

Gaullier, Xavier, «Retraites, Préretraites et temps de la vie», *Gérontologie et société,* Paris, Fondation nationale de gérontologie, Paris, n°. 102, septembre 2002.

Deriaz, Madeline, «Découvrir son potentiel créatif et enrichir sa vie», *Encrâge,* Centre de recherche sur le vieillissement, Institut universitaire de Sherbrooke, 2000.

DE ROSNAY Joël, *Le macroscope (Vers une vision globale)* Seuil Paris, 1975.

DESJARDINS Arnaud, *À la recherche du soi,* éditions de la Table Ronde Paris, 1977.

DIEL, Paul, *Les principes de l'éducation et de la rééducation,* Payot Paris, 1961.

GERVAIS, Marielle, *Raymond Bujold-Une spiritualité de l'Amour.* Fidès, Québec, 2003.

GUILLAUMIN Jean et Reboul Hélène, *Le temps et la vie,* Chronique Sociale, Lyon, 1982.

GUILLEMARD, Anne-Marie, «De la retraite mort sociale à la retraite solidaire», *Gérontologie et société,* Paris, Fondation nationale de gérontologie n° 102, septembre 2002.

GUILLEMARD Anne-Marie, «Vers un nouveau management des âges et des temps sociaux en réponse au vieilissement de la population. Une perspective internationale, *Halte a la retraite! D'une culture de la retraite à une gestion des âges,* Diane-Gabrielle Tremblay dir. Presses de l'Université du Québec, Québec, 2007.

GUILLEMARD, Anne-Marie, *L'âge de l'emploi. Les sociétés à l'épreuve du vieillissement,* Armand Colin, Paris, 2003.

GUILLEMARD, Anne-Marie et Lenoir R., *Retraite et échange social,* CEMS, Paris, 1974.

GUINDON, Jeannine, *Vers l'autonomie psychique,* Science et Culture, Montréal 2001.

GUSDORF, Georges, *Pourquoi des professeurs? Pour une pédagogie de la pédagogie,* Payot, Paris, 1963.

HADJI, Charles, *Penser et agir l'éducation, (De l'intelligence du développement au développement des intelligences),* ESF, Paris, 1992.

HADOT, Pierre, *La philosophie comme manière de vivre,* Albin Michel, Paris, 2001.

HERFRAY, Charlotte, *La vieillesse, une interprétation psychanalytique,* Desclée de Brouwer, Paris, 1988.

HOGUE, Louis, *Thérapeutes en Relation d'Aide*MC *et La relation d'aide à* L'Approche Non Directive Créatric*MC* (ANDCMC), La Corporation Internationale des Thérapeutes en Relation d'Aide du Canada, Ste-Adèle, Québec, 2000.

HOUDE, Renée, *Les Temps de la vie,* Gaëtan Morin éditeur, Québec, 1986.

HUGO, Victor *L'Art d'être grand-père* in [p. 855-1007] : *Hugo (Victor) : Œuvres complètes; édition chronologique publiée sous la direction de Jean Massin,* Paris, Club français du livre, 1. 15-16/1 (1870-1885), [texte de référence : éd. Ne variatur], 1970.

HURTUBISE, René, *L'Université Québécoise du proche avenir,* Hurtubise, HMH, 1973.

Insee, *(l'Institut national de la statistique et des études économiques)* Paris, 2005.

JANSSEN Thierry, *Le travail d'une vie*, Robert Laffont, Paris, 2001.

JUNG, C. G., *The Stages of Life, The Portable Jung*, 1971, p. 3-22, cité par Renée Houde, *Les Temps de la vie*, Gaétan Morin éditeur, Montréal, 1986.

JUNG, C. G., *Dialectique du Moi et de l'inconscient*, Paris, Gallimard, Paris, 1964.

JUNG, C. G., *Psychologie et éducation*, Buchet/Chastel, Paris, 1963.

JUNG C. G., *L'Homme à la découverte de son âme*, Mont-Blanc, S.A., Genève, 6e édition, 1962.

JUNG C. G., *Modern Man in Search of a Soul*, Harcourt, Brace and World, New York, 1933.

JUNG C. G., *Les racines de la conscience*, Buchet/Chastel, Paris, 1971.

KAUFMANN, Jean-Claude, *L'invention de soi: une théorie de l'identité*, A. Colin, Paris, 2004.

KOENIG H. *et al.*, «Religion and well-being in later life, *The Gerontologist*, Number 28, 1988.

L'Acadie Nouvelle, *Les retraites précoces pourraient essouffler l'économie mondiale*, le 11 octobre 2005.

L'Acadie Nouvelle, *Les aînés ont un apport économique important*, le 23 mai 2007.

LACROIX Benoit, O.P., «L'instant d'une fête», *Le Devoir*, Montréal, 24 décembre, 1987.

LAFOREST, Jacques, *Introduction à la gérontologie*, Hurtubise HMH, 3e réimpression, Québec, 1995.

LAFORESTRIE, René, *L'âge de créer*, Bayard éditions-Centurion, Paris, 1991.

LAHN, Bruce Dr., *L'évolution du cerveau humain*, Institut médical Howard Hughes, Radio Canada, le 15 septembre 2005.

LA PASSADE, Georges, *L'Entrée dans la vie: essai sur l'inachèvement de l'homme*, éditions de Minuit, Paris, 1978.

LAPLANTE, Laurent, journaliste, «Blizzard sur le spirituel-l'accalmie, puis l'essentiel», *Revue Notre-Dame*, Vol. 99, n° Il, Québec, décembre 2001.

Larousse, *Dictionnaire de philosophie*, Collection Grand culturels, Paris, 2003.

LAVALLÉE, Odette, *Ouvrir les yeux autrement*, La Plume d'Oie, Québec, 2004.

LECLERC, Gilbert, Roy, Josée, Richard, Émilie, «Rôle du sens à la vie dans l'adaptation aux incapacités» , *Encrâge*, Automne 2005.

L'ÉCUYER, R., *Le développement du concept de soi de l'enfance à la vieillesse*, Presses de l'Université de Montréal, Montréal, 1994.

LEFRANÇOIS, Richard, responsable de l'Étude, chercheur au Centre de recherche sur le vieillissement et professeur titulaire au Département de psychologie de l'Université de Sherbrooke au Canada; Site Web de l'étude : http://callisto.si.usherb.ca/-grappal/index.html, 2006.

LEFRANÇOIS, Richard, *Les nouvelles frontières de l'âge,* Les Presses de l'Université de Montréal, 2004.

LÉGAUT, Marcel, *Intériorité et engagement,* éditions Aubier Montaigne, Paris, 1977.

LÉGAUT, Marcel, *Devenir soi : rechercher le sens de sa propre vie,* Aubier-Montaigne, Paris, 1980.

LEIBFRITZ, Willi, «Retarder l'âge de la retraite», *L'Observateur de l'OCDE,* janvier 2003.

LEMAIRE, Patrick, Bherer, Louis, *Psychologie du vieillissement - Une perspective cognitive,* Bruxelles, De Boeck et Larcier s.a, 2005.

LERÈDE, Jean, *Les troupeaux de l'aurore,* Les éditions de Mortagne, Québec, 1980.

LERÈDE, Jean, *La psycho-spiritualité (survie de l'espèce humaine),* Les éditions du CRAM, Montréal, 2006.

LEVINAS, Emmanuel, *Le temps et l'autre,* PUF, Paris, 6e édition, 1996.

LOBROT Michel, *Les effets de l'éducation,* ESF, Paris, 2e éd., 1974.

LOBROT Michel, *Priorité à l'éducation,* Payot, Paris, 1973.

L'OCDE **(L'Organisation de coopération et de développement économiques),** forum à Bruxelles, *Le vieillissement et les politiques sociales,* octobre 2005.

LOMRANG, J., Friedman A., Gitter, G., Shmotkin, Medini, G. «The Meaning of time-related concepts across the life-span; an Israeli sample», *The International Journal of Aging and Human Development,* Vol. 21 (2), East Coast Relais Consortium, Tel-Aviv University, 1985.

MAILLET, Antonine, *Pélagie-la-Charrette,* Leméac, Ottawa, 1979.

MAILLET, Antonine, *Réflexion sur le bonheur,* émission de Radio Canada, *Pensée libre,* le 29 mai 2007.

MALES, Mike, *Boomergeddon,* Daily News (England), Saturday, April 1, 2006.

MARX, G., *Groucho and me,* Columbus Books Ltd. 1987.

McCLUSKY, H., «Education for Aging: The Scope of the Field and

Perspectives for the Future, *Learning for Aging,* Stanley M. Grabowski and W. Dean Mason (Adult Education Association), 1974.

MERCKELBACH, Stefan et Pascaline Caligiuri, «Comment découvrir sa mission», *Ordinata* - Valeurs ajoutées pour l'entreprise de demain, mai 2002.

MESSY, Jack, *La Personne âgée n'existe pas* (*Une approche psychanalytique de la vieillesse*), Rivages, Paris, 1992.

MIALARET, Gaston, *Introduction aux sciences de l'éducation,* Delachaux et Niestlé, Unesco, 1985.

MILLET-BARTOLI, Françoise, *La crise du milieu de la vie, une deuxième chance,* Odile Jacob, Paris, 2002.

MILLET-BARTOLI, Françoise, **Bien-être,** réf: htttp://www.avenirsdefemmes.com/ articles.php ? id=120-11-07-2006

MISHARA, Brian, L., Riedel, Robert G., **Le vieillissement,** Paris, PUF, 3ᵉ édition révisée, 1994.

MISHARA, Brian, Caris, Patricia, *L'avenir des aînés au Québec après l'an 2000,* Presses de l'Université du Québec, 1994.

MISSA, Jean-Noël, «Le soi ou l'illusion d'une conscience unifiée»: **Le Soi dans tous ses états,** revue **Théologiques,** Montréal, Faculté de théologie, Volume 12/1-2 , 2004, p. 165 à 174 (Texte présenté dans le cadre du colloque «Le Soi dans tous ses états» [Montréal, 18-19 septembre 2003]).

MONBOURQUETTE Jean, **À chacun sa mission,** Novalis, Ottawa, 2006.

MONBOURQUETTE Jean, **Apprivoiser son ombre (le côté mal aimé de soi),** Novalis, Ottawa, 2001.

MONBOURQUETTE Jean, **De l'estime de soi** à l'estime du Soi (De la psychologie à la spiritualité), Novalis, Ottawa, 2002.

MORIN Edgar, **Les sept savoirs nécessaires** à l'éducation du futur, SeUll, Paris, 2000.

NEUGARTEN B. L., « Adult Personality : A Developmental View », **Human Development,** p. 72-73 cité par RENÉE **Houde, Les Temps de la vie,** Gaétan Morin éditeur, Montréal, 1986.

OLIEVENSTEIN, Claude, **L'Homme Parano,** Odile Jacob, Paris, 1992.

OLIEVENSTEIN, Claude, **Naissance de la vieillesse,** Odile Jacob, Paris, 1999.

PECH, Thierry, «Le Temps des retraites» , **La République des idées,** Archives de la vie des idées, réf : http://www.repid.com/spip.php?, avril-mai 2003

PECK, R. c., «Psychological developments in the second half of life» *in* B. L. Neugarten (ed.), **Middle Age and Aging,** University of Chicago Press, Chicago, 1968.

PEPIN, Jacinthe, Cara, Chantal, «La ré appropriation de la dimension spirituelle en sciences infirmières», dans **Théologiques,** Université de Montréal, Faculté des sciences infirmières, 9/2, 2001.

PETERSON, E., «Physical and spiritual, can you meet all of your patient's needs?», *Journal of Gerontological Nursing,* 11,10,1985.

PHILIBERT, Michel, «Le Statut de la personne âgée dans les sociétés antiques et préindustrielles», *Sociologies et Sociétés,* vol. XVI, no. 2, octobre 1984.

PHILIBERT, Michel, *L'échelle des âges,* Seuil, Paris, 1968.

PICOUËT, Martine, «L'âge obligatoire du départ en retraite, une idée qui déplaît», *Le Monde,* dimanche 30 avril-mardi 2 mai 2006.

Pontificium Consilium Pro Laicis-Documents, Stanislaw Rylko, Secrétaire, James Francis Cardo Stafford, président, *Dignité et mission des personnes âgées dans l'Église et dans le monde,* Vatican, 1998. (http://www .vatican .edu/roman curiapontifical_councils/laity /documents/rc_pc_la ...)

PORTELANCE, Colette, *Relation d'aide et amour de soi (psychologie),* éditions du CRAM, 2005, (4e édition revue et augmentée), Montréal, 2005.

PORTELANCE, Colette, *Éduquer pour rendre heureux,* éditions du Cram, Montréal, 1998.

PROULX, Jean, *L'âge et la vie,* (Colloque), Montréal, 1976.

RAMEY, Estelle, citée par O. Santinel, dans «Why Boredon is Clased as a Disease», *The Gazette,* Montréal, 24 septembre 1984, p. C2. (cité par Jacques Laforest, *Introduction* à *la gérontologie,* Hurtubise, Montréal, 1992).

REBOUL, Hélène, «Vieillir projet pour vivre», *Annales d'Issoudun,* Fraternité Notre-Dame du Sacré Cœur, Issoudun, novembre 1992.

REBOUL, Hélène, *Vieillir projet pour vivre,* Le chalet-SNPP, 1973.

REBOUL, Olivier, *Qu'est-ce qu'apprendre* ?, PUF, Paris, 1983.

RENDELL, Ruth, «Rencontre», *Le Monde* nO 18976,21 janvier 2006.

RIVERIN-SIMARD Danielle, *Étapes de vie au travail,* éditions Saint-Martin, Montréal, 1984.

ROBERGE, Michèle, *Tant d'hiver au cœur du changement (Essai sur la nature des transitions),* Les éditions Septembre, Québec, 1998.

ROBERT, Paul, *Dictionnaire alphabétique et analogique de la langue française,* SNL, Paris, 1979.

ROBICHAUD, Valois, *La mission nouvelle de l'éducation - apprendre à être: le nouveau projet de vie,* éditions L'agence Acadienne Socio-Éducative, (à compte d'auteur), Caraquet, Canada, 1991.

ROBICHAUD, Valois, *La personne retraitée et la problématique d'une éducation permanente aux derniers âges de la vie,* Thèse doctorale, l'Université des sciences sociales de Grenoble, l'UER de psychologie et des sciences de l'éducation, juin 1990.

ROCHAIS, André, PRH, *Personnalité et Relations Humaines,* Imp. Mon. 86800, 3ᵉ édition, Poitiers, novembre 1984.

Collectif, «André Rochais et la Recherche PRH», *Courrier PRH,* Montréal, juin 1990 et janvier 1991.

ROGERS, Carl, «Growing Old – or Older and Growing», *Journal of Humanistic Psychology,* 1980.

ROY, Gabrielle, *Le temps qui m'a manqué,* Les éditions du Boréal, Québec, 1997.

SALOMÉ, Jacques, *Passeur de vies,* éditions Dervy, Paris, 2000.

SALOMÉ, Jacques, *Le courage d'être soi,* éditions du Relié, Paris, 2005.

SANTERRE, Renaud, «L'autonomie chez les aînés: une question de santé», *L'Acadie Nouvelle,* 5 mai 2007.

SCHÜTZENBERGER, Anne Ancelin, *Aïe, mes aïeux!,* Desclée de Brouwer, Paris, 1998.

SHEEHY, G., *Passages: les crises prévisibles de l'âge adulte,* Presses Sélect, 1978.

SIMMONS, Léo, «An anthropologist views old age», *Public Health Reports,* vol. 72, n° 4, avril 1957.

SIMON, Harvey B., *The Harvard medical school guide to men's health,* Free Press, New York, 2002.

SINGER, Christiane, *Les âges de la vie,* Albin Michel, Paris, 1990.

SPARKS, Patrick M., «Behavioral versus experiential Aging: Implications for Intervention», *The Gerontologist,* 1973.

SULLEROT, Evelyne, *L'âge de travailler,* Fayard, Paris, 1986.

TARPINIAN, Armen, HERVÉ Georges, BARANSKI Laurence, MATTÉI Bruno, *École: changer de cap - Contributions à une éducation humanisante,* Lyon, Chronique sociale, 2007.

Télé-Université, «La vie continue et si l'âge était une richesse», (Direction du perfectionnement), Québec, *Université du Québec,* volume 3, n° 9, Ste-Foy, Québec, 1991.

THIERRY, Dominique, *L'entrée dans la retraite: nouveau départ ou mort sociale ?,* Liaisons sociales, Paris, 2006.

TILLICH, Paul, *Le courage d'être,* (traduit de l'anglais et avant-propos de Fernand Chapey), Casterman, 1967.

TOLLE, Eckhart, *Le pouvoir du moment présent,* Ariane éditions, Montréal, 2000.

TOLLE, Eckhart, *Quiétude, à l'écoute de sa nature essentielle,* Ariane éditions, Montréal 2003.

Van Der Meersch, Maxence, *La Petite Sainte Thérèse*, Albin Michel, Paris, 1950.

Vescovali, Noëlle (docteure), *Journées Nationales JALMALV 2005 à Rennes*. (Traduction de l'échelle des besoins d'Abraham Maslow), 2005.

Vézina, Jean, Cappeliez, Philippe, Landreville, Philippe, *Psychologie gérontologique*, Les éditions de la Chenelière, Montréal, 2007.

Wertsch & Youniss, 1987; Riegel, 1979, Ryff, 1989; Magnusson, 1988; Ruffin, 1993, http://www.callisto.si.usherb.ca/

Withmore, Diana, *Psychosynthèse et éducation* (traduction de Paul Paré), Le Centre d'intégration de la personne de Québec Inc., Québec, 1988.

Wong, Paul, «Personal meaning and successful aging», *Canadian Psychology*, 30,3,1989.

Zundel, Maurice, *Je est un Autre*, éditions Anne Sigier, Montréal, 4e édition, 1991.

Table des matières

La première édition
du présent ouvrage publié par
Les Éditions du CRAM
a été achevée d'imprimer
au mois d'avril de l'an 2010
sur les presses des Imprimeries
Transcontinental (Gagné)
à Louiseville (Québec).